KB214748

예배란 무엇인가

일러두기

1. 본문에 인용한 성경 본문은 대한성서공회에서 펴낸 개역개정판을 따랐다.
2. 루터교회 예배 의식문을 인용하거나 비교할 때는 특별한 경우가 아니면 컨콜디아 사에서 펴낸《기독교 한국루터교회 예배 의식문》(1993)을 사용했다.
3. 각주에 사용한 약어는 각각 다음을 가리킨다.
   LBW: *Lutheran Book of Worship*, LW: *Luther's Works*(pp. 22, 310, 311, 329), LW: *Lutheran Worship*(pp. 168-169, 200), TA: *Traditio Apostolica*, TRE: *Theologische Realenzyklopädie*, WA: Weimar Ausgabe.

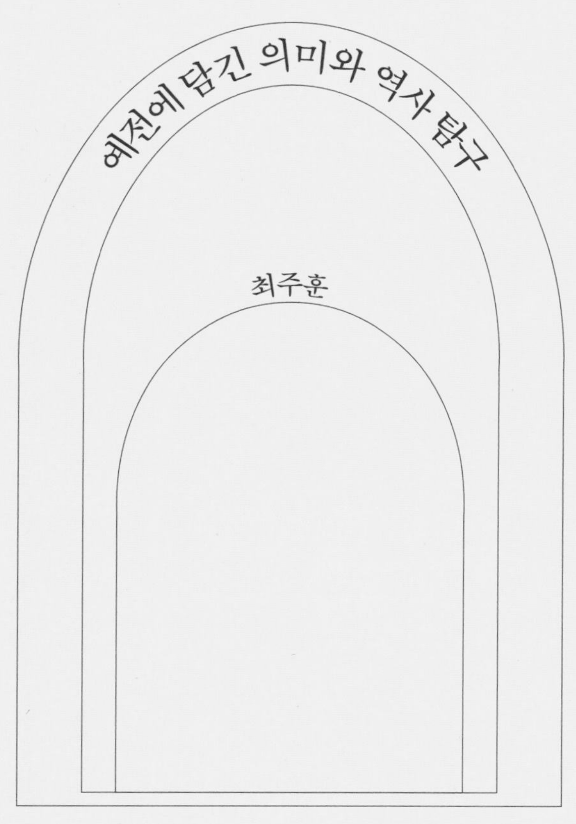

예전에 담긴 의미와 역사 탐구

최주훈

예배란 무엇인가

하나님은 말씀을 통해 우리에게 말을 걸고,
우리는 기도와 찬양으로 하나님께 말한다.
_마르틴 루터

서문

교회론을 예배에 담아내라

종종 "예배가 무엇이냐?"고 묻는 이들이 있다. 그렇게 질문하는 사람들은 대개 '정통 예배'가 무엇인지 알고 싶어 한다. 한국에서는 루터교회 목사가 워낙 희귀한지라 무언가 특별한 대답이 나올 거로 기대하지만, 사실 내 대답은 별것 없고 어쩌면 당연한 이야기뿐이다. 나에게 예배란 고정된 형식도 아니고, 누군가를 변화시키거나 개조하려는 인위적인 목표를 지닌 무언가도 아니다. 오히려 살아가는 시공간 속에서 있는 그대로의 우리 모습을 종교적 감성의 형태로 드러내고, 이를 통해 바쁜 일상의 짐을 덜고 쉼을 얻는 시간이다. 이런 안식을 통해 일상으로 돌아가 새롭게 살아가는 데 예배의 목표가 있다. 이 책에서 다룰 초점이 바로 이 지점이다. 이하에서는 예배의 역사와 기원을 다룰 텐데, 이를 통해 예배를 하나의 고정된 틀로 묶는 '정통 예배'라는 말이 얼마나 가벼운 말인지 확인할 수 있을 것이다.

개신교 예배학에서 가장 중요한 인물로 꼽히는 프리드리히 슐라이어마허(Friedrich Schleiermacher)의 말로 하자면, 교회의 예배는 어떤 식으로든 종교 문화라는 시대의 틀이 만들어 낸 교리적 관점에 지배당하면 안 된다.[1] 기독교 예배는 '교리 강좌'가 아니고, '도덕이나 문화적 관습'을 드러내는 도구가 되어서도 안 된다. 대신, '종교적 감수성'이 묻어나야 한다.[2] 예배란 누구를 '변화시키는' 데 목표가 있는 게 아니라, 있는 그대로 '드러내고', 신비와 일상을 '연결하고 중보하는' 종교 행위로서 의미가 있다. 물론, 여기에서 기독교 예배의 특성을 하나 더 강조해야 하는데, 기독교 예배는 언제나 개인으로 출발하여 공동체를 지향한다는 점이다. 개인이 아니라 공동체라는 점이 중요하다. 기독교 영성은 '공동체 형성 능력'이라서 개인을 넘어 그리스도 공동체를 지향한다. 이는 지난 2천 년간 기독교 예배가 이 땅에서 일관되게 강조한 덕목이다.

예배학, 엄밀히 말해 예배의 역사와 기원을 추적하는 예전학(전례학) 분야에 관심 있는 사람이 늘고 있지만, 개신교 신학에서는 그리 오래된 분야가 아니다. 기껏해야 1980년대부터 전문 학자가 나오기 시작했으니, 다른 분야에 비해 걸음마 단계라고 할 만큼 축적된 자료가 많지 않다. 특히, 한국이라는 지형 안에서 전례학 분야는 더욱 열악하다. 비전례 교회가 주류이다 보니 예배학을 가르치는 개신교 신학자 대부분은 전례학 대신 설교학을 전공하거나 현대 예배를 연구한 경우가 많다. 전례학을 연구하더라도 소속 교단 신학교에 학자의 자리가 보장된 게 아니다 보니 전례학보다 목회 현장에서 인기 좋은 설교학을 선택한다는 건 공공연

---

1. Friedrich Schleiermacher, "Die Praktische Theologie nach den Grundsätzen der evangelischen Kirche im Zusammenhang dargestellt," in *Jacob Frerichs Sämmtliche Werke* 1, Hrsg. Jacob Frerichs (Berlin: De Gruyter, 1983), 117.
2. 위의 책, 103.

한 비밀이다. 그래서 개신교 예배학은 설교학이나 현대 주류 예배 동향에는 강점이 있지만, 고전적인 예배에 관한 전문성과 자료 축적은 상당히 약한 편이다.

이에 비해 정교회와 가톨릭의 전례학은 오랜 기간 자료와 역량이 축적되었고, 전례 전문가들의 주장에 일관성이 있다. 그러나 이런 연구라고 마냥 받아들일 필요는 없다. 신학이란 원래 해석이므로 교파마다 다른 관점의 틀은 늘 저마다의 해석을 요구하기 때문이다. 앞서 암시했듯, 예배란 본디 그 교회가 가르치는 모든 신학을 포괄하는 상징이고 총합이다. 그래서 예배학은 언제나 교의학과 연결되어야 실체를 온전히 파악할 수 있다. 실제로, 영향력 있는 전례학자들은 완숙한 교의학자들이다. 교의에 대한 깊은 이해가 없는 예배학은 팥소 없는 찐빵과 같다. 바꿔 말하면, 빈곤한 예배 이해는 신학이 빈곤하다는 말과 크게 다르지 않다. 각 예배 순서에는 역사와 신학적 이유가 있다. 목회자가 예배를 집례한다는 것은 바로 이런 역사와 신학을 고아 낸 진액을 교인들에게 건네고 함께 향유하는 작업이라고 할 수 있다. 그러나 자기 교회에서 진행되는 예배 순서의 역사와 의미를 정확히 알고 설명할 수 있는 사람이 과연 얼마나 될까? 최소한 관심이 있는 목회자는 얼마나 될까? 문제의식이 결여된 이런 상황도 예배학 연구의 현실적인 걸림돌이다. 예배를 탐구한다는 것은 신학과 역사를 스토리텔링할 수 있는 능력을 배양한다는 뜻임을 명심해야 한다.

덧붙여, 예배가 무엇인지 이해하려면 '예배'라는 단어와 개념의 정체를 밝혀야 한다. 이 단어 하나를 이해하는 데도 2천 년 이상 이어진 역사와 신학이라는 긴 호흡이 필요하다. 여기에 더해

'개신교 예배'라는 말을 하는 순간, 한 단계 더 높아진 예민하고 날카로운 관점이 필요하다. '예배란 신앙과 신학의 총합'이라는 정의가 옳다면, 전례학의 주류를 형성했던 로마 가톨릭과 정교회의 전례학 대신, 프로테스탄트의 전례 해석이 따로 필요하기 때문이다. 이런 맥락에서 이 책은 모든 교회의 다양한 예배를 완벽하게 설명하는 책이 아니다. 기껏해야 '개신교 전례 예배', 그것도 루터교회라는 조그마한 점 하나를 설명하고 해명하려고 시도한 실험적인 책이다. 이 책에서 종종 만나게 될 말 중 하나가 "정통이란 없다!"라는 말인데, 이 문장을 통해 하고픈 말은 "어떤 교회든, 모든 예배는 나름의 이유를 충분히 가지며, 가져야 한다"는 것이다. 여기에서 중요한 건 무엇을 하든 "이유를 분명히 밝히고 답변할 준비를 하라"는 것이다. 이 말이야말로 프로테스탄트에게 가장 어울리는 말일 것이다. 특별히 '예배'에 관한 것이라면 더욱 그렇다. 예배 의식문을 사용하는 전례 교회든 사용하지 않는 비전례 교회든, 이 권면은 모두에게 유익하다.

이 책은 제목 그대로 "예배란 무엇인가"에 대한 가장 기본적인 물음부터 시작한다. '예배'라는 단어와 개념, 예배의 역사, 예배 순서 해설을 풀어놓았다. 교회에는 다양한 예식이 있지만, 여기에서 다룰 예배의 범주는 보통 '대예배'라고 부르는 '주일 공동 예배'로 제한한다. 이 책의 내용은 분명히 루터교회 목회라는 특수한 상황에서 내가 나에게 던진 질문에 대한 답변이다. 따라서 여기 풀어놓은 내용은 신학적 관점에 따라 언제든 논의와 논쟁의 대상이 될 수 있다는 점을 미리 밝혀 둔다.

개인적으로 이 책을 집필한 동기는 말 그대로 나를 사로잡은 목회 현장의 필요성 때문이었다. 루터 신학을 전공했고 루터교회에서 목회하면서 정작 루터교회 예배에 관한 질문이 들어올 때면 난감해하며 답을 얼버무린 적이 한두 번이 아니었다. 그럴싸한 말로 모면해 놓고도 내가 가르치고 설명한 내용이 역사적으로 근거가 있는지, 옳은 대답인지 확인할 길이 없었다. 시중에 쏟아져 나오는 예배 관련 서적은 대부분 미국에서 유행하는 새롭고 감각적인 예배 소개 글이거나, 역사 정보는 없이 그저 길고 지루한 주장뿐인 말잔치일 때가 많다. 때로는 정확한 유래 대신 "초대교회 때부터 시작되었다"라는 식으로 둘러대는 설명도 자주 만난다. 확실한 사실은 초대교회도 시대와 지역마다 정황이 달랐다는 점이다. 그런데 우리에게 주어진 대부분의 예배 자료와 정보가 이 수준을 벗어나지 못한다.

이 책을 읽고 똑같은 말을 되돌릴 독자도 있겠지만, 내가 이해하지 못한 내용을 슬그머니 넘어가려는 태도는 최대한 지양했다. 예배학자는 아니지만, 내가 배우고 가르치는 루터 신학의 틀로 예배의 역사와 변천을 설명하려고 최대한 노력했다. 바라기는 이 책에 이어 개신교 전통의 다른 교회 목사와 학자가 자기들의 예배 이야기를 들려주는 책이 많이 나오길 기대한다. 재차 강조하지만 이 책은 "정통 예배란 이런 것이다"를 보여 주지 않는다. 오히려, 예배의 역사를 추적하면서 개신교 한구석에 자리한 루터교회 예배를 하나의 예시로 보여 주는 일종의 사례 연구다. 모든 교회는 각자의 교회론에 기초한 예배의 틀을 가지고 있다. 그 예배가 곧 그들에게 '정통'이다. 그 모습을 귀하게 여기고 자신의 교회론을 예배에 담아내는 작업이 꼭 필요하다. 교회를 높은/낮은, 정통/비정통으로 나누는 것처럼 무익한 일이 없다. 하지만 자기가 속한 교회를 소중히 여기고 그 뿌리가 어디서 비롯되었는지, 자기가 속한 교회와 예배의 토대가 무엇인지 이해하고 설명하려는 노력은 매우 가치 있는 일이다.

덧붙여, 예배는 우리의 모습을 나타낸다는 사실을 말하고 싶다. 시간이 지나면서 우리 모습과 태도가 변하듯 예배 형식도 변하기 마련이다. 그 변화는 절대 무의미한 것이 아니다. 거기에는 역사와 문화가 스미고 사람들의 이야기가 담긴다. 그것을 통해 지금의 나와 우리의 자리를 돌아보고 미래를 전망하는 게 공부하는 이유다. 우리가 예배를 탐구하는 이유도 이와 같다. 익숙한 예배에 던지는 우리의 질문이 작은 끄덕임으로, 신앙의 깊음으로 돌아오길 바란다.

책이 나오기까지 4년 동안 묵묵히 참아 주며 신뢰를 보여 준 비아토르 김도완 대표에게 진심으로 감사를 전한다. 더불어 중앙루터교회 교우들과 교단의 신실한 동역자들, 그리고 열정과 사랑, 번뜩이는 질문과 유머로 곁을 지켜 준 중앙루터교회 임진수 목사에게 특별한 감사를 전한다. 사랑하는 아내와 딸 슬기도 빼놓을 수 없다. 이들이 이 책을 만든 주인공이다.

2021년 찌는 듯한 여름,

중앙루터교회에서 최주훈

차례

1

예배 의식
예배 의식문은 미신인가
높은 교회, 낮은 교회
레이투르기아

예배의 정의

예배란 무엇일까? 예전(전례)이란 무엇일까? 진지한 기독교인들이 꽤 오래 마음에 품어 온 고민이다. 신학교 시절이었다. 목사인 아버지가 대뜸 물으셨다. "예배는 드리는 거냐, 보는 거냐?" 나는 당연하다는 듯 "물론 드리는 거죠!"라고 답했다. 그랬더니 아버지는 이렇게 말씀하셨다. "넌 국어 공부 좀 더 해야겠다. 시장 보러 가서 물건을 눈으로만 보고 오냐?" 그러고 보니 "장 보러 간다"는 우리말에는 눈으로 관찰하는 것뿐 아니라 물건을 사고파는 행위도 포함되어 있다. 그렇게 따지니 "예배 보러 간다"는 말도 그리 경박한 말이 아닐 수 있겠다는 생각이 들었다. 그런데 이 말을 교회에서 실제로 사용하려고 하니, 왠지 궁색하게 느껴졌다. 벌써 수십 년 지난 일이지만, 이 고민은 여전히 풀지 못한 숙제처럼 남아 있다.

예배는 '보는' 것일까, '드리는' 것일까? 보는 것도 드리는 것도 아니면, 어떤 서술어를 붙이는 게 옳을까? 언젠가 페이스북에 이 질문을 올렸더니, 놀랄 정도로 많은 사람이 다양한 의견을 제시했다. 그중 '예배에 참여하다'와 '예배하다'가 가장 많았고, 간혹 '드리다' 또는 '보다'라는 의견을 제시한 이들도 있었다. 특이하게 '때우다'라는 의견도 있었는데, 각자 나름의 이유가 있었다.

이리도 다양한 견해가 있지만, 실상 '예배'라는 단어에 붙일 마땅한 서술어는 찾을 수 없었다. 왜 이렇게 딱 들어맞는 말이 없을까? 여기에는 이유가 있다. 우리가 사용하는 '禮拜'라는 한자어, 한글 성경에 '예배'로 번역된 단어들, 교회에서 행하는 말씀 중심의 '종교 예식', 이 세 가지가 엇비슷하되 정확히 같지는 않기 때문이다. 그러다 보니 서술어를 하나로 제한하면 아귀가 맞지 않는다.

단적으로 몇 가지 용례를 들어 보자. 우리가 사용하는 한자어 禮拜의 뜻을 보자. 어원을 따져보면,[1] 한자어 禮는 '땅귀신 기(示)'자와 '풍년 풍(豊)' 자로 구성되어 있다. '示'는 신적 존재를 뜻하고, '豊'은 제사 때 사용하는 제기(豆)에 제물이나 술을 담아 신적인 존재에게 봉헌하는 제사 의례를 뜻한다. '豊'은 실제로 '禮'의 옛 글자이기도 하다. 유교에서 예(禮)는 종교의 가장 일반적 실천 행위로서 제의(祭儀)의 의미가 담겨 있는데, 유교 문화권인 한국 기독교에서 이 단어를 오래전에 받아들였다. 그다음에 나오는 '拜'는 손을 모아 절하는 행위이니, '禮拜'라는 한자를 종합해 보면, '초월적인 존재 앞에 예를 갖춰 절한다'라는 뜻이다. 이렇게 보면, 예배는 사실상 '신 앞에 엎드려 절한다'는 뜻의 '경배(敬拜)'가 더 잘 어울린다. 문제는 '경배'가 예배의 일부인 것은 맞지만, 기독교적 예배 또는 무슨 무슨 '예배'라고 부르는 우리의 통념과 일치하지 않는다는 점이다.

---

1. 한국민족문화대백과사전. http://encykorea.aks.ac.kr/Contents/Item/E0037872(검색일: 2020년 6월 3일).

그럼, 신약 성서에서 '예배'로 번역된 용어는 어떨까? 가장 흔하고 대표적인 구절은 누가 뭐라 해도 요한복음 4장 24절이다. "하나님은 영이시니 예배하는 자가 영과 진리로 예배할지니라." 교회 주보나 현수막에 자주 등장하는 이 구절은 '제발 딴짓 말고 내 설교 좀 잘 들어!'라는 목사의 속내를 담아내기 딱 좋은 구절이다. 그런데 여기에서 '예배'로 번역된 헬라어 '프로스쿠네인(προσκυνειν)'은 일반적으로 생각하는 '예배'보다는 엎드려 절한다는 뜻의 '경배'에 더 가깝고, 통상 '기도'로 번역되는 용어다. 그러니 요한복음 4장 24절을 다른 식으로 번역하면, "하나님께 기도하는 자는 영과 진리 안에서('영과 진리 안에서'를 의역하면, '온 힘을 다해' 또는 '진심으로'도 가능하다) 기도해야 한다"라는 말에 더 가깝다. 혹시라도 이 구절을 "예배 시간에 졸지 말라"는 훈시로 사용하는 이가 있다면 이제라도 다른 곳에서 더 적합한 구절을 찾아야 할 것이다.

이런 경우는 또 있다. 로마서 12장 1절 "너희 몸을 하나님이 기뻐하시는 거룩한 산 제물로 드리라. 이는 너희가 드릴 영적 예배니라"에서 '영적 예배'라는 용어를 현실과 동떨어진 '신비한 예배'로 이해하면 안 된다. 원래 뜻은 '당연한 예배, 마땅한 예배, 합당한 예배'라는 매우 단순한 뜻이다.[2] 중요한 건 성서에서 '예배'로 번역된 단어와 관련 구절을 찾아보면 한 단어에 국한된 일대일 번역이 아니라는 점이다. 레이투르기아, 라트레이아(제사), 투시아(제물), 프로스쿠네인(기도, 경배), 트레스케이아(경건, 두려움), 유카리스티아(감사) 등 무궁무진하다. 이런 사실에도 불구하고 성서에서 가장 압도적인 빈도로 '예배'로 번역되는 단어가 있는데, 헬라어

'레이투르기아'다. 이 단어는 '레이토스(민중, 평민)'와 '에르곤(행동, 섬김)'의 합성어다. 예배학자들은 예배의 개념을 설명할 때 이 단어를 가장 대표적인 용어로 제시하는데, 예배·예전·전례를 가리키는 영어 단어 'liturgy'의 어원이 바로 '레이투르기아(*Leitourgia*)'다. 예전이나 전례나 다 같은 동의어다. 흔히 현대 기독교인들은 교회를 전례 교회와 비전례 교회로 나누면서, 전례를 일종의 '종교 제의' 범주로 축소하곤 하지만 이는 '레이투르기아'의 의미를 제대로 살리지 못한 분류다.

예배 의식

'예배'라는 용어를 구분 없이 사용하다 보니 소모적인 논란에 빠질 때가 있다. 아주 최근 일이다. 2019년 말부터 코로나19가 전 세계를 덮치자 '사회적 책임'을 강조하면서 주일 예배를 휴회하려는 쪽과 목에 칼이 들어와도 주일 예배는 현장에서 고수하려는

---

2. 이 구절에 해당하는 헬라어 '로기켄 라트레이안(*λογικην λατρείαν*)'을 한국어 성경에서는 다양하게 번역했다. '영적 예배'로 번역된 1963년 한글개역판 이전까지는 '당연한 역사'(1887, 로스본; 1900, 구역임시본), '당연한 예법'(1906, 구역공인본), '합리적 예배'(1938, 개역본)으로 번역하다가 '진정한 예배'(1972, 공동번역), '합당한 예배'(새번역)로 다양하게 번역했다. 여기서 '영적'에 해당하는 '로기코스'는 '합리적이고 당연한', '이성적인', '이해할 만한' 정도의 뜻이고, '예배'로 번역한 '라트레이아'는 통상 '예배'로 번역하는 '레이투르기아'와 유사한 말로 이해하지만, 이를 곧장 '예배'로 번역하는 것도 무리일 수 있다. '레이투르기아'라는 단어에 담긴 문화적·역사적 의미가 단순하지 않기 때문이다.

쪽이 서로 설전을 벌였다. 시간이 흐르고 온라인 예배가 보편적인 현상으로 자리 잡으면서 어느 정도 진정되긴 했는데, 휴회파와 현장파와 온라인파, 과연 누구의 편을 들어야 할까?

사람들이 '예배 중단'이라는 말에 격하게 반응하는 이유는 두 가지 생각이 뒤섞여 있기 때문이다. 하나는 '주일 성수'[3]와 관련된 예배고, 또 하나는 '일상의 예배'다. 주일 성수를 강조하는 이들은 안식일 계명을 회중 모임 방식의 현장 예배와 연결해서 이해하고, 다른 쪽은 로마서 12장 1절과 연결해서 영적 예배, 즉 '일상의 예배'를 머리에 담고 있다. 우리는 이 둘을 모두 '예배'라는 단어로 뭉뚱그리지만, 엄밀히 말하면 서로 다른 차원이다. 현장 회집 방식의 예배와 일상의 예배는 같은 것이 아니다. 각각 나름의 기능과 특수성이 있다. 정확히 말해, 집회 방식의 예배는 '그

---

3. 종교사에서 '주일 성수'라는 개념은 1604년 영국 성공회의 캐논법이라고 불리는 교회법 13조에서 유래했다. "영국 교회의 모든 구성원은 일요일을 주일로 지켜야 한다." 종교 개혁 이후 영국 엘리자베스 여왕이 성공회를 국교로 확립하면서부터 이 법이 시작되었는데, 주목할 점은 세상의 모든 교회에 적용되는 게 아니라 영국 교회에만 적용되는 개념이라는 점이다. 영국이라는 국가가 국민을 효과적으로 통제하기 위해 만든 법이 바로 '캐논법(교회법) 13조'라는 점은 매우 중요하다. 이 법을 따르지 않는 다른 개신교도들과 가톨릭교도들은 자연히 반국가 단체가 되어 국가의 감시와 통제를 받았다. 잉글랜드 성공회는 이 법을 오랫동안 고수하다가 2019년 교회법 개정을 통해 415년 만에 주일 성수 의무 규정을 완화한다고 발표했다. 교회 역사에서 일요일 예배를 위해 정기적으로 모이는 소위 '대예배' 개념은 16세기까지 고정된 것이 아니었고, 일종의 편의를 위한 것일 뿐 모임 시간과 장소는 언제나 변할 수 있다고 가르쳐 왔다. 루터교회의 경우, 가장 보수적인 미국 미주리 교단에서도 주일 성수는 필수 사항인 디아포라(*diapora*)가 아니라 선택 사항인 아디아포라(*adiapora*)라고 가르친다. 다음 책을 참조하라. Alvin J. Schmidt, *Hallmarks of Lutheran Identity* (CPH, 2017).

리스도의 복음을 종교 의식의 형태로 전달하고 표현하는 제식'(슐라이어마허)이다. 반면에 바울이 로마서 12장 1절에서 언급한 영적 예배는 신앙의 삶이 녹아난 '일상의 예배'를 지칭한다. 종교 의식과 종교적 일상은 형식상 엄연히 구분된다.

일반적으로 종교 제례 의식 절차와 관련되는 영어 단어 'ritual'의 어원은 고대 로마로 거슬러 올라간다. '옳은, 정확한'을 뜻하는 독일어 단어 'richtig'와 영어 단어 'right'의 어원인 'ritual'은 원래 정확한 수량을 수식할 때 쓰이다가 후에 예절이나 관습을 수식할 때도 쓰이게 되었다. 측정 형용사로만 쓰던 단어를 바른 예절과 관습을 교육하는 공공 기관에서도 차츰 사용했는데, 이때 '예식' 또는 '종교 제례 의식'을 뜻하는 명사로 자리 잡았다. 그것이 바로 예전과 제식을 뜻하는 라틴어 단어 '*ritus*'(영어 단어 'rite')다. 이렇게 이 용어는 시간이 지나면서 사용 범위가 확장되어 예배 의식 절차와 순서를 지칭하는 전문 용어가 되었다.[4] 예배 의식 절차는 공동체가 함께 살아가는 동안 자연스레 형성된 예절이다. 달리 설명하자면, 공동체 생활의 정황이 공통 예배 의식을 만들고, 이 의식을 반복함으로써 공동체성이 강화된다고 할 수 있다. 중요한 것은 어떤 예배 형식이든 환경을 이길 수 없다는 점이다. 오히려 환경이 예배의 형식을 만들고 규정한다.

회중 모임 방식의 예배가 종교 제식 형태의 '예배 의식'이라는 것은 의심의 여지가 없다. 예배 의식은 '보편'이 아니라 '특수'에

---

4. Michael Meyer-Blanck, *Gottesdienstlehre* (Tübingen: Mohr Siebeck, 2011), 41.

해당한다. 그럼 제의로서의 주일 예배는 불필요한가? 이건 조금 다른 문제다. 제의라는 것은 단순히 종교 범주를 넘어서는 사회과학의 주제이기도 한데, 사회학적으로 볼 때 종교의 기능은 막강하다. 사회가 다양하고 복잡하게 변할 때 그 복잡성을 해소하는 핵심 요소가 바로 종교와 제의이기 때문이다.[5] 굳이 신학자의 말을 빌리지 않더라도,[6] 인간은 어떤 식이든 종교(성)를 벗어날 길이 없다. 그것이 무교의 형태라 하더라도 무언가에 대한 신뢰에 토대를 두고 있다면, 그것 역시 일종의 종교(성)다. 다만, 차이가 있다면 사회의 복잡성을 해소하는 방식의 종교는 개인적·신비적 범주에 안주하지 않는다. 사회적 기능을 지닌 종교는 공동체적 특성을 지향한다. 그리고 그 공동체성은 회집 형태의 제의로 출발한다. 이 출발점이 없으면 공동체성도, 신앙의 일상화도 실현하기 어렵다.

강제로 주일 예배를 폐쇄하든, 사회적 책임 때문에 자발적으로 휴회를 결정하든, 그 기간이 짧든 길든, 종교는 사라지지 않는다. 주일 성수를 놓지 못하는 이유를 헌금이나 교회 운영 때문이라고 매도하는 세태가 몹시 안타깝다. 헌금이나 교회 운영과 별개로, 기독교인이 주일 성수를 놓지 못하는 근본적인 이유는 우리가 모

---

5. Niklas Luhmann, *Funktion der Religion* (Frankfurt am Main: Surkamp, 1982), 9ff.

6. 예를 들어, 마르틴 루터의 《대교리문답》(1529) 십계명 제1조 해설에서 "네 심장을 지탱하고 사로잡고 있는 것, 그것이 바로 너의 신이다"라는 진술은 모든 인간이 종교적 존재라는 것을 잘 보여 준다.

두 불안하고 불완전한 존재이기 때문이다. 코로나19 같은 재해가 인간 사회를 얼마나 위력적으로 지배할지 예측하기 어렵지만, 인간이 존재하는 한 종교는 사라지지 않을 것이고, 교회는 이 위기를 통과하며 변형될 것이다. 그 변형을 부정적으로만 보아서는 안 된다. 교회는 살아 있는 생물이다. 2천 년간 그랬듯이, 교회는 각 시대의 운명에 대응하며 임시적인 것과 영원한 것을 뚜렷이 구분하며 이 시기를 돌파할 것이다. 교회의 예배 형식이나 복음을 전하는 형식, 교회 운영 방식 따위는 '임시적인 것'으로 판명되겠지만, 변하지 않는 영원한 메시지가 무엇인지도 함께 드러날 것이다. 그것이 역사와 시간의 힘이다.

예배 의식문은 미신인가

요즘은 덜하지만 몇 년 전만 해도 중앙루터교회 주일 공동 예배에 처음 참석하는 사람들 표정에 당황한 기색이 역력했다. 이유는 간단했다. 목사가 긴 장백의(Alb)를 입고, 촛불 점화를 하고, 예배 봉사자들이 순행하고, 회중이 앉았다 일어섰다 하고, 이상한 노래(찬트)를 목사와 회중이 나누어 부르고, 십자 성호를 긋는 모습을 보고 '여기가 개신교회인가, 가톨릭 성당인가?' 의심하며 인상을 찌푸렸다. 한국 개신교가 미국 개신교의 영향을 지대하게 받아서 생긴 반응이다.

미국의 주류 교회는 잉글랜드 국교회를 거부하고 신대륙을 찾아 나선 16-17세기 기독교인들, 이른바 청교도에게 뿌리를 두고 있다. 청교도의 신앙과 역사관에 관한 판단은 극과 극으로 갈리니 논외로 하고, 개신교 예배에 미친 영향만큼은 조명해 볼 만하다. 1689년, 청교도의 도시로 알려진 미국 보스턴에서 청교도 신학자이자 당시 하버드대학교 총장이었던 인크리스 매더(Increase Mather)가 원색적인 비난이 담긴 소책자를 펴낸 일이 있다. 〈성공회 기도서 예식의 불법성에 관한 소고A Brief Discourse Concerning the Unlawfulness of the Common Prayer Worship〉라는 글에서 매더는 영국 교회의 예배 의식문을 우상숭배로 묘사했다. 그러면서 예배 의식문을 받아들이는 교회는 배교를 인정하는 것이고, 성경에 담긴 기도 정신을 버리는 것이라고 신랄하게 비판했다.

미국 교회에서 가장 영향력 있는 인물 중 한 명이었던 매더의 이런 주장은 이상한 사람이 내뱉는 혼잣말이 아니라 당시 청교도들의 일반적인 정서를 반영한 것이었고, 미국 교회와 영국 교회 사이에 남아 있던 앙금을 생생하게 보여 주는 단면이기도 했다. 앞서 암시했지만, 미국 청교도 정신을 이어받았다고 자부하는 한국의 일부 교회는 아직도 예배에 관한 매더의 견해가 기독교 전체를 대표하는 '정통' 신학인 양 의심 없이 가르친다. 그렇게 하는 것이 진리라 믿는 이들에게 예배 의식서를 사용하는 전례 교회는 아직 개혁되지 못하고 구습에 사로잡힌 교회, 더 나아가 이단으로 매도되기 쉽다.

17-18세기 청교도들이 성공회 예배 의식서인 〈공동기도서Book of Common Prayer〉를 반대한 데는 다양한 이유가 있는데, 무엇보다도 이 예배 의식서가 못된 로마 가톨릭교회와 관련이 있다는 의심 때문이었다. 청교도들에게는 종교 개혁의 참된 후예라면 신

앙의 순수함을 지키기 위해 로마 가톨릭을 반대하고, 구습의 냄새가 나는 건 무엇이든 다 내버려야 한다는 편견이 깊게 깔려 있었다. 성공회 〈공동기도서〉뿐만 아니라 루터교회의 예배 의식 역시 중세 가톨릭 역사로 거슬러 올라가는 것은 주지의 사실이다. 그러니 청교도들에게 성공회와 루터교회는 같은 종교 개혁 진영이 아니라 양다리나 걸치는 고약한 자들로 보일 수밖에 없다. 세례 때 손으로 이마에 십자 표시를 하고, 결혼식에서 언약의 증표로 반지를 교환하고, 장백의를 입고 예배를 집례하는 등의 행위는 모두 철저한 미신으로 보였고, 교회 절기를 지키는 것과 기도문을 사용하는 것도 성경이 금지하는 우상숭배로 보였다. 청교도들은 언제나 "성령을 소멸하지 말며 예언을 멸시하지 말고"(살전 5:19-20)라는 가르침에 따라 기도와 예배를 진행해야 한다면서, 글로 다듬어진 기도문과 예배 의식서, 교회력과 성서정과를 따르는 전례 교회의 모습은 모든 신자에게 주시기로 약속하신 성령의 감동을 부정하는 행위로 보았다. 전형적인 한국의 경건한 기독교인들은 아직도 이런 청교도식 사고로 전례 교회와 예배 의식을 바라보곤 한다. 이들에게 예배 의식문으로 진행되는 예배는 성서적이지 못하고, 복음의 자유를 제한하는 것으로 보일 수 있다.

그러나 한번 생각해 보자. 어떤 교회에서 드리는 예배든 순서와 의식 없이 진행되는 예배는 없다. '순수한' 청교도 전통을 고수하는 예배라고 해도 일종의 체계와 순서가 있다. 청교도 예배 역시 하늘에서 뚝 떨어진 게 아니다. 역사 속에서 체득된 그들 나름의 잘 짜인 상징과 순서, 그리고 거기에서 흘러나온 일종의 의식과 찬송을 사용하기 때문이다. 예배의 모든 순서는 그 교회의 신앙과 신학과 역사를 담기 마련이고, 이것이 곧 예전이다. 그러니 전례 예배에 대한 오해와 선입견은 예전에 대한 편견과 오해의 결과라고 할 수 있다. '화장발'이라는 말이 있지만, 제아무리 화장을 잘한다고 해도 사람 자체를 바꿀 수는 없다. 마찬가지로, 예배 역시 겉모습과 순서가 예배의 본질을 구성하거나 바꾸지 못한다. 우리가 관심을 두어야 할 것은 외양이 아니라 내실이다.

높은 교회, 낮은 교회

말이 나온 김에 잠시 옆길로 새 보자. 교회를 구분하는 방법에는 여러 기준이 있다. 교리와 역사에 따라 구분하는 교파 구분법이 가장 흔하지만, 예배와 관련된 글이나 책을 읽다 보면 하이 처치(High Church), 로우 처치(Low Church) 식의 구분법도 심심치 않게 만난다. '고(高)교회', '저(低)교회'로 번역하곤 하는데, 이는 전통적인 예배 '의식'이 있느냐 없느냐에 따른 구분법이다. 이 구분법에 따르면 정교회와 로마 가톨릭, 루터교회, 성공회 등은 고교회이고, 장로교회와 침례교회, 성결교회는 저교회로 분류된다. 감리교회는 그 중간 정도 될 것 같다. 이 용어의 유래는 17세기 영국 성공회로 거슬러 올라가는데, 가만히 생각해 보면 꽤 거슬리는 구분법이다. 잘 짜인 예배 의식문이 있으면 높은 교회고, 없으면 낮고 저급한 교회인가? 이런 발상이 우습지 않은가? 이 구분법의 배경에는 예배 의식을 중요하지 않게 생각하는 교회를 헐뜯고 깎아내려야 했던 역사가 깔려 있을 것이다. 고교회니 저교회니 하는 표현은 과거에나 통하던 것이고, 이제는 전례 교회와 비전례 교회로 구분하는 게 더 낫지 않을까 싶다.

'고교회'와 '저교회'라는 용어만 보아도, 전례 교회가 지배적이던 과거 유럽에서 비전례 교회를 얼마나 우습게 생각했는지 가늠할 수 있다. 그러나 이는 몇백 년 전 유럽의 상황이고, 시대의 한계가 분명히 드러난 왜곡된 관점임이 틀림없다. 그럼 우리가 살아가는 이 시대 대한민국 기독교에는 이런 왜곡과 편향이 없을까? 오늘 우리 현실은 앞서 말한 유럽의 분위기와 정반대인 것 같다. 워낙 비전례 교회의 비율이 높다 보니 유럽과 달리 전례 교회를 우습게 여기고 심지어 "이단 아니에요?" 하고 의심하는 이들까지 있다. 루터교회 목사라면 주일마다 심심치 않게 겪던 일이다. 이제 '이단'이라는 딱지는 어느 정도 벗은 것 같지만, 몇 년 전만 해도 서울 한복판에 있는 루터교회의 주일 공동 예배에 처음 참석한 사람들 얼굴에서 당황한 표정을 엿볼 수 있었다. '헉, 이게 뭐지? 여기 성당인가? 교회 잘못 찾아왔나!' 하는 생각이 머릿속을 스치는 듯한 표정이었다. 한국에 있는 전례 교회에서 이런 일은 그리 낯설지 않다. 지방에 있는 루터교회 동료 목사들에게 물어보면 아직도 이런 일이 잦다고 한다. 한국에서 루터교회는 예수 대신 루터를 믿는 이단, 게다가 예배는 가톨릭식으로 진행되는 이교도인 셈이다. 우스갯소리지만 언젠가 이런 하소연을 성공회 사제에게 했더니, 그 정도는 다행이라면서 "택시 타고 광화문에 있는 대한성공회 주교좌성당 갑시다"라고 하면, 대한상공회의소 앞에 내려 준다는 이야기를 들은 적이 있다.

한국에서 전례 교회는 분명 소수에 속한다. 주류 개신교인에게는 낯선 교회다. 그러다 보니 어쩌다 비전례 교회 교인이 전례 교회 예배에 참석하게 되면 안절부절못하는 상황이 연출된다. 그런데 더 재미난 건 전례 교회에서 줄곧 신앙생활을 하던 사람이 비전례 교회에 가도 당황하기는 매한가지라는 점이다. 정리된 예배 의식도 없고, 성찬도 없고, 소란스러운 찬송과 통성 기도, 콘서트장을 방불케 하는 엄청난 음량의 악기와 마이크 소리, 예배 시간 대부분을 차지하는 설교를 듣고 왔다며, 마치 전쟁터에서 겨우 살아 돌아온 영웅처럼 경험담을 펼쳐 놓곤 한다.

여기에서 한 가지 더 고민할 점은 전례 교회의 역사와 전례 신학만 칭송하는 전례주의자의 주장은 옳을까, 하는 점이다. 고전적인 예배냐 현대적인 예배냐, 둘 중 어떤 예배를 선택할 것인가, 하는 질문도 마찬가지다. 예전 중심의 고전적 예배와 경배와 찬양 중심의 현대적 예배, 둘 중 어느 쪽이 바른 예배일까? 일단, 예전의 강점은 역사성과 공동체성에 있다. 그에 비해 현대적 예배는 역사적 기반이 약하다. 고전적 예전은 역사 속에서 수많은 부침을 겪으며 검증되었으나 현대적 예배는 긴 역사의 관점에서 볼 때 아직 시험 단계로 볼 수 있다. 어쩌면 이것이 현대적 예배의 치명적 단점이 될 수도 있겠지만, 그렇다고 고전적인 전례 예배를 바른 예배로 단정하긴 이르다. 둘 다 장단점이 뚜렷하기 때문이다.

소위 경배와 찬양으로 대표되는 현대 감각의 '열린 예배'와 '전례 예배'의 차이는 기독교 진리에 대한 해석의 차이라고 할 수 있다. 열린 예배는 진리 인식의 출발점을 개인이 감각적 인상을 받아들이는 현재 시점으로 보지만, 전례 예배를 추구하는 쪽은 현재 시점이나 개인의 관점보다 공동체의 역사성에 무게를 두는 편이다. 후자는 전승된 지혜가 오류에 빠지기 쉬운 개인의 감각 의식보다 훨씬 더 우위에 있다고 판단한다. 따라서 전례를 선호하는 쪽에서는 전통이 현재보다 우위에 있고, 공동체가 개인보다 더 가치 있다고 여기는 편이다. 이 관점에 따르면, 교회는 시간과 경험이라는 '다듬어진 틀' 안에서 신자들을 하나의 공동체로 거듭나게 하고, 양육하고, 진리를 추구하고 체험하게 한다. 이렇게 시간의 틀 속에서 함께 호흡하는 교회들은 진리 추구를 '전통'이라고 부른다. 그러므로 전례를 추구하는 교회는 공동체 전통 속에 있는 지혜 또는 공동체의 공통 감각으로부터 물려받은 것들이 모든 인식의 출발점이 되어야 한다고 말한다. 이에 비해, 열린 예배를 추구하는 교회들은 "하나님의 계시는 매 순간 새롭게 갱신되어야 하고, 이 갱신은 문화와 상황에 따라 새롭게 옷을 갈아입어야 한다"고 주장한다. 복음은 그대로이지만 선교 전략은 변해야 한다는 맥락에서 예배도 이에 맞게 변해야 한다는 것이다.

그렇다면, 전례 예배와 열린 예배, 어느 쪽 말이 맞을까? 만일 우리가 해석학적 차이를 수용할 줄 안다면, "열린 예배와 전례 예배 중 어느 쪽이 더 기독교적인가?"라는 질문이 얼마나 우매한 질문인지 알 수 있다. 해석의 원칙상 개인인가 공동체인가, 전통인가 현재인가의 차이는 서열이 정해진 것도 아니고, 정할 수 있는 것도 아니기 때문이다. 오히려 개인이 모여 공동체가 되고, 전통이 모여 현재가 된다는 관점이 건전한 교회와 예배 이해라고 할 수 있다. 앞서 언급한 해석학적 차이는 단순히 예배에만 제한되지 않고 교회 직제와 교회 소통(정치) 구조에까지 영향을 미친다.

또 다른 질문도 가능하다. 예배에서 국악을 예전 음악으로 사용할 수는 없을까? 국악 예배의 토착화? 물론, 가능하다. 그리고 필요하다. 국악을 예배 음악으로 사용할 수 있고 보존할 가치가 있는 것도 분명하다. 하지만 공동체성 측면에서 볼 때, 현대 한국인들은 서양 음악보다 국악을 오히려 더 낯설어한다는 게 최대 걸림돌이다. 이유는 많다. 교회 안에 국악을 하는 인력도 부족하고, 국악에 대한 일반 신자들의 이해도 현저히 떨어진다. 국악과 신학의 접목을 알릴 만한 전문가 계층이 확보되었는가의 문제까지 들어가면, 국악을 전례 음악으로 사용할 날은 까마득해 보인다. 모든 문제의 핵심은 예배의 '공동체성'에 달려 있는데, 교회 구성원들이 얼마나 쉽게 접근하고 수용할 수 있는가가 판단의 시금석이 된다.

여기에서 이런 질문도 할 수 있다. 그럼 예배 음악은 무조건 쉬워야 하는가? 처음 참석한 사람도 모두 쉽게 따라 부를 수 있으면, 그것으로 예배 음악의 요소를 충족한 것인가? 이 질문에는 이견이 있겠지만, 나는 조금 부정적이다. 쉬우면 누구든 쉽게 접근할 수 있다. 이것은 분명 장점이다. 그러나 어렵고 낯선 예배 음악의 순기능도 간과할 수는 없다. 찬트(chant)가 바로 그러한데, 찬트는 새 신자의 접근이 어렵지만, 역설적으로 낯선 찬트는 이미 공동체에 소속된 구성원들의 결속을 강화하는 순기능이 있다.

그럼 예배 의식문도 없고 성찬도 없는 대다수의 한국 교회, 설교만 좋으면 되는 예배는 비정상적인 예배인가? 전례 교회 교인이든 비전례 교회 교인이든 모두 자기가 속한 교회가 '정통'이고, 예배 순서도 자기가 경험만 만큼, 자기가 아는 만큼만 옳다고 확신한다.

문제는 그렇게 정통이라고 확신하는 자기 교회 역사와 예배에 대해 얼마나 알고 있는가다. 예배 순서가 실린 주보를 펼쳐 놓고 왜 이런 순서로 우리 교회 예배가 진행되는지, 왜 이런 순서가 여기 들어 있는지, 여기 쓰인 용어는 도대체 무슨 뜻이고 그 유래는 무엇인지, 왜 목사님은 설교를 이 순서에 넣어서 이렇게 길게 하는지, 이때 찬송은 왜 부르는지, 어떤 교회는 주일마다 성찬을 한다고 하는데 우리 교회는 왜 일 년에 한두 번밖에 하지 않는지 등등에 대한 답을 찾아야 한다. 우리에게 중요한 건 정통이니 이단이니 하는 논쟁이나 찬양팀의 노래와 연주 수준, 매끄러운 음향과 콘티 따위가 아니다. 자기가 다니는 교회 주보에 나온 예배 순서와 그 의미를 궁금해하지도 않고, 아무 생각 없이 습관적으로 예배에 참석하는 게 더 심각한 문제 아닐까?

레이투르기아

다시 예배, 전례, 예전으로 번역되는 헬라어 '레이투르기아(λειτουργία)'로 돌아가 보자. 이 단어는 '사람(λαός)과 '일(ἔργον)'의 합성어로, 본래 개인이 아니라 특정 공동체의 집단 활동을 뜻했다. 예를 들어, 고대 로마나 그리스 사회에서 레이투르기아는 시민이라면 마땅히 참여해야 할 공공 활동을 의미했다.[7] 도시의 축제에 참여하여 음식을 함께 준비하고, 정부가 주최하는 운동 경기에 참여하고, 공공사업과 군대를 위해 일정한 돈을 내거나 몸으로 참여하는 등 시민의 공적 의무를 수행하는 것을 '레이투르기아'라고 칭했다. 이 의무는 자발적인 경우가 대부분이지만, 정부가 부유한 시민들에게 강제로 요구하기도 했다.[8] 그 때문에 레이투르기아를 무시하는 것은 반사회적 행동으로 간주했고, 심지어 사형에 처하기도 했다. 아주 좋은 예가 소크라테스다. 소크라테스는 '무신론자'라는 죄목으로 독약을 받아 마셨다. 그런데 여기서 무신론이란 오늘날의 의미와 달리 공적 활동에 참여하지 않았다는 뜻이다.[9] 시민이라면 당연히 참여해야 할 레이투르기아에 참여하지 않았다는 것이 그가 사형당한 이유였다.

이처럼 레이투르기아는 '시민의 공공 의무'를 뜻하지만, 동시에 한 개인의 직능에 사용하기도 했다. 이런 경우 반드시 공동체의 유익을 위한 특수 기능을 뜻했는데, 매우 드물게 종교적 직무에도 사용했다.[10] 현존하는 구약 성서 판본 중 가장 오래된 문서로 꼽히는 칠십인역(B.C. 300년경)에서 이 단어는 성전 제사장과 레

---

7. Plato, *Gesetze* (X, 909f.), in *Werke*, ed. Gunter Eigler, vol. VIII/2, trans. Klaus Schöpfsdau (Darmstadt, 1977), 345-349.
8. Friedrich Kalb, "Liturgie I", in *TRE* 21 (1991), 358; 매시 H. 세퍼드, 《예전학》, 정철범 옮김(대한기독교서회, 1990), 57.
9. 다음을 참조하라. Augustinus Karl Wucherer-Huldenfeld, "Phänomen und Bedeutung des gegenwärtigen Atheismus", *Buch Weltphänomen Atheismus* (Freiburg 1979), 44.
10. 이와 다른 견해는 다음 자료를 참고하라. Hermann Strathmann, "*λειτουργέω*", in *ThWNT4* (1942), 222. 헤르만 슈트라트만은 "현대 교회에서 통용되는 'liturgy'의 의미는 고대 그리스 문화권에서 그 용례를 찾아볼 수 없다"라고 지적한다. 당시에는 종교적 활동과 무관한 시민의 공공 활동을 의미할 뿐이었다.

위인의 직무를 지칭할 때 쓰인다(민 8:22, 16:9, 18:4; 대하 31:2 등). 신약성서에서는 세례 요한의 부친인 사가랴의 성전 직무를 지칭할 때(눅 1:23)와 다양한 맥락에서 쓰인다. 예를 들어, 바울은 로마서 13장 6절에서 국가 통치자를 하나님의 리터지스트(liturgist) 즉, 일꾼으로 표현하기도 하고, 로마서 15장 16절에서는 이방 사람에게 보내심을 받은 그리스도 예수의 '일꾼'으로 자신을 소개하기도 한다. 그 외에도 신약의 몇 구절에서 종교 직무와 관련된 용례를 찾을 수 있다(빌 2:25; 히 1:7, 1:14, 8:2).

엄격히 말하면, 칠십인역의 용례가 희생 제의와 직접적인 관련이 있다고 말하기는 어렵다. 그러나 신약의 용법을 고려해 보면, 초기 기독교에서 레이투르기아가 제의적 측면으로 확장되었다는 사실을 확인할 수 있다. 게다가 이제 레이투르기아는 단순히 종교 제의 활동이 아니라 메시아의 재림에 대비한 공동의 활동인 동시에, 이 일을 준비시키는 선택된 소수의 특수 사역을 칭하는 용어로도 쓰인다.[11] 시간이 지나면서 초기 교회는 이 단어를 성직자가 집례하는 공적 예배에 엄격하게 적용하는데, 동방 교회에서는 성만찬 예식을 지칭하는 용어로 굳어졌고, 누르시아의 베네딕토는 예배를 '하나님의 일'로 묘사하면서 수도원 영성에서 가장 핵심적인 일로 간주했다.[12]

요약하면, 예전(liturgy)의 어원인 레이투르기아(*Leitourgia*)는 '시민의 의무'라는 뜻과 함께 '공동체의 이익을 위한 특수 기능'이라

---

11. Friedrich Kalb, "Liturgie I", in *TRE* 21 (1991), 359.

12. 매시 H. 세퍼드, 앞의 책, 58.

는 이중의 뜻을 지닌 게 확실하지만, 초기 기독교에서는 교회가 인정하는 공식 '예배'나 '의례'라는 특수한 경우에 사용되었다. 문자적으로 레이투르기아는 공동체를 위한 협업을 뜻한다. 그래서 성직자나 일반 신자 모두가 능동적으로 참여하고 응답하는 것이 예배 행위의 기본이다. 또한, 레이투르기아는 시간과 상황, 공동체의 필요에 따라 변한다. 시간이 흐르면 사람도 변하고 필요도 바뀌기 마련이다. 이런 배경을 이해하면, '예전'이 불변하는 고정된 예식이라고 주장하는 것이 얼마나 본질에서 벗어난 일인지 분명해진다. 더불어 예전을 예배의 제의적 형식이나 예절 정도로 축소하는 관점도 핵심에서 벗어난 시각이다. 그렇다면 레이투르기아가 우리가 어렴풋이 알고 있는 '예배'의 의미를 온전히 담아내고 있는가? 여전히 불충분하다. 그렇다면 문제는 어디에 있을까?

2

《디다케》 | 유스티누스의 《제1 변증서》 | 히폴리투스의 《사도전승》 | 애찬, 성찬, 미사 | 2-3세기 교회: 다양한 예배 문화 | 4-5세기 교회: 제국화의 길로 | 6세기 이후 | 중세 예식서와 예배 | 다양한 서방 교회 예전 | 삶을 위한 예배

예배의 역사

이제 '예배'로 정의되는 것의 본질을 살펴보자. 기독교에서 '예배'라는 명칭은 '말씀이 선포되고 떡을 떼어 나누던 초기 교회 공동체 모임'으로 거슬러 올라간다. 이 모습은 구약에서는 볼 수 없는 새로운 형태였다. 이 새로운 형태의 그리스도인 모임이 어떤 방식으로 이루어졌는지 몇 가지 중요한 자료를 바탕으로 역사를 짚어 보자. "초대교회로 돌아가자"라는 말을 종종 듣는데, 적어도 예배와 관련해서 1세기 자료는 극히 제한적이라서 당시 예배 순서가 어떠했는지, 예배 구성과 신학은 어떤 것이었는지 정확히 서술하기 어렵다. 이런 자료 빈곤은 예배가 무엇인지 매우 다양한 상상력을 요구하지만, 역설적으로 예배의 본질과 변화를 추적하는 데 매우 효과적이다.

초기 교회 공동체가 '예배'를 드리러 모일 때, 지금처럼 성경을 들고 모였을 리도 없고, PPT나 동영상을 만들어 앞에 띄웠을 리도 없다. 새로 나온 찬송을 함께 부르자며 악보를 복사해서 돌렸을 리도 만무하다. 참석한 사람들은 이미 서로 너무 잘 알고 있어서 굳이 입례 찬송을 부를 일도 없었고, 멋진 가운을 입고 거룩한 체할 필요도 없었을 것이다. 어떤 면에서 보자면, 지금 우리가 경험하는 주류 개신교 예배 순서에서는 1세기 교회 공동체의 예배 흔적을 거의 발견할 수 없다.

1세기 예배? 극단적으로 말하면, 그냥 마음 맞는 사람끼리 모여 심각하고 진지하게 옛날이야기(말씀, 예수 사건)하고, 밥 같이 나누어 먹고(성찬), 서로 다독이며 미래를 도모(기도와 교제)하는 것이 이 모임의 골자였다. 그러니 자료로 남길 것도 없었고, 모임의 목적이 무엇이든 간에 그저 모임 자체가 좋았을 뿐이다. 좋아서 자꾸 모이고, 모이다 보니 정기 모임이 되고, 사람이 많아지다 보니 자격 요건(세례)도 생기고, 역할 구분(직제)도 생기고, 모임의 순서와 틀(예배 의식)도 생겼다. 우리가 구할 수 있는 초기 예배 자료라는 것들은 이렇게 공동체가 체계화되는 과정을 축적한 것들이다.

우리가 접근할 수 있는 1세기 예배 자료라고 해 봤자 1세기 말 또는 2세기 초 자료인 《디다케Didache》 정도다. 그런데 이것 역시 우리가 알고 싶어 하는 예배 의식 자료로는 너무 부족하다. 《디다케》를 제외하면 1세기 예배의 존재를 추정할 수 있는 자료라고 해 봐야 신약 성서밖에 없다. 분명한 건 그것만으로는 1세기 예배가 어떤 방식으로 진행되었는지 알 길이 거의 없다는 점이다. 이런 제한된 자료로 1세기 예배의 정체를 확실히 밝히기는 불가능하다.

예루살렘에 원시 형태의 교회 공동체가 존재했다는 점은 잘 알려져 있다. 그 공동체의 예배 형태는 어땠을까? 유대 전쟁(A.D. 66) 직전까지 예수의 이름으로 모였던 예루살렘 교회는 유대교와 다르다는 점을 스스로 의식하며 모였기에 유대교 성전 제의나 관습, 회당 전통에 동화되었다고 보기 어렵다. 유대교가 정착 종교였던 반면, 예루살렘 교회 공동체는 선교 의식이 강했고 이전 종교와 구분 지으려는 노력이 모임 곳곳에 녹아들었다. 분명하고 중요한 사실은 유대인들은 이곳저곳에 회당을 세워 순혈주의 선민의식을 강화해 나갔지만, 교회 공동체는 순혈주의나 건물을 세우는 식으로 선교하지 않았다는 점이다. 오히려 초기 기독교의 선교 방향은 정반대였다. 사람이 중심이었고, 말보다는 선하고 모범적인 삶을 통해 그리스도를 전했다. 예배는 이런 신앙의 태도를 응축한 일종의 의미 체계라고 할 수 있다.

____《디다케》

아주 우연한 기회에 엄청난 보물이 발견되는 경우가 종종 있다. 사해 사본이 대표적이겠지만, 지금 말하려는 문서는 사해 사본 못지않게 초기 교회를 이해하는 데 가치 있는 고문서다. 1873년, 정교회 주교 필로테오스 브렌니오스(Philotheos Bryennios)가 콘스탄티노플 성묘 수도원 도서관에서 우연히 누런 양피지 사본 하나를 발견했다. 거기에는 "열두 사도의 가르침"이라는 짤막한 제목 다음에 '열두 사도를 거쳐 백성들에게 베푸신 주님의 가르침'이라는 긴 제목이 적혀 있었다. 이 양피지는 후에《디다케》라는 이름으로 알려지면서 1세기 교회의 역사와 문화, 예배 현실을 가늠하는 중요한 문서로 주목받는다.

서기 약 100년경에 만들어졌을 것으로 추정되는 문서인 만큼, 현존하는 기독교 문서 가운데 가장 오래된 문서 중 하나로 꼽힌다. 실제로 정경의 범위가 모호하던 2-3세기 교회에서는 거의 정경으로 취급되어 신자 교육 지침서로 사용되었을 정도다. 그런 만큼 《디다케》는 교회사적으로 대단히 가치 있는 자료다. 다만, 오해하지 말아야 할 것은 이 문서에 붙은 제목이다. "열두 사도의 가르침"이라는 제목 탓에 열두 사도가 실제로 가르친 내용을 기록한 것으로 오해할 수 있는데, 사실은 그렇지 않다.

이 문서는 1세기 말 시리아 지방 어느 시골 교회의 그리스도인이 편집한 교회 정관 같은 것으로, 당시 일반적인 교회의 모습을 생생히 보여 주는 작은 규범서다. 내용은 생명과 죽음의 길에 관한 간단한 교리(1-6장), 교회의 예배(7-10장), 교회 조직과 생활 규범(11-15장), 종말(16장) 등으로 구성되어 있지만, 매우 짧은 문서라서 교회에 들어온 새 신자들과 목회자들에게 신앙의 개요와 방향을 소개하는 소책자 느낌마저 든다. 거의 2천 년이 지난 글이지만, 이 진귀한 글 덕분에 초대교회의 분위기와 신앙 노선을 확인할 수 있다.

특별히 마태복음 및 누가복음 관련 내용이 자주 나오는 것으로 보아 두 복음서를 잘 알고 있던 익명의 교사가 교회 교육 교재로 사용했을 것으로 추정된다. 떠돌이 교사들과 설교자들(11장)에 관한 언급과 한 교회에 정착한 설교자와 교사들(13장)에 관한 언급이 함께 나오는 것으로 보아 기록 연대는 서기 80년까지 거슬러 올라가고, 아무리 늦게 잡아도 110년경으로 보는 것이 보편적이다. 《디다케》는 초기 교회의 예배 순서를 희미하게나마 가늠해 볼 수 있는 최초의 자료로 꼽히지만, 보편적인 공예배 자료로 인정할 수 있는지를 두고는 논란이 많다. 예를 들어, 만찬 순서에 등장하는 '유카리스트'가 성찬례인지, 단순히 감사를 말하는 것인지,

아니면 감사 기도를 말하는 것인지 모호하다. 그럼에도《디다케》에 등장하는 '호산나' 찬미는 성경 외 기독교 자료에서 가장 오래된 기록이고, 주기도문을 하루 세 번 암송하도록 규정한 대목은 1세기 교인과 교회의 신앙생활을 엿볼 수 있는 중요한 단서다. (이하에서는 편의상 1세기 말 문서로 통용한다.)《디다케》는 초기 교회 역사와 예배를 논할 때마다 반복해서 언급될 테니, 우선 이 책의 부록에서《디다케》본문을 숙독하길 권한다.

유스티누스의《제1 변증서》

'예배'라는 용어가 말씀을 선포하고 떡을 떼어 나누던 초기 교회 공동체 모임으로 거슬러 올라간다고 앞서 언급했다. 말이 나온 김에 150-155년경 로마의 순교자 유스티누스의 것으로 추정되는《제1 변증서Apologie I》[1]의 한 구절을 꺼내 보자.

> 해의 날(일요일)이라고 불리는 날이 되면 도시 원근 각처에서 사람들이 모였고, 시간이 허락하는 한 함께 모여 사도들의 기억을 나누고 예언서를 읽었다. 낭독자가 다 읽고 나면 모임 대표자가

---

1. 원제는 "*Apologia prima pro Christianis ad Antoninum Pium*"이다. 황제 안토니우스 피우스와 그의 아들 마르쿠스 아우렐리우스, 원로원과 로마 국민 전체에게 보내는 글이다. 유스티누스는 이 글 첫 부분에서 그리스도인은 선한 시민이라는 점을 강조하면서 그리스도인이 '무신론자' 또는 '비윤리적인 야만인'이라는 비난은 근거가 없다고 박해받는 기독교를 변호한다.

말을 시작했는데, 이전부터 전해진 사도들의 이야기와 가르침을 진지하고 아름답게 풀어 주었다. 그다음 모든 사람이 자리에서 일어나 하늘을 향해 기도를 올렸다. 그렇게 기도가 다 끝나면, 이제 빵과 포도주와 물을 앞으로 가져왔고, 대표자는 참석자들이 가져온 예물을 앞에 모아 놓고 하늘을 향해 감사 기도를 올렸다. 그렇게 기도가 끝나면 모든 사람이 한목소리로 "아멘"을 외치며 기도를 마쳤다. 그다음 앞에 놓은 모든 것은 모인 사람들이 함께 나누며 감사히 즐겼다. 그날 참석하지 못한 이들의 몫은 교회 봉사자들이 챙겨 전해 주었다. 우리는 이것을 '유카리스티아'라고 부른다"(67.1.3-5).

예배 연구에서 《제1 변증서》를 중요하게 다루는 이유는 말씀을 중심으로 진행되는 예배(말씀의 전례)가 독립적인 예배 형태로 확인되는 최초의 문서이기 때문이다. 구체적인 예배 순서를 확인할 수 있는 까닭에 기독교 예배 순서의 대표 모델로 꼽곤 한다. 그렇다고 당시 모든 지역 교회가 이 순서로 집례한 것은 아니다. '유스티누스 쉐마'로 불리는 '말씀 봉독-설교-중보 기도-봉헌-봉헌 기도(감사 기도, 축성)-만찬' 순서는 하나의 모델일 뿐이고, 모든 교회가 예배 순서를 이렇게 통일할 이유는 없었다.

여전히 연구자들을 난감하게 만드는 대목은 여기 담긴 '유카리스티아'라는 단어가 3-4세기까지 다양한 의미, 다양한 예배 형식을 지칭했다는 점이다.[2] 특별한 점은 있다. 유스티누스의 《제1 변증서》에 나오는 '봉헌'이 교회 신자 모두가 참여하는 순서였고, 가난한 사람을 돕기 위한 것이었다는 점은 오늘날 교회에 시사하는 바가 크다. 로마 가톨릭에서는 '봉헌' 순서를 성찬례 과정 중 희생 제물(성체 성혈)을 준비하는 과정으로 이해하기도 하지만, 이는 초기 교회의 정신과 거리가 멀다. 봉헌에는 매우 단순한 의미가 담겨 있을 뿐이다. 교인들이 가난한 자들과 나누기 위해 준비한 일상의 음식과 물건을 내어놓는 시간이 '봉헌'의 원래 의미였다.[3]

《디다케》와 마찬가지로 《제1 변증서》에도 해결되지 않은 난제가 남아 있다. 성찬과 애찬이 분리된 과정과 이유를 납득할 만한 자료가 없다는 점, 그리고 앞서 언급했듯이 유카리스티아의 의미와 형태가 단순하지 않았다는 점이다.[4] 무엇 하나 통일된 게 없었다. 적어도 3세기까지는 예배의 통일성을 어디서도 발견하기 어렵다. 초기 기독교 문명의 중심 도시인 로마, 알렉산드리아, 안디옥, 카르타고의 교회 공동체도 마찬가지다. 자료가 거의 없다 보니 어느 것 하나 확실한 게 없다. 시리아에서 발견된 가장 오래된 최초의 가정 교회로 알려진 '두라에우로포스' 역시 다양한 교회 모델 가운데 하나일 뿐이라는 데 의견이 모아질 정도다.[5]

4세기 이전까지 교회와 예배의 모습은 일관성이 없었고 불확

---

2. Jens Schröter, *Das Abendmahl: Frühchristliche Deutungen und Impulse für die Gegenwart* (Stuttgarter Bibelstudien) (Katholisches Bibelwerk, 2006), 64.

3. Justinus, *Apologie I*, 67, 6f.

4. Volker Henning Drecoll, "Gottesdienst in der Alten Kirche", *Kompendium Gottesdienst, Hrsg*. Hans-Joachim Eckstein u.a. (UTB 3630) (Mohr Siebeck, 2011), 45-46. 폴커 드레콜은 테르툴리아누스의 예배 이해를 유스티누스의 《제1 변증서》와 비교하면서 그 차이가 얼마나 큰지 보여 준다. 특히, 테르툴리아누스의 글에서는 성찬과 애찬 구분이 더 모호하다는 점을 강조하고, 2세기보다 3세기 예배 자료가 훨씬 더 적고 제한적이라고 주장한다.

실한 것 천지다. 로마 제국 내에서도 지역과 문화에 따라 다른 모습이 산발적으로 발견될 뿐이다. 시대로 볼 때, 3세기는 순교자 숭배 사상이 유행하던 때다. 특히 로마에서는 순교자 베드로를 숭배했는데, 이 사상이 교회 예배에도 밀고 들어왔다. 이와 유사하게 로마의 지하 동굴인 카타콤베에서는 순교자 세바스티안을 숭배하는 유행도 일었다. 이런 현상은 3세기 이전 교회에서는 상상할 수 없는 일이었다. 예배에 순교자 숭배 사상이 들어온 정확한 과정과 이유는 알 길이 없다. 다만, 이 시기가 로마 황제 디오클레티아누스가 기독교를 말살하려고 했던 마지막 대박해 시기라는 사실이 그 이유를 간접적으로 방증할 뿐이다. 이런 시대 정황에서 가난한 자를 위해 기도하고 나누던 '봉헌'이 제사의 의미로 변했을 가능성이 크다.

거듭 말하지만 3세기 말까지 교회와 관련된 것들은 제한된 자료 탓에 거의 모든 것이 불분명하다. 4세기에 이르러서야 교차 비교 가능한 자료가 축적되기 시작하는데, 교부들의 설교 자료로 얻는 조각 지식이 대부분이다. 5세기에 이르면, 설교 자료뿐 아니라 예배와 관련된 자료가 폭발적으로 증가하고, 이를 통해 고대 교회의 예배 모습을 조금 더 선명하게 그려 볼 수 있다. 우리가 막연하게 '초대교회'라고 부르는 제국화 이전(1-3세기) 교회는 아직도 미지의 세계나 다름없다.

---

5. Hugo Brandenburg, *Die frühchristlichen Kirchen in Rom: vom 4. bis zum 7. Jahrhundert. Der Beginn der abendländischen Kirchenbaukunst* (Regensburg: Schnell & Steiner, 2013), 13-15.

그러나 4세기 이전 교회와 당시 예배를 부정적으로 볼 이유는 없다. 긍정적으로 해석할 여지도 충분하다. 서로 다른 예배 형태가 공존했다는 점은 교회가 속한 지역과 문화의 특성을 반영한 다양성의 결과라 할 수 있다. 이는 교회의 포용성과 연결된다. 예루살렘 교회, 알렉산드리아 교회, 시리아 교회, 안디옥 교회, 로마 교회가 경쟁 관계가 아니라, 그리스도를 믿는 신앙 안에서 서로 다양성을 수용하며 성장해 나갔다고 볼 수 있다. 그래서 어떤 면에서 보면, "초대교회로 돌아가자!"라는 구호(사실, 이 구호는 문제가 많다)는 시대와 문화, 각 교회 공동체의 신앙 고백을 폭넓게 인정하며 예배의 다양성을 지향하자는 말이기도 하다.

히폴리투스의 《사도전승》

늘 그렇듯이 역사적인 자료는 불현듯 찾아온다. 1555년, 상체가 파괴되어 누군지 분간할 수 없는 대리석상 하나가 로마 티부르티나 도로변 한구석에서 발견되었다. 석상 인물이 앉은 의자 양옆에 새겨진 책 제목 일부가 히폴리투스의 저작과 일치했고, 거기 새겨진 글자 중 하나가 '아포스톨리케 파라도시스(*Αποστολικὴ παράδοσις*)'였기에, 사람들은 《사도전승Traditio Apostolica》의 저자를 히폴리투스로 여겼다. 그러나 1979년 히폴리투스 교부학회에서 석상의 하반신이 여성이라는 고고학 증거가 나온 이래,[6] 이 석상의 주인공이 정말 히폴리투스인지와 함께 《사도전승》의 저자가 히폴리투스가 맞는지도 의심받게 되었다.[7] 헬라어 원본은 찾을 수 없고, 라틴어 역본과 콥트어 역본, 사히디꼬 방언 역본, 보하이리꼬 역본, 아랍어 역본, 에티오피아 역본 등 너무 다양하고 다른 사본이 많다 보니 논란은 가중되었다. 물론 이런 사본학적 문제는 우리의 주된 관심사가 아니다.

초기 기독교 문헌 중 예배 의식과 직접 관련이 있는 가장 중요한 문서는 1세기 말《디다케》와 더불어 3세기 문헌인《사도전승》이 꼽힌다. 그 이유는 정교회와 천주교, 성공회와 루터교회를 막론하고 모든 전례 교회에서 통용되는 성찬 감사 기도의 원형이 바로 이 문서에서 확인되기 때문이다.[8] 다만, 이 성찬 감사 기도가 어떤 경로로 형성되어 지역과 문화가 서로 다른 교회 공동체의 예배 의식문에 그토록 똑같은 모습으로 자리 잡았는지는 전혀 알려지지 않았다.

중요한 건 이 조그만 책자가 서기 210-230년경 교회 공동체의 삶을 구체적으로 보여 주는 귀중한 자료라는 점이다. 히폴리투스가 교회사에서 교회 분리를 시도해 성공한 최초의 인물이라는 특

---

6. 마르게리타 과르두치(Margherita Guarducci)는 1979년 히폴리투스 교부학회에서 복원을 거쳐 현재 바티칸 도서관 입구에 세워 놓은 이 석상의 하반신이 여성이라는 사실을 밝혀냈다. 이로써 진위 논란은 더 거세졌다. Scott Manor, *Epiphanius' Alogi and the Johannine Controversy. A Reassessment of Early Ecclesial Opposition to the Johannine Corpus* (Brill Acadimic Pub, 2016), 138; M. Vincnez, "Hipolyt von Rom und seine Status", in *Zur Zeit oder Unzeit. Studien zur spätantiken Theologie-, Geistes- und Kunstgeschichte und ihrer Nachwirkung,* Ed. Hans Georg Thümmel zu Ehren (Cambridge: Eidition Cicero, 2004), 125-134.
7. 다양한 사본과 역사적 진위 논란에 관해서는 다음 책을 참조하라. 히뽈리뚜스, 《사도전승》, 이형우 역주 (분도출판사, 1992), 11-36.

별한 역사[9]는 접어두더라도, 이 문서가 교회 생활과 직제, 세례와 도유(塗油)[10], 성만찬처럼 교회의 직제 및 예배 의식과 같은 직접적인 순서와 절차를 확인할 수 있는 가장 오래된 전례 문헌집이라는 데는 이견이 없다. 이 문서가 히폴리투스의 저작이 아니라 해도 실망할 필요는 없다. 공예배 의식으로서 예전은 공동체의 상황에 따라 다양한 모습으로 형성되는 특징이 있어서, 어느 한 사람에게 좌우될 성질이 아니기 때문이다. 중요한 건 이 문서가 당시 교회의 예배 상황을 투영한다는 점이다.

이 문서의 배경을 살펴보면, 시대적으로 박해의 시대(3세기)였고 로마, 알렉산드리아, 안디옥에 있던 교회들이 서로 인정하며 다양성을 추구하던 때다. 이는《사도전승》과 유사한 사본이 다양한 지역 교회에서 문화와 언어에 맞게 변형되어 출현하는 고고학

---

8. 《사도전승》 4장 '봉헌에 대하여'에 성찬 기도의 정형구가 나온다. "'주님께서 여러분과 함께 계시길 바랍니다'라고 하면 모든 사람은 이렇게 응답한다. '당신의 영과도 함께하시길 바랍니다.' '우리의 마음을 (주님께) 올려드리세' '주님께 감사드리세' '이것이 마땅하고 유익하나이다'"(루터교회 공동 예배 의식문). 다음 책과 비교하라. 히뽈리뚜스,《사도전승》, 83-89;《사도전승》을 통해 알 수 있는 사실은 3세기 중반 성찬 기도가 내용과 형식을 완벽하게 갖추었다는 점이다. 그 순서는 대략 '인사-서언-감사-성찬 제정의 말씀-아남네시스-성령 임재 간구-찬송'으로 요약되는데, 이는 모든 전례 교회의 성만찬 예식 순서의 뼈대가 된다. 이 외에도 시편송, 알렐루야, 사가랴의 노래, 시므온의 노래가 전례에 등장하는 것도 여기서 확인된다.

9. 히폴리투스는 중죄인들에게 포용적이던 칼리스투스가 217년에 로마 주교로 선출되자, 이에 반기를 들고 추종자들과 함께 새로운 교회를 세워 또 다른 로마 교회의 주교로 선출되었다. 로마 교회의 분열은 그로부터 20여 년간 이어졌다.

10. 세례의 확증이었던 도유 예식은 기독교가 로마의 제국 종교가 된 4세기 중반 이후 견신례로 바뀐다.

증거를 통해서도 확인할 수 있다. 실제로《사도전승》과 관련된 다양한 사본 외에도 3세기 초반 북시리아에서 유래한《사도들의 교훈Didascalia Apostolorum》[11]과 알렉산드리아의 클레멘트, 오리게네스의 저술에서도《사도전승》의 흔적을 발견할 수 있다. 3세기 자료가 드문 데다가 파편적으로 흩어져 있지만, 이 자료들을 통해 알게 되는 사실은 3세기 교회의 예배와 신앙이 다양한 삶의 자리에 적응하며 창조와 사멸 과정을 부단히 겪었다는 점이다.

《사도전승》이 한 사람의 독립된 저술이 아니라 3세기에 은밀히 통용되던 예전과 교회 규범을 모은 책자라는 사실은 본문의 흐름과 문장의 진행만 보아도 알 수 있다.[12] 전체 43장으로 구성된 이 책은 서론(1장)과 결론(43장)을 제외하면 세 부분으로 나뉜다. 1부(2-14장)는 감독/주교, 장로/교사, 봉사자 등 교회의 직제 및 직분[13]과 성찬례, 2부(15-21장)는 입교, 세례, 성찬 등 교인이 되는 과정, 3부(22-44장)는 신자로서의 생활 윤리로 구성되어 있다.[14]

---

11. 서방 교회와 구별되는 동방 교회의 세례 예식 모형이《사도들의 교훈》에 나타난다. 이것을 김정은 도유 의식을 세례 전에 하는지 후에 하는지에 따른 구분으로 파악한다; 김정,《초대교회 예배사》(CLC, 2014), 129-138. 시리아 계통의 동방 교회는 세례 직전에 도유 예식을 진행하면서 성령의 임재를 강조했다. 그러나 서방 교회에서는 이런 방식과 이해를 찾아볼 수 없다.《사도전승》으로 대표되는 서방 교회의 도유 예식은 세례 직후 진행되었고, 성령 강림 대신 축귀 의미가 강했다; 김정, 앞의 책, 138.

12. 다음 책을 참조하라. 히뽈리뚜스,《사도전승》, 35.

13. 서기 100년경 자료인《디다케》에서 주교/감독은 교회 공동체의 대표자 또는 예배의 봉사자일 뿐이다. 그래서 '장로'로 이해해도 좋다.《사도전승》이 나온 시기까지도 아직 계급적 직제가 존재했다고 보기 어렵다. 3세기 말까지 주교/감독의 임무는 식탁 예배를 이끌고 말씀을 봉독하는 일에 맞춰져 있었다.

현대 교회에서는 등록 카드 한 장만 쓰면 해결될 일이고, 교인의 자격 요건을 따지기는커녕 두 팔 벌려 환영하는 상황인데, 《사도전승》은 이런 우리의 모습이 초기 교회와 얼마나 다른지 보여 준다. 여기에는 기독교인이 되려고 찾아온 사람을 공동체가 어떤 방식으로 응대하고, 성찬 공동체의 일원으로 받아들였는지 구체적인 단계[15]가 제시되어 있다.

3세기에는 교인이 되고 싶다고 해서 누구나 될 수 있는 게 아니었다. 교인이 되고 싶은 사람은 우선 매우 깐깐한 문답 과정을 거쳤다. 직업이 합당치 않거나 말 한 번 잘못하면 곧바로 퇴짜 맞을 수도 있었다. 교회 일원이 되는 과정은 후견인의 멘토링에서 시작되었다. 첫째 단계에서 교회는 교인이 되려는 사람에게 후견인을 연결해 주면서 둘의 관계에 몇 가지 의무를 부여했다. 우선, 후견인은 일주일에 한 번 이상 입교 예비자를 아침에 만나 교회 교사에게 인도해야 했다. 이 일은 세례받기 전까지 계속되었다. 입교 예비자에게 사회적 지위, 직업, 행동에 관해 질문하는 것이 교사들이 해야 할 첫 번째 일이었다. 현재의 삶을 택할지, 신앙의 세계를 택할지에 관한 질문이라서 입교 예비자는 처음부터 난관에 부딪혔다. 이 단계를 통해 교사들은 예비자가 말씀을 듣고 순종할 준비가 되었는지, 가르침대로 살 준비가 되었는지, 군 복무

---

14. 《사도전승》의 본문과 내용에 관해서는 다음 책을 참조하라. 히뽈리뚜스, 《사도전승》, 이형우 역주 (분도출판사, 1992). 세례 의식에 관해서는 다음 책을 참조하라. 김정, 《초대교회 예배사》(CLC, 2014), 139-156.

15. 이하에 기술되는 단계들은 다음 책을 요약한 것이다. 알렌 크라이더, 《회심의 변질》, 이성하 외 공역 (대장간, 2017), 65-70.

는 어떻게 할 것인지, 예비자가 노예라면 자기 주인에게는 어떻게 할 것인지, 그 반대의 경우에는 어떻게 할 것인지, 우상숭배나 점성술, 살인이나 성적 타락과 관련된 직업에 종사하는 것은 아닌지 확인했다.[16] 단순한 질문들이 아니다. 이런 질문에 명확한 결단과 확답을 하는 경우에만 비로소 입교 예비자(신앙문답반)로 받아들였다.

군인의 경우에는 입교할 수 없는 것은 아니었으나 매우 엄격한 조건이 따라붙었다. 계급이 낮은 군인은 살인하지 않고 신상 앞에서 절하지 않겠다고 서약해야만 입교 예비자가 될 수 있었고, 계급이 높은(자색 옷을 입은) 군인은 직업을 버리기로 서약해야만 입교 예비자가 될 수 있었다. 따라서 장차 직업 군인을 꿈꾸는 사람은 즉각 거절하고 돌려보냈다.[17] 한국 교회에서는 양심적 병역 거부자에 대한 논란이 있지만, 이 문제를 초대교회로 돌려놓고 보면 너무도 당연한 삶의 준칙이었다. 폭력과 살인 금지는 십계명에 확실히 포함되어 있으므로 해석의 여지가 없다고 믿었다. 또한, 군인들이 로마 황제를 신격화한 신상 앞에서 선서해야만 했던 시대적 상황도 한몫했다.

교회가 군인들을 거부하는 모습이 지금 우리 눈에는 가혹한 율법주의, 심지어 고약한 심보로 보이기까지 한다. 공동체의 기준에 따라 살지 않는다는 이유로 교인이 되려고 찾아온 사람을 어떻게 거절할 수 있고, 직업을 버리라고 매정하게 말할 수 있을까? 분명

---

16. *TA* 15-16.

17. *TA* 16.

한 사실은 초기 교회의 신앙 문답 교사들이 "교회 공동체의 가치관은 사회 주류 가치관과 다르다"는 사실을 가르치고 지키려고 노력했다는 점이다. 교회는 이런 식으로 새로운 삶의 방식을 세상에 심어 나갔다.

이렇듯 《사도전승》에서 제시하는 교회는 신자가 되려는 사람에게 완전히 새로운 세계로 들어와 새 삶을 살아야 한다는 점을 각인시켰다. 이를 수용하면 두 번째 단계에 들어섰다. 예비자들은 일주일에 몇 번씩 아침 일찍 후견인과 함께 말씀을 듣기 위해 모였다. 교사가 가르침을 끝내면, 예비자들과 기존 신자들은 따로 나뉘었다. 기존 신자들이 기도[18]하면서 '평화의 인사'(실제로는 악수나 포옹이 아니라 입맞춤[19]이다)를 나누는 동안, 예비자들은 그들끼리 모여 기도했다. 예비자들은 성찬 기도에 참여할 수 없었고, 그들의 입맞춤은 아직 거룩하지 않다고 믿었기 때문이다. 특이하게도 3세기 교회 예배에서 나누던 평화의 입맞춤은 남녀 구별이 없었고, 옥에 갇힌 형제와도 평화의 입맞춤을 나누었다. 예배에서 평화의 인사가 끝나면, 교사는 예비자들의 머리에 손을 얹어 안수하고 이들을 위해 기도한 다음 일터로 보냈다. 남녀노소를 가리지 않는 평화의 인사 때문에 기독교인은 성적으로 문란하다는 소문이 끊이지 않았다. 생각해 보라. 자기 아내가 어느 날 감옥을 찾아가 생면부지 남성과 입맞춤을 한다면, 그걸 정상이라고 생각할

---

18. 단순한 기도가 아니라 '성찬 기도'로 불리는 성만찬 예식 기도를 뜻한다. 유스티누스의 《제1 변증서》에서는 이를 유카리스티아, 즉 '감사 기도'라고 칭했다.

19. *Apologia I*, 65, 1f.

사람이 있겠는가.[20]

매일 반복되는 입교 예비자 과정은 굉장히 긴 기간 이어졌다. 《사도전승》에는 3년간, 4세기 초 스페인에서는 5년간 신앙 문답 과정을 거쳤다는 기록이 남아 있을 정도다.[21] 교리 교육의 중요성을 여기에서 찾을 수 있다. 그러나 이 과정을 통과하는 중요한 기준은 기간이 아니라 삶이 전폭적으로 바뀌었는가였다. 그것이 교육의 목적이었다. 이 목적만 달성되면 신앙 문답 과정이 대폭 짧아질 수도 있었다.[22]

신앙 문답의 내용은 무엇이었고 복음은 어떻게 가르쳤는지 《사도전승》에 구체적으로 나와 있지 않은 점은 매우 애석한 일이다. 그러나 후견인 제도와 교회 구성원들의 삶이 교회 공동체에 들어올 예비 신자를 변화시켜 나갔다는 점은 시사하는 바가 크다. 기존 신자들은 예비 신자에게 항상 관심을 기울이고 그를 위해 기도하며 '신앙의 요람' 역할을 담당했다. 그리고 교사의 직무를 맡은 감독과 장로는 예비자들이 교회 공동체에 뿌리내릴 수 있도록 가르치고 지도하는 데 중점을 두었다. 구성원들이 예비 신자의 행동을 격려할 때는 언제나 예수의 가르침을 기준으로 삼

---

20. 이런 의심과 험담은 초기 교회에서 빈번하게 발생했다. 이에 대해 테르툴리아누스가 매우 흥미로운 글을 남겼다. 274쪽에 인용한 글을 참고하라.

21. 다음 책에서 재인용했다. Adalbert Hamman, "Catechumenen, Catechumenate", in *Encyclopedia of the Early Church*, ed. Angelo di Berardino (Cambridge: James Clarke, 1992), 151.

22. *TA*, 17. "예비자들은 3년 동안 말씀을 들어야 합니다. 만약 열성적이고 잘 적응하는 사람이라면 기간에 좌우되지 말고 오직 생활에 따라 판단하면 됩니다."

왔고, 기존 구성원들의 관심과 배려는 예비 신자가 교회에 적응하는 데 실제적인 도움이 되었다. 기존 신자들의 삶과 교사의 가르침을 통해 예비자들의 삶이 새롭게 변화되어 갔다. 이 과정이 얼마나 성공적인가에 따라 입교 교육 기간이 결정되었다.

약 3년간 입교 예비자 교육 과정을 성공적으로 이수하면, 세례 대상자 선발 심사에 들어갔다. 이 심사에서는 지난 3년간 삶에 변화가 있었는지 철저히 조사했다. 예비자 교육 기간에 성실하게 살았는지, 홀로된 여인들을 존중했는지, 아픈 사람들을 방문했는지, 온갖 선한 일을 실천했는지 확인했다.[23] 이 문답 과정은 단순히 의무 사항을 확인하는 작업이 아니라 '이웃 사랑'을 실천하고 있는지에 관한 심사였다. 이때 3년간 동행한 후견인의 증언이 필수였다. 이는 예비 신자가 하나님의 백성으로 거듭날 수 있는지를 하나님과 교회 공동체 앞에 증언할 책임이 후견인에게 있었음을 보여 준다. "삶의 가치와 우선순위를 교회 공동체와 그리스도의 가르침에 두고 살았는가?"라는 질문에 후견인이 "그렇습니다"라고 답하면, 지도자는 "그들에게 복음을 듣게 하십시오"라고 명령했다. 그러면 세 번째 단계에 들어설 수 있었다. 후견인 제도는 나중에 세례 때 대부·대모 제도로 발전했다. 세례받기 전 마지막 주까지 예비자들은 신앙 문답 과정에 매일 참석했다.

세례 예비자가 되어 세례받기까지 얼마나 걸렸는지는 확실하지 않지만, 대략 일주일 정도 걸린 것 같다. 이 기간에 예비자들은 매일 감독이나 교회를 대표하는 장로의 안수를 받으며 축귀 의식

---

23. *TA*, 20.

을 치르고 세례를 위한 마지막 과정을 밟았다. 축귀의 내용이 무엇이었는지 확실하지는 않지만, 믿음의 본질과 이단에 대한 경고 등으로 구성되었을 것으로 추정할 수 있다. 이 내용은 나중에 사도신조의 근간이 되었다.

선발된 세례 예비자는 목요일에 목욕하고, 금요일에 단식하고, 토요일 오후 주교(감독)에게 성대한 축귀 의식을 한 번 더 받았다. 축귀 의식이 끝나면 주교는 예비자들 얼굴에 숨을 불어넣었고, 이마와 귀와 코에 십자 표시를 해 주었다.[24] 토요일 저녁이 되면, 세례 예비자들과 교인들은 지정된 샘이나 물가 옆에 모여 함께 기도하며 때가 차길 기다렸다. 드디어 여명을 알리는 수탉의

---

24. 세례자의 이마에 십자 표시를 하는 스프라기스(sphragis)는 성문화되지 않은 기독교 전통 중 가장 오래된 예식으로 알려져 있다. 이에 관해서는 다음 책을 참조하라. 장 다니엘루, 《성경과 전례》, 안봉환 옮김 (아름다운, 2020), 63-82; 다음 자료와 비교해 보라. 1523년에 루터가 만들어 배포한 《세례 예식문Das Tauff buchlin verdeutscht》(*WA* 12. 42)과 1526년에 나온 《독일어 세례 예식서 개정판Das Tauffbuchlin verdeudscht, auffs new zu gericht》(*WA* 19. 537-541)에서도 세례 때 유아에게 십자 표시를 하고, 소금을 입에 넣어 주는 행위, 코에 숨을 불어 넣는 축귀 행위가 나온다. 다만, 이러한 상징 행위는 이전부터 해 오던 것들로 일반 평신도에게 혼란을 주지 않으려고 실시했을 뿐이라고 루터는 설명한다. "또한, 기억하기 바랍니다. 눈 아래쪽에 숨을 부는 것, 십자가 표를 긋는 것, 입에 소금을 넣는 것, 침과 진흙으로 귀와 코에 묻히는 것, 기름으로 가슴과 어깨에 도유하는 것, 향유로 이마에 표하는 것, 흰옷을 입히는 것, 불붙은 초를 손에 쥐여 주는 것, 이런 일은 모두 세례를 돋보이게 하려고 사람들이 만들어 낸 외적인 것들입니다. 분명히 말하건대, 세례에서 이런 외적인 것들은 중요하지도 않고, 이런 것 없이도 세례가 주어질 수 있습니다. 이런 식으로 세례를 집례한다고 마귀가 움츠러들거나 도망가지 않습니다. 마귀는 이것들보다 더 위대한 것들도 우습게 만들 힘이 있습니다. 그러니 세례 때 중요한 것은 무엇보다 진지함입니다. 참된 믿음으로 나아와 하나님의 말씀을 듣고 진심으로 기도하며 동참하는 진지함이 세례식에 중요합니다." 마르틴 루터, 《루터전집 53: 예식과 찬송》, 나형석 옮김 (컨콜디아사, 2017), 131.

울음소리가 들리면, 주교가 물에 기도하고 능숙하게 다음 순서를 인도했다. 흐르는 물이나 샘이 없으면, 물을 떠다 세례를 주기도 했다. 이제 세례받을 사람이 공동체 앞에서 장신구와 옷을 모두 벗을 차례다. 옷을 다 벗으면 주교나 장로는 기름을 그릇에 부어 감사의 기도를 하고, 마귀를 내쫓는 구마 의식을 한 번 더 행한 다음 세례 예비자의 몸에 기름을 발랐다.

세례 때 모든 교인 앞에서 옷을 벗고 몸에 기름을 바르는 것은 지금으로서는 상상할 수 없는 일이지만, 이 당시 교회에서는 입교 예비자가 세속의 옷을 벗고, 오랜 세월 세속에 두었던 관심과 가치와 충성심을 모두 제거하는 의식으로 받아들였다. 이로써 입교자들은 사탄과 절교하고 세례 준비를 마쳤다. 이 모든 과정이 끝나면 비로소 예비 신자는 물로 걸어 들어가 자신의 믿음을 고백했고, 이어서 주교나 장로가 '성부와 성자와 성령의 이름으로' 머리에 물을 부어 세례를 베풀었다.[25] 세례자가 물에서 나오면, 장로는 다시 그의 몸에 기름을 바른 뒤 새 옷을 입혀 교회 공동체 안으로 들어가게 했다. 이제 세례받은 이들은 신자들과 성찬을 함께 나누게 되는데, 빵과 물 탄 포도주에 각각 감사의 기도를 드린 뒤, 잔에 우유와 꿀을 섞어 먹고 마셨다.[26] 이로써 이들은 새로운 약속의 땅 가나안에 들어가 완전하고 거룩한 한 가족이 되었다.

입교인이 된다는 건 기존 신자들이 누리는 영적·법적 지위를

---

25. *Apologia* I, 61.3.10.13.

26. *TA*, 21.

동등하게 누린다는 뜻이었다. 여기에는 구별과 차별이 없었다. 이제 이들은 주의 기도와 평화의 입맞춤 같은 순서에 참여할 수 있었고, 성찬 빵과 포도주, 우유와 꿀을 교회에서 공급받았다. 그러나 이렇게 교인이 된다는 것은 곧 위험한 상황에 뛰어든다는 뜻이기도 했다. 로마 제국에서 기독교는 A.D. 312년까지 불법적인 미신 종교에 불과했고, 모든 그리스도인은 예비 사형수였다. 이 시대에 교인이 되는 것은 목숨을 건 위험한 일이 틀림없었다. 그럼에도 교인이 되는 것은 새로운 삶에 대한 신념을 실천에 옮기는 일이었다. 이제 이들에게 주요한 과업은 다름 아닌 '그리스도인으로 사는 것'이었다. 그들은 "선한 일을 하는 데 머뭇거리지 않고… 올바르게 살기 위해 힘쓰고, 교회를 향한 열정을 품고, 교회 공동체에서 배운 대로 절제된 말과 겸손한 행실로 살았다."[27]

애찬, 성찬, 미사

4세기 이전 예배 상황은 무엇 하나 분명한 게 없다는 말을 여러 번 반복한 바 있다. 1세기 말 문서인《디다케》에 나오는 유카리스티아(*Ευχαριστία*)가 애찬인지 성만찬인지 모호했는데, 2세기 중반 유스티누스의《제1 변증서》에서는 이 둘이 구별되어 등장한다는 점, '말씀의 전례'와 '성찬의 전례'가 구분된다는 정도가 예배 연구자들에게는 큰 수확이라면 수확이다. 그렇다고 해서 2세기에

---

27. *TA*, 21.4.

성찬과 애찬이 완벽하게 구분되었다고 확신하기는 아직 이르다.

2세기 말 중요한 교부로 꼽히는 카르타고의 테르툴리아누스(Tertullianus)가 198년에 기독교를 적극적으로 알리기 위해 저술한 《변증Apologeticum》을 보면, 이런 논리가 얼마나 허술한지 드러난다. 테르툴리아누스는 예배를 '회중의 모임'으로 규정하면서, 기도와 말씀을 함께 나누는 공동체로 이해했다.[28] 여기 언급되는 기도가 독특하다. 테르툴리아누스에게 교회는 철저히 세상 속에 존재한다. 그래서 교회가 황제와 위정자, 공무원을 위해 기도해야 한다고 강조한다.[29] 그의 책에는 '유스티누스 쉐마'처럼 예배의 명확한 순서가 드러나지는 않지만, 예배에서 애찬이 차지하는 비중이 높은 점은 《제1 변증서》와 가장 도드라지게 비교되는 부분이다.

실제로 테르툴리아누스가 제시하는 예배 모델은 식탁을 중심으로 움직인다. 식사 전후 기도는 물론이고, 식사 중간에 말씀 봉독과 강론이 자유롭게 이어진다.[30] 문제는 이 식탁 교제가 유스티누스가 언급한 주일 예배인지 아닌지 모호하다는 점이다. 아닐 확률이 훨씬 높다. 이것으로 보아 두 가지는 확실하다. 첫째, 2-3세기의 교회 예배는 하나의 통일된 순서로 묶을 수 없다. 둘째, 예배의 큰 축이 되는 유카리스티아가 성만찬 예식인지, 단순한 식사를 뜻하는 애찬인지 여전히 모호하다.

---

28. Tertullianus, *Apologeticum*, 39. 2f.

29. 위의 책, 39. 2-4.

30. 위의 책, 36. 16-19.

유카리스티아라는 단어와 관련해서 한 가지 더 짚어 보자. 이 용어는 때로는 만찬, 때로는 성만찬(주의 만찬) 또는 이와 관련된 감사 성찬례, 또는 감사, 감사 기도라는 뜻으로 사용되지만, 로마 가톨릭에서는 성체 성사를 뜻하는 미사와 연결한다. 천주교에서 미사는 희생 제사를 의미하는데, 천주교 전례의 핵심으로 이해된다. 물론, 천주교 전례 역시 말씀 전례와 성찬 전례라는 두 부분으로 구성되어 있지만, 1970년에 현 미사 전례가 나오기 전까지 말씀 전례는 그저 '예비 미사' 또는 '미사 준비' 단계 정도로 무시되었고, 희생 제사로서의 유카리스티아가 예배의 핵심이라고 가르쳐 왔다. 이 지점을 고민할 필요가 있다. 그렇다고 미사의 어원을 따져 볼 필요는 없을 것 같다.[31] 미사의 어원이 성찬의 신비를 그대로 담아내기에는 매우 불분명하고 빈약하다고 가톨릭 전례 학자들조차 시인하는 대목이니 논외로 하자.[32] 우리의 관심사는 유카리스티아에 '희생 제사'라는 의미가 언제, 왜 들어왔는지다. 1-2세기 자료만 보면, 유카리스티아에 희생 제사라는 의미는 거의 찾아볼 수 없다. 그저 기억하고 감사하고 나누는 데 방점이 찍혀 있었다.

그럼 '희생 제사'의 의미는 언제 생겼을까? 이와 관련된 가장

---

31. 미사의 어원에 대해서는 논란이 많다. 고대 로마 사회에서는 사용하지도 않았던 용어고, 본래는 황제를 알현한 뒤 받는 '파견' 또는 '하직'을 뜻했다. 5세기 중엽 전례 문헌에서야 비로소 예비 신자의 파견이나 예배의 마감을 알리는 선언, 또는 성체 성사를 뜻하는 고유한 의미로 사용되었다. 이에 관해서는 다음 책을 참조하라. 이홍기, 《미사전례》(분도출판사, 1997), 23.

32. 이홍기, 앞의 책, 23.

오래된 자료는 3세기 카르타고의 주교 키프리아누스(Cyprianus)의 63번째 서신에서 찾을 수 있다.[33] 그는 성찬을 기본적으로 '희생 제사 행위'로 해석하는데, 이런 해석에는 이방 제의 문화를 빌린 흔적이 엿보인다. 아마도 이방인 선교를 염두에 둔 전략적 차원에서 의미를 바꾸어 썼을 것으로 짐작된다. 이 해석에 따르면, 예수는 완전한 희생 제물이고 사제의 집례 행위는 그 제물을 하늘로 올려 드리는 희생 제사 행위에 해당한다.[34] 여기에서 키프리아누스가 에베소서 5장 2절과 히브리서 10장 1-14절을 제대로 해석한 것인지는 논란의 여지가 있고, 단순히 이방인 선교를 목적으로 문자적으로 이 구절을 적용한 것인지도 판별해야 한다.

2-3세기 교회: 다양한 예배 문화

2-3세기 교회는 각기 다른 지역에서 각 문화와 상황에 맞는 다양한 예배 문화를 형성하고 있었다. 통일된 예배 의식문은 없었고, 고작해야 '말씀과 식탁 나눔'이라는 매우 일반적인 틀 위에서 다양한 형식을 추구했다. 그도 그럴 것이 당시 정보 전달과 교통 발달 수준을 고려하면, 문화 전이 속도가 느린 건 당연하고, 이에 따라 지역별 특수성이 강할 수밖에 없었다. 하지만 놀라운 건 이렇게 지역마다 다른 예배 형태 안에서도 일종의 통일성을 찾을 수

33. Cyprianus, *Epistolae* 63, 2.

34. 위의 책, 63, 16f.

있다는 점이다. 예를 들어, 서로 다른 지역 교회라고 해도 성찬례를 시작할 때 나누는 '초대 말과 감사 기도'는 히폴리투스의 《사도전승》에 실린 성찬 예문과 한 글자도 틀리지 않고 거의 일치한다. 그 외에도 '할렐루야'와 '아멘'이 모든 지역 교회에서 널리 사용되었다.

거의 2천 년이 지났지만, 정교회와 로마 가톨릭, 성공회, 루터 교회에서 성찬례를 시작하는 문구는 그때 성찬 예문과 같다.[35] 이런 면에서 본다면, 히폴리투스의 《사도전승》에 실린 성찬 예문은 2-3세기 교회가 다양성 속에서 일치를 추구하고 있었다는 사실을 보여 준다. 다만 이 성찬 예문이 왜, 어떤 과정을 통해 자리 잡았는지는 알 길이 없다.

2-3세기 설교는 어떤 방식이었을까? 이 시대 자료가 워낙 제한적이다 보니 단언하긴 어렵지만, 2세기 저작으로 알려진 〈클레멘트의 두 번째 서신〉을 보면 성서 읽기가 곧 설교였다는 사실을 알 수 있다. 설교자에게 필요한 것은 기록된 말씀을 또박또박 읽어 내려가는 능력이었다. 그러나 3세기 들어 집례자에게 또 하나의 능력이 요구되는데, 바로 성서 해석 능력이다. 히폴리투스와 오리게네스가 대표적이다. 이제 설교자에게는 성서 본문을 잘 읽을 뿐 아니라 본문에 담긴 의미를 독해하고 전하는 능력이 필요했다.

3세기의 특징은 교회를 대표하는 감독/주교가 설교 주제를 임

---

35. 키프리아누스, 아우구스티누스, 키릴루스, 몹수에스티아의 테오도로의 성찬 관련 글도 동일하다.

의로 정할 수 있었다는 점이다. 이런 사실은 1941년 이집트 투라에서 우연히 발견된 문서에서 확인되었다. 물론, 3세기 설교가 주교에 의해 좌우된 건 아니다. 지금처럼 성경 권별 시리즈 설교나 주제 설교도 있었다. 이런 설교(성경 공부)를 위해 주중 예배가 필요했고, 이에 따라 수요일과 금요일 모임이 시작되었다. 간혹 오늘날 교회력 성서 읽기 같은 '페리코프'가 이때 생겨났다고 하는 이들도 있지만, 억측일 뿐이다.[36]

하나 덧붙이자면, 3세기까지 성경 정경화 작업이 끝나지 않았기에 설교 본문은 매우 다양했다. 〈바나바 서신〉, 〈헤르마스의 목자〉, 《디다케》 같은 것들은 당시 설교자들이 즐겨 찾는 본문이었고, 그 외에 순교자들의 이야기도 교인들의 감성을 자극하는 주된 설교 자료였다. 다양성 속에 일치를 추구하던 2-3세기를 지나 4세기가 되자 교회는 서서히 통일성을 갖추기 시작했다. 로마 제국의 친(親)기독교 정책 덕분이지만, 이런 통일성을 긍정적으로만 보기는 어렵다.

4-5세기 교회: 제국화의 길로

4세기는 기독교 예배 환경이 급격히 변한 시기다. 무엇보다 콘스탄티누스가 황제가 되자 다종교 사회였던 로마 제국에서 애꿎

36. Jorg Christian Salzmann, *Lehren und Ermahnen* (WUNT II/59) (Tübingen, 1994), 430-438.

게 박해받던 기독교는 격세지감을 느꼈다. 제국의 종교로 공인받은 뒤 황제의 비호 아래 다른 종교보다 훨씬 더 큰 혜택을 누렸다. 여기에서 콘스탄티누스가 독실한 기독교인이라는 통설은 잠시 접어 두자. 그는 제국의 이익을 가장 먼저 챙기던 로마 황제였다. 그에게 최우선 과제는 제국의 정치적 안정이었고, 이를 위해 로마의 관습과 다양한 종교의 조화를 꾀했다. 가장 대표적인 예로 로마의 동지 축제였던 무적의 태양신 기념일(12월 25일)을 이용해 제국의 다양한 종교를 통합했다는 것은 잘 알려진 사실이다.

20세기 초, 독일 종교학자 헤르만 우제너(Hermann Carl Usener)는 서기 336년에 시작된 성탄절의 유래[37]가 바로 이 태양절 축제와 관련이 있다는 가설[38]을 제시했다. 이 가설을 받아들이면, 콘스탄티누스는 매우 영리한 방법으로 로마 제국을 통합한 정치·문화

---

37. 서기 336년에 시작된 성탄절(12월 25일)의 유래에는 다양한 가설이 존재한다. 헤르만 우제너의 종교사 가설 외에도 '계산 가설'이 있다. 계산 가설은 예수의 십자가 사건이 유월절과 관련이 있으니, 유대인 역법으로 계산하면, 그날이 니산월 14일이고, 이를 태양력에 적용하면 3월 25일이 된다. 여기서 중요한 건 위대한 족장은 태어난 날과 죽는 날이 같다는 유대인의 통념이다. 아브라함, 이삭, 야곱 모두 이런 식으로 이해한다. 단, 십자가 사건 당일인 3월 25일을 예수의 탄생일로 보지 않는 이유는 마리아라는 인간 몸에 들어온 시간을 계산해야 하기 때문이다. 즉, 3월 25일은 하늘의 신이 인간 세상에 내려온 수태고지일이고, 여기서 9개월의 임신 기간을 계산하면, 예수의 탄생일은 12월 25일이 된다. 히폴리투스는《다니엘 주석》에서 이런 계산법으로 성탄절을 제시한다. 히폴리투스와 동시대 인물인 테르툴리아누스도 니산월 14일이 태양력 3월 25일이라고 설명한다. 다음 책을 참고하라. Susan K. Roll, "Weihnachten/Weihnachtsfest/Weihnachtspredigt", *Theologische Realenzyklopädie* (TRE). Band 35 (de Gruyter, Berlin/New York, 2003), 453-468.

38. Hermann Carl Usener, "Sol Invictus", *Rheinisches Museum für Philologie* 60 (1905), 465-491.

전략가라 할 수 있다. 그러나 기독교가 로마 제국에 편입되자마자 제국에서 힘을 발휘했다는 주장은 사실이 아니다. 오히려 그 반대가 맞다. 고대부터 이어진 로마의 종교 문화는 적어도 5세기까지 제국을 통합하는 중요한 기능을 했고, 뒤늦게 공인 종교가 된 기독교도 그 영향을 받지 않을 수 없었다. 예배 의식과 예복, 음악 등이 그 증거다.

교회가 주도적으로 로마 제국의 주류 사회 자본이 된 건 테오도시우스 1세에 이르러서다. 그가 세례를 받은 380년 직후 로마 제국은 완전하고도 일방적인 기독교 제국으로 변모했다. 그러나 통일 제국의 마지막 황제였던 그가 죽자 로마 제국은 동서로 나뉘어 전혀 다른 조건 아래 두 개의 다른 기독교 문화로 발전했다. 서로마 제국은 내분과 게르만족의 침입으로 476년에 지도에서 사라졌지만,[39] 비잔티움에 수도를 둔 동로마 제국은 비잔틴 문화라는 독자적인 기독교 문화를 꽃피우며 1453년까지 유지되었다.

4세기 들어 가장 눈에 띄는 건 교회 건축이다. 이제 교회는 독자적인 건축물을 세우기 시작했고, 로마와 밀라노, 카르타고 같은 주요 도시는 교회가 중심이 되는 체제로 탈바꿈하기 시작했다. 밀라노의 주교 암브로시우스(Ambrosius)가 교회를 신학적으로 '십자가'라고 묘사한 건 십자 모양의 교회 건물 구조와 관련이 있다. 오래된 유럽 교회 지붕 위에 드론을 띄워 사진을 찍으면 십자 모양으로 나오는데, 이런 건축 아이디어가 나온 게 바로 이 시기다.

---

39. 《로마 제국의 쇠망사》로 유명한 에드워드 기번은 이때를 서양의 고대와 중세를 가르는 분기점으로 설명한다.

4세기 건축과 별개로 예배와 관련된 매우 독특한 변화는 한 주간을 7일로 이해하는 시간 개념이다. 기독교에서 일주일을 7일로 계산하는 근거는 창세기에 나오는 창조 기사다. 그런데 한 주를 7일로 계산하는 게 꼭 성경의 유산이라고 고집하기는 힘들다. 8일을 한 주로 계산하던 로마 제국이 한 주의 기간을 7일로 바꾼 건 2세기 때 일이고, 이는 기독교와는 무관한 정책 변화였다. 물론, 콘스탄티누스 황제가 일요일을 공휴일로 제정한 건 사실이다. 그렇다고 이것을 두고 그가 독실한 기독교인이라서 교회 가려고 일요일을 휴일로 만들었다고 주장하는 건 소설이다. 엄밀히 말해, 기독교인들이 7일에 한 번 정기 예배로 모인 건 이미 오래전 일이었다. 그러니 콘스탄티누스가 교회를 위해 공휴일 법을 제정한 게 아니라, 교회가 콘스탄티누스의 로마법을 이용했다고 보는 게 옳다.[40]

로마의 휴일법은 교회의 예배 환경을 매우 안정적으로 바꾸는 결정적인 계기가 되었다. 안정적인 정기 모임이 가능해졌다는 건 예배뿐 아니라 다방면에 엄청난 변화가 생겼다는 걸 의미한다. 그중 하나가 교회 축일과 절기 출현이다. 4세기는 일요일 뿐 아니라 일 년 주기 교회 축일이 하나씩 만들어진 시기다. 기독교인들에게 부활절은 1세기 초부터 지켜 온 축일 중의 축일이지만, 이제 비로소 성탄절(12월 25일)과 교회의 중요한 기념일들이 생기면서

---

40. Martin Wallraff, "Rom und Mailand in den Jahren 383-388", in *Augustin-Handbuch*, Hrsg. Volker Henning Drecoll (Tübingen: Mohr Siebeck, 2007), 27-36.

'교회력'이라고 불리는 기본 틀이 서서히 다듬어졌다. 그리고 이에 따라 특별한 날 특별한 예배가 고안되기 시작했다.

4세기 이전만 해도 예배 의식에 '원형'이나 '정통'이라는 건 존재하지 않았고 존재할 수도 없었다. 하지만 교회의 삶의 자리가 안정되자 모든 것이 체계화되기 시작했다. 가정 예배처럼 아주 친밀하게 소규모로 진행되던 초기 예배 모형이 갑자기 사라졌고, 소규모 모임에서만 맛볼 수 있는 즉흥적인 유연성과 자유로운 소통도 교회 규모가 거대해지면서 불가능해졌다. 교회 모임의 성격은 제국화를 전후로 극명하게 갈린다. 예배는 한 개인과 가정, 소규모 관계 그룹을 위한 전인적인 변화를 추구하는 대신, 제국의 종교 의례를 담당하는 방식으로 바뀌었다. 예배 순서가 점차 화려하고 복잡해졌다. 사람들이 물밀듯 교회에 들어오자 세례의 의미도 바뀌기 시작했다. 이전에는 세례와 입교를 위해 3-5년 정도 교육받고 검증받는 과정이 필수였지만, 이제는 그런 진지한 회심과 교육 절차가 없어도 세례와 입교가 가능해졌다.

점조직 같은 신자 공동체가 저마다의 방식으로 연명하다가 4세기가 되자 조금 더 큰 지역 단위 공동체로 규합되었다. 이에 따라 지역마다 각자의 방식으로 예배 의식을 통합하기 시작했다. 이 시기 교회는 지역 단위로, 때로는 교리 갈등 때문에 나뉘기 시작했다. 그렇게 나뉜 교회들은 저마다 독특한 형식의 예배 의식을 발전시켜 나갔다. 아주 거칠게 구분하면, 이집트 콥트 전례, 마가 예식으로 불리는 알렉산드리아 전례, 클레멘트 예식으로 불리는 동시리아 전례, 야고보 예식으로 불리는 서시리아 전례로 각각 발전하다가 나중에 정교회 예배의 기본이 되는 바실리우스 전례와 크리소스토무스 전례로 자리 잡았다.

안디옥을 중심으로 생겨난 서시리아 예배 의식은 예루살렘 교회 예배 의식과 야고보 예전에 영향을 주었고, 이집트 지역에서는 바실리우스 예전처럼 다른 지역과 전혀 다른 형식의 예전이 자리 잡기 시작했다. 그 외에 정교회 예전의 기본이 되는 요한네스 크리소스토무스 전례도 이때부터 기초가 다듬어졌다. 앞서 언급한 예배 의식과 구분되는 건 알렉산드리아에서 유래한 예배 의식인데, 나중에 마가 예전과 키릴루스 전례로 발전한다. 이와 별도로, 동시리아 예전은 완전히 다른 얼굴을 드러낸다. 이런 차이에도 불구하고 이미 《사도전승》에 언급된 성찬 도입부를 서로 다른 지역에서 공유하고 있었다.

조금 달라진 점이라면, 《사도전승》에 없던 거룩송이 서로 다른 지역의 예배 의식에서 성찬 대(大)감사 기도 다음에 나타난다는 점이다. 가장 오래된 문서로 이집트 트무이스의 주교 세라피온이 펴낸 《세라피온 성사집Sacramentary of Serapion of Thmuis》을 꼽지만, 이 거룩송이 어느 지역 예배 의식문에서 유래했는지 알 수 없다는 점은 여전히 논란거리다. 실제로 4-5세기 예배 의식문을 비교하면, 그 유래가 무엇인지, 누가 누구에게 영향을 주었는지, 왜 갑자기 이 순서가 튀어나왔는지 도통 감을 못 잡을 정도로 난해하다. 심지어 키릴루스 전례 같은 경우에는 다른 예배 의식서에 다 나오는 '성찬 제정의 말씀'이 나오지 않는다. 이처럼 이 시기 예배 의식은 매우 다양했고, 거룩송, 성령 임재 간구, 성찬 후 감사 기도, 성찬 중보 기도 같은 순서가 이때부터 있었다는 정도만 확인할 수 있다.

앞서 언급한 동방 교회 예배는 그나마 각 지역의 독특한 형식이 보존되어 있지만, 서방 교회 예배 의식은 그 뿌리가 무엇인지 알쏭달쏭할 정도로 난삽하다. 서방 교회 예배 의식의 기원과 유래를 밝히는 건 모래성을 쌓는 것보다 힘들다. 그나마 확실한 건 신약 시대부터 헬라어를 사용한 동방 교회와 달리 서방 교회는 3세기 중반 또는 4세기 초부터 라틴어가 헬라어의 자리를 대체하기 시작했는데, 라틴어 성경인 불가타(Vulgata)가 출현하자 서방 교회만의 독특한 특성이 생겨났다. 마르틴 하이데거(Martin Heidegger)의 말대로 '언어는 존재의 집'이다. 라틴어와 헬라어의 특징은 동·서방 교회 문화를 가르는 역할을 했다. 미학적인 헬라어에 비해 라틴어는 명료하고 딱딱하다. 이런 특징은 로마 법정에서 잘 드러난다. 그래서일까? 법원 같은 이미지가 라틴어를 사용하는 서방 교회 예배 현장에 고스란히 스며들었다. 예를 들어 서방 교회가 시편이나 성서에 근거한 가사만 찬송에 채택하고 가능하면 예배 때 찬송을 부르지 않았던 반면, 동방 교회에서는 화려하고 다양한 찬송과 기도를 사용하면서 창작 시와 찬송을 예배에 사용했다.

2세기까지 볼 수 있던 자유롭고 임의적인 예배 순서와 인도들은 라틴어를 사용하는 교회에서 3세기 말, 늦어도 4세기 초반부터 정해진 기도문과 예배 의식문을 읽는 방식으로 변해 갔다. 심지어 393년 북아프리카 히포 공의회에서는 예배 때 기도문만 사용하도록 결정했을 정도다. 라틴어를 사용하는 교회에서 예배 때 자유로운 기도가 금지된 것이다.[41] 이렇게 똑 부러지는 라틴 문화였지만, 그렇다고 예배 의식 자료를 꼼꼼히 정리하고 보존한 건 아니다. 가장 오래된 기도 모음집[42]으로 알려진《베로나의 성사집 Sacramentarium Veronense》[43]만 해도 비교적 늦은 시기인 6세기 저작이다. 더욱이 여기에는 어떤 방식으로 예배가 진행되었는지 예배 순서가 나오지 않는다. 저작 연대 논란이 있는 암브로시우스의《성사에 관하여De Sacramentis》에도 성만찬 집례 때 '제정의 말씀'과 함께 기도문을 사용했다는 언급만 있을 뿐[44] 예배 순서에 대한 기록은 없다.

4세기 이후 성찬례는 점차 제의 형태로 굳어 갔다. 동시에 1세기 회당 예배 순서와 비슷했던 '말씀의 예배' 부분이 중요하게 부각되었다. 이전 세기와 달리 집례자가 성서 본문을 읽고 마치거나 짧게 요약해 주는 정도가 아니라, 이제는 성서 본문을 해석해서 가르치거나 성서의 주제를 시리즈로 가르쳤다. 따라서 설교자에게는 강해 능력이 필요했고, 자연스럽게 성서 본문을 설교자가 정하게 되었다.

4세기 들어 설교자가 그날 설교 본문을 스스로 정해야 하는 의무가 생겼지만, 성서 본문 선택은 4-5세기까지 자유롭고 유연했다. 현대 교회에서 사용하는 교회력 페리코프(*pericope*)처럼 '정해

---

41. Martin Klöckener, "Liturgiereform in der nordafrikanischen Kirche des 4./5. Jh.", *Liturgiereform* (LQF 88) (Münster, 2002) 140-146.

42. 성찬례와 여러 예배에 필요한 기도문을 모은 책으로 성사집이라 한다.

43. 레오닌 성사집으로도 불린다.

44. Ambrosius, *De Sacramentis* 4, 21-27; Josef Schmitz, "Einleitung", *Ambrosius De sacramentis De mysteriis Über die Sakramente-über die Mysterien* (Freiburg: Herder, 1990), 55-57.

진 본문 읽기'는 8-9세기가 되어서야 시작되었다.[45] 하지만 예배 때 '세 본문 읽기' 형식은 아우구스티누스(Augustinus) 시대부터 있었다. 그는 세 개의 본문 읽기를 제안하는데, 구약과 사도 서간과 복음서를 읽고 이 세 본문을 하나의 설교에 담아 선포했다.[46] 엄밀히 말하면, 구약 다음에 시편도 사용하므로 '네 본문 읽기'라고도 할 수 있지만, 당시 구약 다음에 나오는 시편 본문은 성서 읽기가 아니라 가락이 붙은 '응답 찬송'이라서 성서 본문 읽기로 취급하지 않았다. 이런 면에서 보자면, 교회력을 사용하면서 '구약-시편-사도 서간-복음서' 순서로 말씀의 예배를 구성하고, 그 본문으로 설교하는 건 순전히 아우구스티누스의 덕이라고 할 수 있다. 물론, 그 역시 이런 방법을 다른 곳에서 전수받았을 가능성도 무시할 수 없다.

이 외에도 4세기에는 매우 다양한 특징을 발견할 수 있다. 381년에 나온 《에게리아의 순례기Itinerarium Egeriae》를 보면 알 수 있듯이, 일과 중 시간마다 정해진 기도를 드리던 성무일도 관습도 이때부터 나타난다. 이 관습은 후에 수도원 운동이 일어날 때 수도사들의 삶을 규정하는 중요한 기능을 하는데, 이미 4세기 교회에서는 일반 교인들의 영성 생활로 자리 잡고 있었다.

4-5세기는 교회의 위치가 안정되면서 교회의 체제 안정을 위

---

45. Theodor Klauser, *Das römische Capitulare evangeliorum* (LQF 48) (Münster, 1935) 11-28.

46. Michael Magoni-Kögler, "Lectio", Cornelius Petrus Mayer (Hg.), *Augustinus-Lexikon* 3, 5/6 (Basel, 2008), 914-922.

해 새로운 것이 여기저기서 출현하던 시기다. 그러나 이 시기 예배 전체를 조망할 수 있는 자료는 거의 없다. 예배 순서와 진행 흐름을 전체적으로 조감할 수 있는 가장 오래된 자료라고 해 봐야 7, 8세기 《젤라시오 성사집Sacramentarium Gelasianum》과 《그레고리오 성사집Sacramentarium Gregoriam》인데, 여기에서 조각조각 흔적을 볼 수 있는 예배 의식도 기껏해야 7세기 라틴 계열 예배일 정도다. 다만, 이 예배 의식 순서에는 히폴리투스의 《사도전승》에 나온 예배 순서와 달리 중세 초 만들어진 순서가 다수 섞여 있어서 그 유래를 추정하기 어렵다. 라틴어를 사용하는 로마 계열 예전에는 확실히 로마 제국의 색깔이 묻어난다. 제국의 의식과 비슷한 행렬, 촛불, 분향 등은 모두 4세기 로마 관습을 그대로 들여와 신학적으로 새 옷을 입힌 것들이다. 예배 집례자가 제대와 바닥에 입을 맞추는 행위도 당시 황실 문화에서 비롯되었고, 한때 로마인의 평상복이었던 옷이 4세기 이후 교회에서 거룩한 제의가 되었다.

서방 교회는 지역마다 서로 다른 예배 형태가 있었지만, 시간이 지나면서 갈리아 예전과 로마 예전이라는 두 개의 예배 의식으로 좁혀졌다. 주로 밀라노 주변과 알프스 북부 지역 교회에서 사용하던 갈리아 예전은 로마와 북아프리카 지역에서 사용하던 로마 예전보다 회중이 참여하는 빈도가 높고, 화려하고, 기도문 종류도 다양하다.

샤를마뉴 대제로 더 잘 알려진 신성 로마 제국의 첫 번째 황제 카롤루스 1세 마그누스(742?-814)는 옛 로마의 영광을 재현하기 위해 제국의 모든 체계를 정비하는데, 교회 예배도 예외가 아니었다. 그는 로마 예전에 갈리아 예전의 요소를 첨삭하는 식으로 지역색이 강하던 예전들을 하나로 모아 통합을 꾀했다. 예배 역사를 이해할 때 4세기와 9세기가 중요한 이유가 여기에 있다. 현재 사용하는 서방 교회 예전은 대부분 이 시기로 소급된다. 문제는 이렇게 통합된 예배 의식이 교회를 하나로 일치시키고 예배의 장엄함을 이루기는 했지만, 제국화 이전 예배에 담겨 있던 자유로운 소통과 활력이 서서히 사라지고, 그 자리에 권위 체계가 스멀스멀 들어섰다는 데 있다.

____ 6세기 이후

395년, 동과 서로 나뉜 로마 제국은 각자 독자적인 길을 걸었다. 비잔티움에 수도를 둔 동로마 제국은 1453년까지 이어졌지만, 연이은 내분과 게르만족의 침입을 받은 서로마 제국은 결국 476년에 망했다.

그런데 다행일까? 로마를 점령한 게르만족 왕들은 로마 문화를 적극적으로 수용했다. 로마법을 받아들이고, 기독교로 개종하고, 급기야 교황의 권위에 복종하면서 혼란스러운 시기에 교회와 게르만 왕국은 빠르게 안정을 되찾았다. 로마 제국은 사라졌지만, 로마의 언어인 라틴어는 오히려 게르만계 언어를 비롯해 유럽 언어 형성에 지대한 영향을 끼쳤다.

이와 같은 유럽의 상황은 로마가 서방 세계의 영적 중심지로 발돋움하는 계기가 되었다. 결정적인 사건은 역설적이게도 7세기 이슬람의 등장이다. 이슬람의 세력 확장은 서방 세계의 정치, 문화, 종교의 역학 구도를 단번에 바꾸어 놓았다. 고대 문화의 중심지였던 알렉산드리아, 안디옥, 예루살렘, 콘스탄티노플은 힘을 잃었고, 로마가 그 자리를 완벽히 점유했다.

4-5세기는 교회가 로마 제국의 공인된 종교로서 안정화되고, 새로운 예배 의식이 여기저기서 출현하던 시기다. 동쪽의 비잔틴 제국은 이런 안정적인 변화로 교회의 체제와 예배 의식을 공고히 할 기회를 얻었다. 반면에, 6세기 서로마 제국의 불안한 정세는 서방 교회의 모든 체계에 불안한 영향을 미칠 수밖에 없었다. 프랑크 왕국과 신성 로마 제국이라는 강력한 국가 조직이 출현하기 전까지 서방 교회 예배가 중구난방으로 지방색이 강할 수밖에 없었던 이유도 이 때문이다. 그래서 6세기 이후 서방 교회 예배 의식 전체를 조망할 수 있는 자료는 거의 없고, 기도 모음집이나 예배 흔적만 조각조각 남아 있다.

통일된 예배 의식이 없다고 해서 교회마다 따로 놀았다는 뜻은 아니다. 주요 도시를 중심으로 유사한 예배 의식군(群)이 점차 형성되고 있었는데, 이런 유사 예전군들이 8세기에 이르러 통합되기 시작했다. 결정적인 계기는 강력한 황제의 등장과 함께 부각된 《그레고리오 성사집》의 출현이다.[47] 카롤루스 1세 마그누스는

---

47. 라틴어 원제는 다음과 같다. *Liber Sacramentorum de circulo anni expositus, a santo Gregorio papa Romano editus*. 교황 그레고리오 1세가 연중 전례를 모은 성사집으로 알려져 있으나, 실제로는 교황 호노리오 1세가 편집했다. 다양한 사본이 존재하는데, 카를 대제에게 보낸 성사집은 교황 하드리아노 1세가 당시 프랑크 왕국의 실정에 맞춰 수정한 사본이다.

서방 세계를 제패해 나가면서 옛 로마의 영광을 재현하려 했다.

당연히 가시적 열매가 필요했고, 이를 위해 그는 옛 로마 제국의 예배 의식이 자신이 정복한 모든 영토의 유일한 예배 의식이 되길 원했다. 그리하여 로마식 예배 의식을 담은 성사집을 보내 달라고 교황 하드리아노 1세(700-795)에게 요청했다. 이에 교황은 당시 도시 로마에서 통용되던 예배 의식을 수정해서 보냈다. 이것이 바로 《그레고리오 성사집》이다. 그레고리오 성사집은 이미 7세기에 다양한 사본이 있었지만, 교황 하드리아노가 보낸 성사집은 7세기 주요 거점에서 유행하던 예배 의식을 로마의 실정에 맞게 편집한 예배 의식서라고 할 수 있다.

7-8세기에 통용되던 예식서에는 《그레고리오 성사집》 외에도 《젤라시오 성사집》도 있지만, 이들 모두 1세기 히폴리투스의 《사도전승》에 나온 예배 순서와 달리 중세 초 만들어진 순서가 다수 섞여 있어서 그 유래를 밝히기 어렵다. 그럼에도 신성 로마 제국의 황제가 손에 쥔 《그레고리오 성사집》이 중요한 이유는 이때부터 종교 개혁을 지나 트리엔트 공의회에서 새로운 예배 의식서인 《로마 미사 경본Missale Romanum》(1570)이 나오기까지 약 700년간 서방 교회의 가장 대표적인 표준 예배 의식서로 사용되었기 때문이다.

특징은 동방 교회와 비슷하게 성찬 의식이 점점 길어졌다는 점이다. 그중 기도문 연장이 매우 도드라진다. 이제 성찬은 교리에 의해 '희생 제사'로 완전히 결정이 났고, 그리스도뿐 아니라 이 땅의 산 자와 죽은 자 모두를 하늘로 올려 드리는 제사로 변했다. 봉헌송도 의미가 변했다. 1세기만 해도 교인들이 일상에 대한 감사와 삶의 열매를 제단 앞에서 나누는 의미로 드리던 찬송이 이제는 제사상을 마련하는 준비 찬송이 되어 버렸다.

가톨릭 신학자였다가 후에 개신교 예배학자로 전향한 레온하르트 펜트(Leonhard Fendt)는 8세기 이후의 서방 교회 예배에 대해 이렇게 꼬집는다. "예배는 이제 사제들이 주도하는 국가 행사처럼 되어 버렸습니다. 이런 걸 두고 거룩한 교회 공동체의 예배라고 말할 수 없을 정도입니다. 거룩한 교회라면 거룩함을 향한 갈망이 살아 있어야 합니다. 예배에서 드리는 기도와 예식 순서마다 이 거룩함이 가득해야 합니다."[48] 중세 예배 현장을 무조건 부정적으로 판단하기는 어렵지만, 본질이 사라지고 껍데기가 중시되는 예배의 오용은 이미 4세기의 교회가 제국화되면서부터 시작되었고, 교황의 권력이 막강해진 5세기 교황 레오 1세 때 그 미래가 선명하게 예고되었다.

중세 예식서와 예배

"거룩한 것은 변하지 않는 무언가다."[49] 사회학자 막스 베버(Max Weber)의 이 말은 종교에 딱 맞는 말이다. 모든 종교는 규칙 없이

---

48. Leonhard *Fendt, Einführung in die Liturgiewissenschaft* (Berlin: De Gruyter, 1958), 184.
49. "*Das Heilige ist das spezifisch Unveränderliche.*" Max Weber, *Wirtschaft und Gesellschaft: Grundriß der verstehenden Soziologie* (Studienenausgabe), Hrsg. Johannes Winckelmann (Tübingen, 1976), 249.

자유롭게 시작되지만, 시간이 지나면 구체적이고 고정적인 형태로 굳어진다. 하지만 그 역도 옳다. 형식은 자유를 추구한다. 게다가 더 깊이 들여다보면, 이런 과정이 단선적이거나 일회성으로 끝나지 않고 끊임없이 반복된다는 걸 알 수 있다. 자유롭고 감성적인 제의는 형식적이고 절제된 틀 안에 자리 잡고, 형식이 된 제의는 다시 자유의 감성을 추구하며 변한다. 그리고 자유는 다시 형식을 추구한다! 무한 반복 같지만, 이런 일련의 과정은 종교가 자신을 스스로 성찰하고 내면화하며 시대와 문화에 적응해 가는 (또는 거스르는) 매우 자연스러운 과정이다.

기독교 예배 의식도 이런 과정을 거쳤다. 처음에는 말씀과 성찬이라는 큰 틀 위에 다채롭고 자유롭게 꾸며지던 예배가 점차 고정된 의식으로 바뀌기 시작했다. 처음에는 서서히 진행되었다. 그러다 중세에 들어 급속히 통일되었다. 처음에 기독교 예배 의식을 다룬 책에 문자로 기록되기 시작한 것은 세례 의식과 성찬례 정도였는데, 이후에는 축일과 절기, 그리고 연중 예배 전체로 확대되었다. 여기에 필요한 기도와 예배 의식 순서를 담은 책을 '성사집'이라고 한다. 우리식으로 하면 '연중 예배 의식서' 정도 될 것 같다.

중세 예배 역사에서 특별히 중요한 성사집으로는 두 가지를 꼽는다. 가장 오래된 《젤라시오 성사집》과 교황 그레고리오 1세의 책으로 알려진 《그레고리오 성사집》이다. 《젤라시오 성사집》은 7-8세기 로마 시내 교회에서 집례하던 예배 의식과 기도문을 모은 것인데, 현재 바티칸 도서관에 소장되어 있다. 이 성사집에는 5세기 후반의 예배 기도문이 담겨 있다. 옛 예배와 기도의 모습을 가늠할 수 있으니 매우 중요한 자료다. 그러나 이 자료가 중요한 이유가 단지 오래되었기 때문만은 아니다. 《젤라시오 성사집》에 담긴 기도문은 현대 서방 교회 계열의 예배에서 사용하는 '모음 기도' 일부에 그대로 보존되어 있는 만큼 그 중요성을 무시할 수 없다. 루터교회에서 사용하는 '오늘의 기도' 일부도 여기에서 유래했다.

《그레고리오 성사집》은 앞서 말한 대로, 교황 그레고리오 1세의 책으로 알려져 있다. 그는 이전 어느 교황보다 많은 저서를 남긴 학자이자 예배 개혁을 주도한 인물로 유명하다. 《그레고리오 성사집》은 수많은 필사본이 전해지지만, 그 어떤 판본도 이름대로 그레고리오 교황이 집필한 게 아니다. 오늘날 《그레고리오 성사집》이라고 부르는 예배서는 후대 교황인 호노리오 1세의 주도 아래 편집한 것이다.

교회사에서 《그레고리오 성사집》이 결정적으로 중요해진 때는 8세기 말 카롤루스 1세 마그누스가 유럽의 패권을 쥐고 옛 로마의 명성을 이어가려고 작정하고, 자신의 제국을 통일할 목적으로 로마 전례를 자기가 정복한 모든 영토에서 유일한 예배 의식으로 도입하면서부터다. 그는 교황 하드리아노 1세에게 옛 로마의 언어인 라틴어 예배 의식문을 요청했고, 교황은 즉시 저명한 신학자였던 알퀸(Flaccus Albinus Alcuinus)에게 명하여 도시 로마에서 통용되던 예배 의식과 《그레고리오 성사집》을 편집하여 수정하게 한 다음, 이 성사집을 황제에게 보냈다. 그 이후 자연스럽게 이 성사집에 담긴 예배 의식과 기도문이 신성 로마 제국의 모든 영토에서 유일한 의식문으로 자리 잡았다. 비록 《그레고리오 성사집》

에 그 뿌리가 있지만, 구별하기 위해 이를 '하드리아노의 그레고리오 성사집'이라고 부른다.

옛《그레고리오 성사집》에 알퀸이 수정을 가하고 기도문을 풍성하게 덧붙여 만든 '하드리아노 성사집'은 트리엔트 공의회를 지나 1570년에 새로운 예배 의식문으로 태어나기까지 약 700년 동안 서방 교회에 가장 중요한 예배의 틀을 제공했다. 그렇다고 해서 그동안 예배 의식에 아무 변화가 없었던 건 아니다.

예배는 문자의 족쇄를 채워 책 안에 가두어 놓아도 살아 있는 생물처럼 끊임없이 꿈틀거리며 변화한다. 그건 예나 지금이나, 그리고 앞으로도 마찬가지다. 예배에 담긴 생생한 기운은 결코 책이나 형식에 갇힐 성질의 것이 아니다. 그렇다고 인간의 자유에 온전히 맡긴다고 그 자유에 맞장구칠 성질의 것도 아니다. 예배는 우리가 살아가는 삶의 자리에서 시대와 문화를 끌어안고, 때로는 그 시대와 문화를 거스르며 사람을 움직이는 신비한 생물이다. 사람은 늘 예배를 손안에 잡아 놓으려고 하나 잡히지 않는다. 그런데 이상하게 손에서 완전히 풀어놓아도 예배는 우리 주위를 맴돈다. 신앙인이 예배를 떠나지 못하는 이유다.

다양한 서방 교회 예전

《그레고리오 성사집》이 나오기 전, 8세기까지 서방 교회를 주도하던 주요 예배 의식은 무수히 많지만, 크게 뭉뚱그려 아래와 같이 넷으로 분류할 수 있다.

1. 스페인 예전 또는 서고트족 예전이라 불리는 모자라비 예전.
2. 옛 프랑스 남부 지역 갈리아에서 유행하던 갈리아 예전.
3. 밀라노의 주교 암브로시우스의 예배 의식으로 알려진 밀라노 예전.
4. 도시 로마에서 유행하던 로마 예전.

모자라비 예전은 6세기 라틴어를 사용하던 스페인 지역 교회에서 유래했다. 지금도 스페인 톨레도 성당에 가면 모자라비 예전으로 매일 예배를 드린다고 하니, 기회가 되면 한 번 가 볼 일이다. 이 예전은 세비야의 대주교 이스팔레우시스 이시도루스(Hispaleusis Isidorus)의 《성직론De ecclesiasticis officiis libri duo》에서 확인할 수 있다. 성찬례를 완벽한 희생제로 이해한다는 점, 동방 교회에서 유래한 성령 임재 간구가 있다는 점, 성찬 제정의 말씀 다음에 나오는 기도에 "떡과 잔을 그리스도의 살과 피로 바꿔 달라"는 화체설의 간구가 나오는 점, 침묵 기도 후 이어지는 거룩송 등이 이 예전의 특징이다. 예배를 희생 제사로 이해하는 건 이미 북아프리카 카르타고의 주교 키프리아누스(Thascius Caecilius Cyprianus)에게서도 찾을 수 있으니 그리 낯선 건 아니다. 그러나 물과 포도주를 섞는 행위는 이전부터 있었지만, 모자라비 예전에서 상징하는 바는 매우 독특하다. 이스팔레우시스 이시도루스에 따르면, 사제의 이런 제의적 행동은 그리스도와 신자 공동체를 하나의 완전체로 묶는 것인데, 이런 의미는 키프리아누스의 사상에서도 발견할 수 있다.[50]

갈리아 예전은 로마 예전과 비교하면 그 특징이 확연하다. 예를 들어, 갈리아 예전은 로마 예전의 성찬례 순서와 달리, '성령 임재 간구'가 '제정의 말씀' 다음에 나오고, 회중이 참여하는 빈도가 높고, 시적이고 화려하고 감정적이며 풍부한 상징이 담겨 있다.[51] 세례 의식에는 발을 씻기는 예식이 포함되어 있고 사제 서품식에는 손에 기름을 바르는 도유 예식이 포함되어 있다. 기도문의 종류도 다양하고 길고 화려하다. 이런 특징은 동방 교회 예전에서 확인되는 것으로 4세기 클레멘트 예전이 떠오른다. 이는 갈리아 예전이 동방 교회의 영향을 받았다는 증거다. 이에 비해 로마 예전은 단순하다. 기도문도 짧고, 회중이 참여하는 빈도도 낮다. 회중 찬송이나 회중이 응답하는 순서가 거의 없다.[52]

밀라노 예전[53]은 일명 '암브로시우스 예전'으로도 불린다. 밀라노의 주교였던 암브로시우스가 교회에서 사용했기에 붙여진 별칭일 것이다. 밀라노 예전도 모자라비 예전처럼 지금도 그 명맥이 이어지고 있다. 그 유래가 갈리아 예전의 다른 버전인지, 아니

---

50. Ulich Altmann, *Hilfsbuch zur Geschichte des christlichen Kultus. 2. Heft: Zum Kultus des abendländischen Katholizismus* (Berlin: Alfred Töpelmann, 1947), 25f.

51. 위의 책.

52. 다음 책을 참고하라. 윌리엄 H. 윌리몬,《간추린 예배의 역사》, 임대웅 옮김 (기독교문서선교회, 2020), 71-93.

53. 밀라노 예전은 8세기에 다양한 형태로 사용되다가 11세기에 하나의 완성된 자료가 된다. 예식 순서는 입당송-영광송(키리에 없음)-구약 봉독-사도 서간 봉독-응답송(할렐루야)- 세 번의 기도 후 복음서를 봉독하고 성찬례로 들어간다. 세 번의 기도는 다른 예전에서 볼 수 없는 매우 독특한 순서인데, 회중을 위한 기도-봉헌물을 위해 기도-성찬을 덮은 덮개를 위한 기도(축성을 위한 준비 기도의 성격), 이렇게 세 번의 기도를 연이어 드린다.

면 켈트 예전의 로마식인지는 분명하지 않다. 특징은 사제 중심으로 돌아가는 로마 예전보다 회중 친화적이라는 점이다. 예배를 시작하면서 회중이 함께 부르는 찬송, 복음서 봉독 다음에 이어지는 두 성가대의 교송, 예배 말미 축도 직전에 회중이 함께 "주여 우리를 불쌍히 여기소서"[54]라고 외치는 부분은 분명히 로마 예전과 차이가 있다.

찬송의 감동은 이 예배를 실제로 경험했던 아우구스티누스의 《고백록》에서도 확인할 수 있다. "여러분의 찬송과 노래를 들으면서 얼마나 울었는지 모릅니다. 여러분의 교회가 들려주는 아름다운 선율이 제 마음 깊은 곳까지 움직였습니다. 성도 한 사람 한 사람이 부르는 찬미의 노래가 제 귀에 흘러들어 와 제 심장에 진리의 음성을 채워 넣었습니다."[55] 아우구스티누스는 암브로시우스 주교의 가르침에 회개하고 세례를 받았다고 한다. 그의 회심은 분명 암브로시우스의 공이 크지만, 아름답고 경건한 찬송과 회중의 기도에서 받은 감동도 한몫했을 것이다.

밀라노 예전이 개신교인에게 매우 특별한 이유는 암브로시우스의 예배 이해가 아우구스티누스에게 그대로 전해졌고, 아우구스티누스를 지나 개혁자 마르틴 루터에게 전수된 흔적이 역력하기 때문이다. 암브로시우스는 한 예배에서 세 개의 성서 본문(구약-사도 서간-복음서)을 봉독하게 하면서 이것을 일종의 '성례전적 의

---

54. "*Kyrie, eleison*"을 세 번 외친다. 특이하게 두 번째 구절에 나와야 할 "*Christe, eleison*"은 없다.

55. Augustinus, *Confessiones* IX, 6.

미'로 이해하는데,[56] 아우구스티누스와 루터가 이 지점에서 정확히 일치한다. 암브로시우스의 설교에 나오는 구절을 하나 찾아보자. "구원을 선물하는 포도주에 취해 보니 푸근합니까? 여기 취할 거리가 하나 더 남아 있습니다. 바로 성서의 말씀입니다. 이 말씀 가운데 푹 빠져 보십시오."[57] 아우구스티누스는 스승의 말을 한층 더 확장해서 이렇게 설명한다. "하나님은 당신의 말씀(성서)으로 우리에게 말을 붙이십니다. 우리는 기도하면서 하나님께 말을 합니다. 우리가 그분의 말씀을 순하게 경청한다면, 우리는 지금 우리의 간구를 들어주시는 바로 그분 안에 있는 것입니다."[58] 루터는 어떻게 말했을까? 1544년 10월 5일, 최초의 개신교 예배당으로 설계한 토르가우 성채 교회 헌당식 설교의 한 구절이다. "예배란 이런 것입니다. … 하나님은 우리에게 말씀과 성례전으로 말을 건네시고, 우리는 기도와 찬송으로 응답합니다."[59] 성례전과 말씀은 하나님이 주신 은총의 도구라는 것, 그리고 이 두 기둥이

---

56. Josef Schmitz, *Gottesdienst im altchristlichen Mailand: eine liturgiewissenschaftliche Untersuchung über Initiation und Messfeier während des Jahres zur Zeit des Bischofs Ambrosius* (obit. 397) (Bonn: Hanstein, 1975), 345.

57. 다음 책에서 재인용했다. Josef Schmitz, 앞의 책, 350.

58. Augustinus, *Sermo*, 219. "Deus nobis loquatur in lectionibus suis; Deo loquamur in precibus nostris. Si eloquia eius obedienter audiamus, in nobis habitat quem rogamus."

59. 원문은 다음과 같다. "… Gott durch sein Wort und die Sakrament zu uns spricht und an dem wir ihm mit unserem Beten und Lobsingen antworten…"

모든 예배의 뼈대가 된다는 것은 이제 동·서방의 모든 교회가 함께 고백하는 신앙의 보편 명제가 되었다.

____ 삶을 위한 예배

4세기는 교회에 급격한 변화가 일어난 시기다. 반(反)제국 종교에서 제국의 공인된 종교로, 더 나아가 제국의 유일한 종교로 자리를 옮기던 때다. 그러니 4세기 이후 교회의 모든 분야는 급격한 변화를 피할 수 없었다. 점조직 같던 지역 교회가 점차 통합되면서 예배 의식도 차츰 정리되었고, 교회 내부의 교리적 갈등 때문에 분리되기도 하고, 때에 따라서는 결속을 강화하는 통일성도 생겨났다. 예배는 점차 화려한 순서와 품위 있는 제의로 변모했고, 특별한 날 특별한 예배를 위한 교회 축일과 절기가 생겼으며, 성무일도라는 정해진 기도 시간과 고정된 기도문이 사용되기 시작했다.

예배의 격이 달라졌지만 폐해도 만만치 않았다. 기독교의 제국화가 가져온 가장 뼈아픈 폐해는 세례받은 모든 자의 '만인사제직' 기능이 사라지기 시작했다는 점이다. 이전 같으면, 신자들이 서로 평등하게 공존하며 자발적으로 자유롭게 소통하던 교회 일들을 제국의 방식에 따라 계급적 직무로 구별하기 시작했다. 큰 교회는 지역과 국가의 대표성과 권력을 얻었고, 주교/감독은 교인들을 섬기는 봉사의 직무가 아니라 세속 계급처럼 가장 높은 종교 신분으로 이해되었다.

주교와 평신도 사이에 여러 단계의 사제 신분이 생겼다. 여러 교회를 관리하고 감독하려니 불가피한 일이었다. 문제는 이런 제국의 방식이 예배에도 흘러들어 왔다는 점이다. 교회는 세례받은 모든 교인이 자발적으로 참여하고 만들어 갈 예배의 자유를 포기하고, 사제들과 전문 성가대에 예배를 넘겨 버렸다. 이로써 일반 신자들은 점차 예배의 '구경꾼'으로 전락했고, 이런 상황은 곧이어 교회의 권위와 신비를 부추기는 방식으로 중세의 발판을 다져 나갔다.

주제에서 벗어난 이야기일 수 있지만, 초기 기독교 예배와 관련해서 한 가지는 짚어야겠다. 많은 사람이 착각하는 게 하나 있다. "초대교회로 돌아가자!"라면서 옛것을 회복하자고 하는데, 그 속내를 들여다보면 교회 성장을 위한 구호에 지나지 않을 때가 많다. 그렇다면 초기 교회는 어떤 식으로 성장하고 부흥했을까? 로드니 스타크(Rodney Stark)에 따르면, 로마 제국이 기독교를 공인한 313년 당시 로마 제국 총인구의 10퍼센트가 교회 소속이었고, 이전 3세기 동안 통계상으로 10년마다 평균 40퍼센트씩 증가했다.[60] 이는 무척 이례적인 현상이다. 권력자들의 멸시와 박해 속에서도 초기 기독교 운동이 성장을 이어갔다는 뜻이기 때문이다.

도대체 이유가 뭐였을까? 로마인들이 관심을 가졌던 대목은 그리스도인들이 보여 준 공동체에 대한 소속감이었다. 이들은 밤에 모였고, 공동 식사 자리에는 상류 지식인뿐만 아니라 로마인

---

60. Rodney Stark, *Reconstructing the Rise of Christianity* (Princeton: Princeton University Press, 1996), 8.

들 눈에 '천하기 짝이 없는' 하층민도 동석했다. 예배 모임은 배타적이었지만, 이 모임에 참석한 사람들의 면면을 살펴보면 눈에 보이는 공통점이 하나도 존재하지 않았다. 그런데도 이들의 결속력은 놀라울 정도였다. 로마인들 눈에 비친 기독교인 공동체는 종교 예식을 중심으로 남녀가 형제애/자매애로 똘똘 뭉친 매우 이상한 모임이었다. 이 모임을 보고 한쪽에서는 비난과 험담을 쏟아부었지만, 다른 한쪽에서는 자발적으로 그 안에 들어가 순교하는 사람도 생겨났다. 특이한 점은 당시 초대교회에는 눈에 띌 만한 전도 프로그램이 없었다는 사실이다. 교회는 그저 신자로서 어떻게 살아야 하는지, 공동체 생활은 어떻게 해야 하는지를 고민하고 가르치는 데 집중했을 뿐이다. 실제로 그들은 오늘날과 같은 복음 전도를 시도한 적이 없다.[61]

1세기 문헌인 《디다케》를 통해 당시 교회 분위기를 조명해 보면, 당시 예배 때 만찬은 비세례자에게도 열려 있었을 가능성이 크다. 그러나 2세기 즈음부터 교회 상황이 급변하여 불신자들이 교회에 들어오는 것이 아예 금지되었고, 이에 따라 애찬과 성찬은 세례자에게만 제한적으로 허용되었다. 기독교가 불법이던 세계에서 첩자나 밀고자가 잠입하는 것이 두려워 교회는 집사들을 정문에 세워 놓고 사람들을 점검하고 구별하기 시작했다. 오직 입교 교육 후 세례받은 자에게만 성만찬이 허용되었다. 신학적인 이유로 그런 것이 아니라 그저 공동체의 안전을 위해 확실한 신

---

61. Alan Kreider, *Worship and Evangelism in Pre-Christendom* (Cambridge: Grove Books, 1995), 6-7.

분 확인이 필요했던 것이다.

코로나19가 창궐하던 때를 생각하면 이해가 빠를 것이다. 초기에는 우리나라에 끼치는 영향이 미미했지만, 신천지를 중심으로 퍼진 감염으로 전국이 마비되었고, 심지어 교회발 코로나로 교회가 사회의 지탄을 받고 존립 자체가 위태로워지기까지 했다. 신천지 사건이 일어났을 때만 해도, 신천지 교인들이 일반 교회 주일 예배에 숨어들 수 있다는 정보가 나돌았다. 그때 일부 교회에서는 신분이 확실한 등록 교인이 아니면 주일 예배 때 정문에서 돌려보내기도 했다. 초기 교회 공동체가 생존을 위해 수찬자의 자격을 제한한 이유도 이런 상황과 흡사하다. 중요한 것은 신학적인 이유 때문이 아니라는 점이다. 매우 이른 시기 교회에서는 세례받고 먹은(성찬) 게 아니라 먹고 세례받았다. 그러다가 위험이 커지자 바뀐 것뿐이다.

초기 교회가 우리에게 특별해 보이는 지점은 장애 요소가 산재해 있는데도 성장했다는 데 있다. 예배 형태가 매력적이어서 4세기 이전 교회가 꾸준히 성장한 게 아닌 것만은 확실하다. 기독교 예배는 결코 비신자를 끌어모으기 위해 설계된 게 아니었다. 요즘 유행하는 '구도자 예배'란 것은 상상할 수도 없었다. 혹여 1-3세기 기독교 예배가 복음 전도에 도움이 되었다고 볼 만한 여지가 있다면, 그건 거룩한 예배 의식 때문이 아니라 교인 개개인의 삶과 의식 수준, 그리고 그들이 이룬 공동체의 특별함 때문이었다. 예배 의식이 생긴 건 의도치 않은 결과일 뿐이고, 심지어 외부인에게 기독교 예배 의식은 관심 밖이거나 기껏해야 호기심을 자아내는 털끝에 지나지 않았다.

중요한 것은 삶이다. 혹여 예배 때문에 비신자들이 교회에 나오게 되었다면, 그것은 전혀 의도하지 않은 결과라고 할 수 있다. 물론 경건한 예배나 화려한 예배, 감동적인 예배 때문에 새로운 신자가 유입될 수도 있다. 그러나 예배의 화려함이나 감동적인 예배 의식 때문에 잠깐 올 수는 있어도 호기심은 그리 오래가지 않는다. 초기 교회 역사에서 배울 교훈은 무슨 프로그램이나 특별한 예배로 교회 부흥을 도모하지 말라는 것이다. 그렇게 해서 수백만이 모인들 무엇하겠는가? 앨런 크라이더(Alan Kreider)의 통찰대로, 교인들의 신념과 소속, 그리고 행동이 변하지 않으면 아무 소용없다.[62] 삶을 위해 예배가 있는 것이지 예배를 위해 삶이 있는 것이 아니다. 우리가 관심을 두어야 할 주제는 예배에서 그리스도인다운 삶의 원동력을 얻고 그리스도인의 모형을 제시할 수 있는가다. 우리가 예배의 역사를 탐구하는 목적은 역사 속에 담긴 신앙의 유산을 건져 올려 오늘 우리의 자리를 쇄신하는 데 있다.

---

62. Alan Kreider, 앞의 책.

3

예배의 방향 | 루터의 예배 이해 | 예배: 하나님이 일하신다 | 예배는 소통이다 | 개신교 신학과 예배 이해 | 예배와 놀이 | 개혁의 전조 | 루터의 예배 개혁

프로테스탄트 예배

이제 우리의 목표는 루터가 개혁한 예배의 정체, 즉 개신교 예배가 무엇인지 파악하는 데 있다. 루터는 중세 교회의 미사를 어떻게 개혁했을까? 이 문구부터 살펴보자.

> 이 죄인 아무 공로 없사오나 예수 그리스도 의지하여 기도하였습니다. 아멘.

흰머리 성성한 우리 교회 권사님들의 기도 관용구다. 전에는 이 기도에 숨겨진 가치를 잘 알지 못했다. 그런데 신학을 공부하면서 이 짧은 구절에 개신교 신학의 정수가 담겨 있다는 사실을 깨달았다. 종교 개혁의 신학적 원리가 여기 다 담겨 있다. 다섯 가지 솔라(*sola*), 곧 '오직 성서', '오직 믿음', '오직 은총', '오직 그리스도', '오직 하나님께 영광'은 종교 개혁 신학의 핵심 가치다. 이 말에 살을 붙여 보자.

> 나는 구원받을 가치(공로) 없는 자(죄인)입니다. 그럼에도 불구하고 하나님은 (그리스도 예수의 십자가 사건을 통해) 나를 구원받기에 합당하다고(의롭다고) 선언해 주셨습니다.

이것은 바울의 칭의론이고, 종교 개혁의 핵심 주제였던 루터의 칭의론이다. 종교 개혁의 신학은 신학생들이 공부하는 조직 신학 개론서에만 적용되는 것이 아니라, 개신교인의 삶의 영역을 전부 아우른다. 칭의론의 진액만 담은 구절이 바로 우리 권사님들의 기도였다. 신학을 모른다는 교회 권사님들이 사실은 신학 고수들이다.

예배의 방향

이제 복잡한 신학 용어와 설교체 수식어를 모두 제거하고 뼈대만 추려 보자. 그러면 이 문장만 남는다. "주체는 하나님이다." 은총의 주체도 하나님, 믿음의 주체도 하나님, 말씀의 주체도 하나님이다. 이렇게 간명한 문장이 프로테스탄트 정신의 골자이자 개신교 신학의 핵심 가치다. 방향으로 따져 보면 '하늘에서 땅으로', '위에서 아래로' 주어지는 것이 은총, 믿음, 말씀, 그리스도다. 이 문장에 여러 살이 붙어서 소위 '신학'이라고 부르는 여러 층위가 등장한다.

자, 그럼 이제 "주체는 하나님이다!"라는 문장을 개신교 예배와 연결해 보자. 앞서 기독교 예배의 모판은 '말씀 선포와 떡을 뗌'이라고 했다. 위에서 언급한 관용구 중에 "아무 공로 없으나"라는 표현을 신학적으로 바꾸면, 우리에게 주시는 '하늘의 일'로 풀 수 있다. 즉, 위에서 아래로 내려 주시는 은총이다.

참고로 위에서 아래로 주어지는 것을 성례전적 요소라 하고,

아래에서 위로 올리는 것을 제사적 요소라 한다. 구약의 제사는 아래에서 위로 올리는 것이고, 신약에 나오는 말씀과 떡은 위에서 아래로 주어지는 선물이다. 개신교 신학에서는 이 방향성이 매우 중요하다. 위에서 아래로 향하는 것을 '은총(은혜)'이라 부르고, 아래에서 위로 향하는 것을 '공로'라 부르기 때문이다. 개신교는 항상 하나님이 우리에게 베푸신, 위에서 아래로 향하는 은총을 중시한다. 그래서 "아무 공로 없사오나 예수 그리스도 의지하여 기도하였습니다"라는 기도는 가장 훌륭한 개신교인의 기도라고 할 수 있다.

이런 이해는 개신교 예배론에도 그대로 연결된다. 이미 언급했다시피 시대와 교파에 따라 예배 용어는 강조점을 달리했다. 그러나 언제나 '말씀 선포와 떡을 뗌'이라는 두 기둥을 유지했다. 이 대목에서 16세기 종교 개혁 당시 곧 중세 말기 상황을 살펴보자. 이때 로마 교회는 예배를 '미사'라고 부르면서, 말씀 강론보다 성찬의 희생 제사 성격에 방점을 찍었다. 로마 가톨릭 신학에서는 성찬을 '예수의 몸을 제물로 드리는 제사 행위'로 이해한다. 방향을 따져 보면, 아래에서 위로 향한다. 아래에서 위로 향하는 것은 이뿐이 아니었다. 교회를 '은총의 창고'로 가르치며 보속의 기능을 설명하는 대목도 그렇고, 연옥 교리에서 중요한 부분을 차지하는 면죄(벌)부/사면증(한국 가톨릭에서는 '대사'라고 부른다) 역시 아래에서 위로 올리는 제사 기능을 수행한다. 소위 '공로'라 부르는 모든 유형이 여기에 해당한다. 중세 신학은 이런 방향성을 가지고 있었다. 이 방향을 거부하고 역전시킨 것이 바로 루터의 종교 개혁이며 개신교 신학이다.

그렇다면 루터는 어떻게 방향을 역전시켰을까? 지금 우리의 관심사가 예배이니, 루터의 예배론에 초점을 맞춰 이야기해 보자. 의심할 바 없이 루터는 개신교 신학에서 가장 중요한 위치를 차지한다. 루터는 1520년에 《독일 기독교 귀족에게 고함》이라는 글을 통해 모든 신자의 만인사제직(만인봉사직)에 대한 이론적 근거와 강력한 주장을 제시했다. 그리고 그로부터 3년 뒤 이 사상을 더 구체화하기 위해 신자 공동체가 어떤 권리와 힘을 갖는지, 신자 공동체가 교리를 수용하고 거부하는 판단의 근거와 기준은 무엇인지에 대해 성서적 근거를 자세히 펼쳐 나갔다. 칭의론을 비롯하여 모든 신자의 만인사제직과 세속 직업의 소명론 같은 것은 중세 신학과 확연히 구분되는 개신교 신학의 시금석이다. 이 외에 한국에서 이제껏 간과해 온 분야를 하나 더 꼽으라면, 나는 주저 없이 루터의 예배론을 꼽는다.

수도사 생활을 시작한 시기부터 1514년 비텐베르크시 시(市)교회 정식 설교자가 되고 종교 개혁을 이끌던 생애 전체를 고려해 보면, 루터가 교회와 예배 전통 한가운데서 끊임없이 고민했다는 사실을 어렵지 않게 유추할 수 있다. 교회란 무엇인가, 예배란 무엇인가에 대한 문제의식은 시대를 초월하여 루터뿐 아니라 모든 목회자의 고민거리다. 종교 개혁 3대 논문 중 하나로 꼽히는 〈교회의 바벨론 포로〉(1520)가 이런 고민을 거름 삼아 맺힌 열매다. 루터는 이 저술을 통해 성례전이 무엇인지 규명하고 교회와 예배의 본질을 따져 들어간다. 이 논문 외에도 1523년부터 1526년까지 저술을 살펴보면, 이 시기 루터의 주된 관심이 예배였음을 쉽게 알 수 있다. 물론 이 시기에 나온 루터의 글에 난해한 구석이 있는 것은 사실이다. 가장 큰 문제는 가톨릭 '미사' 개념과 대립시키고자 끌어들인 'Gottesdienst'라는 단어를 어떤 식으로 해석하고 설명할 것인가다. 우리말로 번역할 때 고민 없이 '예배'로 옮기던 습관이 익숙해서인지 'Gottesdienst'라는 단어의 진의를 궁구하려는 사람은 별로 없는 듯하다. 게다가 예배(禮拜)라는 한자어가 우리의 예배 현실과 신학적 의미를 포괄하기에는 무척 제한적이고 모호하다는 사실을 알면서도 이미 입에 붙어 버린 탓에 대체어를 찾기도 어려운 실정이다.

한자어 문제는 앞에서 살펴보았으니, 루터 이야기로 돌아가 보자. 루터는 가톨릭과 대비되는 개신교 예배를 'Gottesdienst'라고 규정한다. Gott와 Dienst를 합친 합성어다. 영어 단어로 치환하면, God+service가 된다. 문자 그대로 풀면, '신+섬김(봉사)'이라는 뜻이다. 여기에서 '신이 (인간을) 섬기는 것인가', 아니면 '(인간이) 신을 섬기는 것인가'라는 주체 문제가 등장한다. 어느 쪽이든 예배가 '서비스'라는 말이니, 이 고민을 우리 이야기로 쉽게 바꾸면 이런 질문이 될 것 같다. 서비스 센터에서 서비스하는 주체는 누구인가? 고장 난 제품을 들고 간 고객인가, 서비스 센터인가? 그러면 교회에서 서비스의 주체는 누구인가? 하나님인가, 교인인가?

우리는 모두 '예배'라는 말을 너무 뻔하고 당연하게 사용하지만 그 속사정은 그리 뻔하지 않다. 앞서 언급한 대로 예배라는 말에 개신교 신학이 담긴 최초의 단어는 루터가 사용한 'Gottesdienst'다. 이 단어는 루터가 만든 게 아니라 라틴어 '*cultus*'를 독일어 'gottes+dienst'로 번역한 것인데, 이미 13세기부터 사용하던 용어다. 원래는 의미가 그리 풍성한 단어가 아니었다. 그러나 루터가 이 용어를 전격적으로 사용하면서 개신교 예배 신학을 상징하는 대표 용어가 되었고, 현대 가톨릭 신학에서도 심심찮게 사용하는 실정이다.

'*cultus*'는 원래 '문화-사회 공동체의 종교 제의'를 뜻하던 단어지만, 루터는 이 의미를 가톨릭의 미사 개념과 확연히 구분되는 개신교 예배 또는 예전의 핵심으로 풀어 간다. 다만, 여기에서 주의해야 할 것이 있다. 루터와 그 시대 동료들은 'Gottesdienst'를 단 한 번도 '예배 의식' 또는 '종교 의례 준칙' 같은 것으로 축소하지 않았다는 점이다. 이것은 마치 바울이 예배를 오늘날의 주일 예배 순서로 한정하지 않은 것과 같다(롬 12:1 참고). 오히려 루터를 비롯한 당시 개혁자들에게 'Gottesdienst'는 언제나 '모든 것 이상으로 두렵고 사랑하고 신뢰할 만한 하나님'과 그분을 경외하는 인간의 '관계'로 설명된다.

이 관계는 언제나 삶으로 드러난다. 그 삶은 반복적이며, 그 반복은 예전의 형태로 열매 맺는다. 동시에 이 예전은 반복되는 일상을 표현하고 규정하며 삶의 기준이 된다. 이런 이유로 루터는

《대교리문답》 십계명 제1 계명을 설명할 때 예배야말로 제1 계명의 핵심이라고 단언했고, 주일 예배 같은 공예배를 넘어 일상의 모든 삶을 포괄하는 것이라고 설명했다. 우리는 루터의 예배 이해에 로마서 12장 1절에 나온 대로 '그리스도인의 온 삶이 예배'라는 공식을 적용할 수 있다. 루터에게 '예배는 신앙생활의 총합'이다. 신앙생활의 총합인 예배는 언제나 신자의 일상생활에서 열매로 드러나고, 각자가 살아가는 소명의 자리에서 구체적으로 적용된다. 루터의 표현을 빌리자면, '가정, 국가, 사회, 정치적 삶의 자리가 하나님을 만나는 예배의 처소'가 되고, 그곳에서 살아가는 것 자체가 예배다. 루터는 이와 같은 일반론에서 출발하여 맥락에 따라, 예배(Gottesdienst)를 때로는 제의(cultus), 때로는 미사(Missa), 때로는 성찬례(communio)와 동의어로 사용하기도 하고, 때로는 회중(Versammlung), 목사직, 하나님의 말씀을 설명하고 해석하는 데 결정적인 용어로 사용하기도 한다.

가끔 루터교회 '예배'를 '미사'로 고쳐 써야 한다는 사람이 있다. 형식과 순서가 비슷하고, 루터가 미사라는 용어를 사용하기도 했으므로 '미사'라는 좋은 용어를 다시 복원해야 한다는 것이다. 그렇게 하는 것이 전통적인 예배 정신을 살리는 것이고, 거시적 의미에서 에큐메니컬 정신이라고 친절하게 덧붙이기도 한다. 하지만 이는 얕은 생각이다. 루터가 16세기 당시 '예배'라는 용어와 '미사'라는 용어를 함께 사용한 이유는 사용할 용어가 마땅치 않았기 때문이다. 초대교회 당시 기독교 예배를 규정할 단어가 없었던 탓에 기존의 다양한 용어를 빌려 온 것과 같은 이치다. 1520년대만 하더라도 오늘날 개신교에서 쓰는 '예배'의 의미가 아직

자리 잡지 않아서 '미사'와 '예배'를 혼용할 수밖에 없었다. 그리고 문서를 추적해 보면, 루터가 '미사'라는 말을 사용할 때는 맥락에 따라 부정적 의미가 내포된 예가 매우 많다.

물론, 긍정적 의미로 사용한 예도 있다. 다만, 그때 '미사'는 예외 없이 예전 전체를 뜻하는 게 아니라 성찬례, 그중에서도 '제정의 말씀'을 의미할 때만 제한적으로 사용했다. 부정적으로 사용하는 경우, 루터에게 '예배'와 '미사'는 물과 기름이었다. 강조하는 방향이 다르기 때문이다. 개신교 예배가 '위에서 아래로' 주시는 은총의 사건이라면, 미사는 '아래에서 위로' 올려 드리는 제사에 방점이 찍혀 있다. 물론 오늘날에는 개신교든 가톨릭이든 그 역방향을 무시하지 않는다. 개신교 예배론에서도 아래에서 위로 올리는 기도와 찬송과 감사를 강조하고, 가톨릭 미사에서도 위에서 아래로 내려오는 은총을 무시하지 않는다. 다만 예배 신학의 방점이 다를 뿐이다.

하나 더 살펴보자. 앞서 예배를 '서비스'라고 설명했다. 'Gottes-dienst'를 영어로 치환하면 'Divine Service'가 되니 당연히 예배는 서비스인 게 맞다. 그럼 서비스의 주체는 누구인가? 앞에서 예를 들었듯이, 서비스 센터에 갔다고 치자. 서비스를 하는 주체는 누구이고, 서비스의 수혜자는 누구여야 할까?

이것을 예배에 적용해 보자. 서비스의 주체는 누구이고 대상은 누구일까? 이렇게 질문하면, 답을 알면서도 고개를 갸우뚱하는 사람이 많다. 그런데 종교 개혁을 통해 루터가 강조했던 '칭의론'이 바로 이 지점에서도 빛을 발한다. 칭의론이란 '무력한 죄인을 의인이라고 선언하시는 하나님'이라고 간단하게 정의할 수 있다.

이 방정식을 예배로 끌어오면, 예배란 '무력한 인간을 불러 위로와 참된 안식을 선물하시는 은총의 사건'이라고 할 수 있다. 그러니 예배라는 서비스의 주체는 하나님이고, 수혜자는 인간이다. 여기에서 은총의 도구는 말씀과 성례전이다. 이것이 루터가 강조했던 예배, 'Gottesdienst'의 핵심 주제다. 하나님이 죄인을 불러 용서하고 위로하고 힘을 준다는 루터의 예배론이 낯선 개념은 아니다. '황금의 입'으로 알려진 콘스탄티노플의 대주교 요한네스 크리소스토무스(Johannes Chrisostomus)의 설명을 들어 보자.

> 바람도 폭풍우도 통과할 수 없는 항구는 정박한 배들에 깊은 평온을 제공합니다. 하나님의 집도 그렇습니다. 하나님의 집은 그곳에 들어서는 이들을 폭풍우 같은 세상에서 빼내어, 평온과 안전 속에서 하나님의 말씀을 듣게 해 줍니다. 하나님의 집은 덕의 토대이고 영적 삶의 학교입니다. … 이 거룩한 뜰에 첫발을 들여놓을 때, 우리는 세상 근심에서 해방됩니다. 교회당 안으로 들어갑시다. 그러면 새로운 영이 당신을 감싸고, 깊은 평화가 그대 안에 경외감을 불러일으키며, 영적으로 어떻게 살아야 하는지를 그대에게 가르쳐 줄 것입니다. 교회는 당신의 생각을 고양시켜 이생의 염려와 일들은 잊게 해 주며, 그대를 땅에서 하늘로 들어 올릴 것입니다. 성찬 예배 모임이 없을 때 교회당에 오더라도 이렇게 큰 유익이 있는데, 거룩한 사도들이 복음을 설교하고, 그리스도가 한가운데 계시며, 하나님 아버지가 신비의 거행을 기뻐 받으시고, 성령이 기쁨을 선물해 주시는 성찬 예배 안에서라면 그 유익이 얼마나 더 하겠습니까!"[1]

예배는 하나님이 인간을 위해 일하시는 은총의 사건이다. 인간이 하나님의 보좌를 흔들어 무언가를 얻어 내려는 의식이 아니다. 하나님이 먼저 우리를 부르시고 우리를 위해 일하신다. 그리고 그런 서비스를 받은 인간은 자연스레 기도와 찬송과 감사를 주님께 올려 드리게 된다. 개신교 예배란 이런 식으로 하나님이 시작하시고 인간이 반응하는 소통의 장이라고 할 수 있다.

하지만 영어에 'service'만 있는가? 예배를 의미하는 또 다른 영어 단어가 있다. 바로 'worship'이다. 'service'와 'worship'은 차이가 있을까? 'worship'의 어원을 추적해 보면 weorthscip-worthship-worship 순이다. 풀어 설명하면, 이 단어는 '가치(worth)를 위로 올려 드린다(ship)'는 의미가 강하다. 즉, 아래에서 위로 올리는 제사적 성격이 담겨 있다. 냉정히 따져 보면, 'Gottesdienst'의 번역인 'Divine service'와는 전혀 다른 방향을 담고 있어서 개혁자 루터의 신학에서 강조한 개신교 예배 개념을 담기에는 부족하다. 그래서 요즘 'worship'이라는 용어의 결함을 보충하기 위해 'worshipservice'라는 말도 생겼나 보다. 워십은 '아래에서 위로', 서비스는 '위에서 아래로'의 방향성을 가진 용어인데, 이 둘을 붙여 놓은 것이다. 워십과 서비스는 방향성이 전혀 다르다. 그래도 이런 합성어까지 소환할 정도로 예배에서 '은총'이라고 부르는 하나님의 행동을 인식하고 강조하게 되었다는 점은 고무적이다.

---

1. 그레고리우스, 《성 요한 크리소스토모스의 신성한 성찬 예배》, 박노양 옮김 (정교회 출판사, 2018), 155-156.

예배는 소통이다

“예배는 하나님의 행동이다!” 이렇게 말해 놓고도 뭔가 부족한 느낌이 든다. 당연하다. 예배의 형식에는 기도도 있고 찬송도 있고 봉헌도 있는데, 하나님이 기도하는 것도 아니고 하나님이 노래하는 것도 아니고 하나님이 헌금하는 것도 아니니 말이다.

루터의 말을 들어 보자. 루터가 자신의 종교 개혁 신학을 담아 세운 교회가 있는데, 1544년 10월 5일에 봉헌된 토르가우 성채 교회다. 이 교회를 다 지은 다음 입당 예배 때 루터는 이렇게 설교했다. “하나님은 말씀을 통해 우리에게 말을 걸고, 우리는 기도와 찬양으로 하나님께 말한다(Gott redet mit uns durch sein Wort, und wir reden mit ihm durch Gebet und Lob).”

간단한 문장이지만, 여기에는 개신교 예배론의 핵심이 담겨 있다. 순서를 보자. 우선순위는 ‘하나님이 우리에게 말씀하시는 것’이다. 이 말씀은 ‘선포된 말씀인 설교’와 ‘보이는 말씀인 성례전’이다. 하나님은 이 말씀으로 우리를 부르시고 채우신다. 그리고 우리는 이 은총의 사건에 기도와 찬양, 감사와 봉헌 등으로 반응한다. 이 내용을 거슬러 올라가면, 예배란 초기 교회의 모임을 모본(模本)으로 삼았고, 그 모본은 바로 예수의 말씀을 기억하고 떡을 떼는 것이다. 이것을 재해석한 것이 개신교 예배론이다. 여기에서 하나님이 주신 말씀은 위에서 아래로 향하고, 떡 역시 위에서 아래로 주신 것이다. 그러나 여기에서 끝나지 않고 이것을 함께 나누고 감사하는 행위는 아래에서 위로 향한다.

다시 말해, 예배란 일방적인 것이 아니라 하나님과 인간의 거룩한 소통이다. 하나님은 은총으로 죄인을 불러 힘을 주신다. 그리고 인간은 감사함으로 반응한다. 순서가 바뀌면 곤란하다. 예배는 첫째로 하나님의 일이고, 두 번째로 인간의 반응이다. 이 둘은 예배 시간에 끊임없이 교차하며 반복된다. 개신교인이라면 절대 잊지 말아야 한다. 예배는 하나님이 우리를 위해 일하시는 은총의 사건이다. 이것이 흔들리면 곤란하다. 사람이 만드는 게 아니다. 은총을 주시는 분(구원의 주체)은 오직 하나님이시다.

종교 개혁 역사를 공부하다 보면 감초처럼 등장하는 독일 아우크스부르크 교회 본당 대문 위에 이런 명패가 달려 있다. “Bedenke, wem du vorstehst!” 우리말로 옮기면 이런 뜻이다. “잘 고민해 보라. 당신은 누구 앞에 서 있는가?” 나는 어떤 교회든 본당에 들어갈 때면 문 앞에서 늘 이 문구를 생각한다. 그리고 예배당 문을 열며 하나님 앞에 선다. 그러면 두려움 대신 경외감과 기쁨이 샘솟는다. ‘아무 공로 없지만 나를 불러 말씀과 성찬으로 위로하시고, 소망을 주시고, 다시 살아갈 힘과 용기를 주시는 은총의 사건’이 나를 기다리고 있기 때문이다. 그 은총은 바로 이런 것이다. “누구든지 목마른 자는 다 오라! 돈 없는 자도 나오고, 병든 자도 나오고, 슬픈 자도 다 오라. 주님이 모두 마시게 하고, 위로하고, 고치실 것이다. 이것은 주님의 약속이다!”

개신교 신학과 예배 이해

예배 의식 순서와 관련하여 루터가 쓴 글 가운데 세 가지가 특히 중요하다. 〈공예배 의식서에 관하여〉(1523), 〈미사와 성찬 예식서〉(1523), 〈독일어 미사와 예배 순서〉(1526). 여기에는 예배에 대한 종교 개혁 신학과 연결된 새로운 통찰이 담겨 있다. 언급했듯이, 개신교 예배를 '소통'이라는 관점에서 본다면, 칭의론적 접근도 가능하고 그 역도 가능하다. 그런데 예배의 주체가 누구인가의 문제를 전면에 내세우고 오늘의 예배를 조명해 보면, 주체의 문제는 그리 간단하지 않다. 루터 신학에서는 주체 문제를 항상 중심 주제로 다룬다.

칭의론적 접근이라면 당연히 하나님이 주어가 되어 '예배란 하나님이 죄인인 인간을 섬기는 것'이 된다. 이런 식의 예배 이해는 죄인을 조건 없이 용서하시고 품어 주시는 하나님의 은총이 강조된다. 이럴 경우, 하나님이 죄인을 위해 일하시는 은총의 도구는 언제나 말씀과 성례전이다. 이와 같은 방식의 칭의론적 접근이 가장 잘 드러난 글이 1520년에 쓴 〈교회의 바벨론 포로〉와 〈선행에 관하여〉다.

그러나 이런 칭의론적 접근만 가능한 게 아니라 그 역도 가능하다. 인간이 하나님을 섬기는 것. 이 방식으로 예배를 설명하는 대표적인 저작은 기독교 최초의 교리 문답서로 알려진 《대교리문답》과 《소교리문답》(1529)이다. 인간이 신을 섬기는 것은 모든 종교의 기본 에토스에 속한다는 점을 루터는 의심하지 않았다. 이런 본성적 종교성이 삶을 일종의 제의 형식으로 구현하고, 이런 제의(예배)에 참여하는 시간을 삶을 회복하는 정거장으로 삼는다. 이런 면에서 예배는 인간의 일이고, 종교적 인간에게 속한 일이다. '기독교 윤리'의 이름으로 불리는 이웃 사랑과 감사의 삶은 이런 예배적 삶의 결실이다.

종합해 보자. 예배란 인간의 행위가 아니라 '하나님이 하시는 행동'에 방점이 찍혀 있다. 다시 말해, '아무 공로 없는 죄인을 위해 일하시는 은총의 사건'이 개신교 예배론의 핵심이다. 그렇다면 하나님은 무엇으로 일하실까? 바로 말씀과 성례전(성만찬)이다. 그래서 루터는 '말씀 선포와 떡을 뗌'을 회복시킨다. 그리고 거기서 끝나지 않고 일상의 자리에서 그 감동을 살아 내는 것, 그리고 미래에 다가올 희망을 미리 선취하며 모든 것 이상으로 하나님을 경외하고 사랑하며 이웃 한가운데서 감사와 기도, 찬송과 봉사로 살아가는 것이 예배의 포괄적 의미다.

그리고 협소한 의미에서, 이런 삶의 예배를 축소한 것이 바로 '공(적) 예배'라고 할 수 있다. 여기에서 예배는 죄인을 불러, 은총(말씀과 성찬)으로 위로하고, 먹이고, 힘을 주어 다시 세상으로 파송하는 복음의 사건이다. 중요한 것은 이 예배가 특정한 건물 안에서 주일 한 시간으로 끝나지 않는다는 점이다. 예배는 일상의 삶이 된다. 그 때문에 루터의 정신을 따르는 개신교 예배론은 우리가 보통 생각하는 '경배와 찬양'에서 한발 더 나아가야 한다. 콘티 만들고, 기도로 준비하고, 땀과 물질로 섬기며 봉사하는 것은 사람의 일이다. 그러나 개신교 예배의 첫 번째 강조점은 자격 없는 자들, 힘없고 연약하고 울 수밖에 없는 모든 사람, 직업의 귀천이나 성별, 출신을 따지지 않고 누구든지 초대하여 하나님의 기쁜 소식을 안겨 주는 것이다. 그러니 예배 준비한다는 명목으로 힘 빼며 서로 맘 상하지 말고, 주님이 주실 은총이 무엇일지 기대하는 게 어떨까?

제임스 스미스(James K. A. Smith)가 아우구스티누스의 말을 빌려 지적했듯이, 인간은 본래 종교적 존재로 창조되었기에 그의 영적·종교적 정체성은 그가 무엇을 생각하는가, 무엇을 믿는가, 무엇을 하는가를 통해 드러난다. 이것이 온전히 반복적으로 드러나는 것, 이것을 그는 '예전'이라고 부른다.[2] 제임스 스미스의 통찰을 루터의 말로 바꿀 수도 있다. 루터의《대교리문답》제1 계명 해설을 보면 "오직 마음의 믿음과 신뢰만이 신을 만들 수도 있고 우상을 만들 수도 있다"는 대담한 선언이 나온다. 그리고 이어서 "당신 마음이 매달려 있고 당신의 모든 것을 지탱하는 대상, 그것이 당신의 신(神)입니다"라고 설명한다.[3] 종교적 존재인 인간의 본질을 잘 보여 주는 구절이다.

루트비히 포이어바흐(Ludwig Feuerbach)는 루터의 이 진술을 비틀어서 '종교란 인간 소망의 투영'일 뿐이라고 격하해 말하지만, 루터가 의도했던 맥락과는 전혀 다른 이야기다. 루터와 제임스 스미스, 심지어 아우구스티누스까지도 같은 맥락에서 설명할 수 있는데, 내가 사랑하는 무언가, 그것이 바로 나를 존재하게 하는 근거다. 그리하여 인간 존재의 근거는 하나님이시다. 여기에서 기독교 예배에서 가장 중요한 것이 무엇인지 알 수 있다. 바로 하나님이다. 따라서 예배를 통해 하나님의 본성인 사랑에 집중하는 것은 당연하다.

사랑하는 사람과 함께 나눌 식사를 생각하며 아름다운 식탁보

---

2. 제임스 K. A. 스미스,《습관이 영성이다》, 박세혁 옮김 (비아토르, 2018), 44 이하.

3. 마르틴 루터,《대교리문답》, 최주훈 옮김 (복있는사람, 2017), 52.

를 깔고 그 위에 초와 꽃으로 장식하는 이유는 식사 시간에 그런 것들이 필요해서가 아니다. 그저 함께 식사할 그 사람을 사랑하기 때문이다. 그러니 누가 시켜서 그렇게 하는 것이 아니라, 오직 두근거리는 기대감과 기쁜 마음으로 그렇게 하는 것이다. 교회의 예배 의식이라는 것이 바로 이렇다. 사랑하기에 아름답게 만들고 의미 있게 상징한다. 그런데 간혹 식탁보, 초, 꽃 같은 것을 사랑하느라 정작 누구와 식사 약속을 했는지, 누구를 기다리고 있는지 까맣게 잊어버린 어리석은 사람을 만나곤 한다. 식탁보가 아무리 화려해도, 꽃이 아무리 고와도, 식탁에 찾아오실 그분의 모습이 보이지 않는 예배 의식이라면 시간 낭비일 뿐이다.

—— 예배와 놀이

'레이투르기아'로 다시 돌아가 보자. '레이투르기아'라는 용어가 예배, 예전, 전례(모두 같은 말이다)와 상응하지만 완벽히 들어맞는 건 아니라고 앞에서 설명했다. 특별히 예배 의식이나 규칙에 방점을 찍어 레이투르기아를 말하면 포괄적 의미의 예배보다는 예전 또는 전례라는 용어가 훨씬 더 잘 어울리는 것처럼 들린다. 그래서 예전/전례라는 말을 들으면 일단 예배 의식 순서부터 떠올린다. 그러면서 예배는 무슨 말인지 알겠는데, 예전/전례는 잘 모르겠다는 사람이 많다. 예전이란 무엇일까? 탁월한 가톨릭 교의학자이자 대표적인 전례학자이기도 한 요제프 라칭거(Joseph Ratzinger)에 따르면, 1920년대부터 예배학자들이 예전을 '놀이'에 빗대어 설명했다고 한다.[4] 놀이 비유는 꽤 유용하다. 예전이나 놀이 모두 참여하는 순간 지켜야 할 규칙이 생긴다. 놀이에 참여하는 순간 일상 세계와 동떨어진 새로운 세계가 열린다.

야구를 떠올려 보자. 각각 아홉 명으로 나뉜 팀, 투수와 타자, 야수. 세 타자가 아웃되면 공격과 수비를 바꾸고, 9회까지 낸 점수로 승패를 정한다. 이런 규칙은 일상생활에서는 아무 효력이 없는, 말 그대로 '놀이 규칙'일 뿐이다. 그런데도 놀이 규칙에 따라 선수와 관중은 행동하고 집중하고 열광한다. 9회까지 상대보다 점수를 더 많이 내야 한다는 놀이 목표는 모든 사람을 하나로 묶어 미래의 시간을 희구하게 한다.

게임을 시작하는 순간 현실과 전혀 다른 세상이 '규칙을 갖춘 새로운 세계'로 존재한다. 그리고 게임이 끝나는 순간 그 법칙과 세계는 사라진다. 그러나 다시 생각해 보자. 경기가 끝나면 모든 게 다 끝난 걸까? 그렇지 않다. 한 번의 경기로 끝나는 게 아니라, 다음을 기약하며 선수들은 다시 경기를 준비하고 팬들 역시 승리에 대한 희망을 품고 경기장을 떠난다.

그러고 보면 예전도 비슷한 면이 있다. 주일마다 반복되는 예배는 현실과 전혀 다른 세계, 전혀 다른 규칙이 일상의 시간 안으로 들어오는 것이기 때문이다. 그리고 예배 안에서 각각의 상징 체계인 의식들은 규칙의 틀로 내적 구속력을 강화하며 과거의 시간과 의미를 현재화한다. 그리고 그 예배가 끝난 뒤에도 예전은

---

4. 교황 베네딕토, 《전례의 정신》, 정종휴 옮김 (성바오로출판사, 2006), 16.

미래를 향한 소망이 된다.

야구뿐 아니라 모든 놀이에는 공통된 속성이 있다. 놀이를 통해 인생을 맛보는 것이다. 특별히 아이들의 놀이가 이런 성격이 짙다. 아이들은 성공, 실패, 협력 따위를 놀이를 통해 배운다. 그런 점에서 놀이는 인생 연습이라고 할 수 있다. 조금 어려운 말로 하자면, "놀이는 인생을 선취(先取)한다"고 할 수 있을 것 같다. 놀이가 미래의 인생을 선취하듯, 예배 역시 미래의 삶을 미리 연습하고 맛보는 선취라고 할 수 있다. 다시 말해, 예배에 참여하는 것은 장차 다가올 유일하고 참된 삶을 지금 미리 살고자 소망하는 것이다. 영생에 대한 이런 소망이 예전을 통해 구체화된다. 미래를 선취하는 것은 개인의 일인 동시에 공동체의 일이다. 공동체의 놀이는 희로애락을 함께 나누며 서로 배우고 서로 틈을 채워 간다. 이것이 '예전'으로서의 예배다.

야구의 규칙을 전혀 모르는 친구를 데리고 한국 시리즈 결승전 VIP석에 앉아 봤자 꿔다 놓은 보릿자루나 다름 없다. 이와 마찬가지로 예전(예배) 안에 담긴 상징과 규칙을 모르는 사람이 감동하기는 쉽지 않다. 반대로, 규칙을 알면 알수록 재미와 감동은 커진다. 예배를 놀이에 비유할 때 강조해야 할 한 가지 요소는 '반복의 힘'이다. '규칙'이 바로 그것인데, 티시 해리슨 워런(Tish Harrison Warren)은 예배를 다룬 책에서 다음과 같이 아주 쉽게 풀어 설명한다.

> 우리는 잠드는 법을 배우기 위해서 의례와 반복이 필요하다. 영유아는 자라면서 습관을 통해 졸음을 이기지 않는 법을 배운다. 규칙적인 취침 시간, 옅은 조명, 목욕, 책 읽기, 부드럽게 흔들어

> 주기는 아기의 두뇌가 쉼의 행동 양식, 휴식의 생화학적 통로를 생성하게 해 준다. 잠자리 의식과 반복이 없으면 아기들은 과잉 행동을 하거나 종종 행동 장애를 보이기도 한다. 어른도 크게 다르지 않다. … 쉬는 습관이든 쉬지 않는 습관이든 이것은 시간이 지나면서 우리를 형성한다.[5]

교회에 가면 "예배의 감동을 맛보아야 한다"는 말은 많이 하는데, 정작 어떻게 하면 감동을 맛볼 수 있는지 구체적인 행동 강령은 거의 알려 주지 않는다. 나에게 그런 해법을 내놓으라고 하면, 우선 함께 모여 예배에 관한 공부를 해 보라고 권하고 싶다. 일방적이고 교리적인 설교 스타일의 교육은 이제 그만하고, 예배가 무엇인지 성서와 역사를 함께 공부해야 한다. 각자 교회 주보에 실린 예배 순서를 놓고 왜 이런 순서가 필요한지, 그 순서를 왜 여기에 배치해야 하는지, 묵상의 시간이 왜 필요한지, 목사는 왜 강단에 올라가야 하고 옷은 또 왜 그렇게 입는지, 대표 기도 순서는 왜 있고 어떤 기도를 해야 하는지, 음악은 왜 필요한지, 교회 절기는 왜 필요한지 등을 함께 찾아보며 이해하는 과정이 필요하다. 이것을 일종의 예배 교육이라고 한다면, 예배 교육 자료는 무궁무진하다. 그런 교육을 통해 교인들은 예배의 관찰자가 아닌 참여자가 되고, 거기에서 나오는 무한한 감동을 안고 일상을 살아 낼 수 있다. 사실상 예배론은 곧 교회론이다.

---

5. 티시 해리슨 워런, 《오늘이라는 예배》, 백지윤 옮김 (IVP, 2019), 217.

한국 교회에서 목사 한 사람당 일주일에 집례하는 예배와 설교 횟수는 얼마나 될까? 편차가 크겠지만, 주일 예배, 수요 예배, 금요 예배, 새벽 예배, 심방 예배, 구역 예배, 각 부서 예배 등 일주일에 열 번 이상은 족히 될 것이다. 그래서 혹자는 한국 교회의 설교 과잉, 예배 과잉을 지적하곤 한다. 그러면 중세 시대, 정확히 1500년경 성당 사제들의 예배(미사를 비롯한 모든 전례와 기도회 포함) 집례 횟수는 얼마나 되었을까? 얼마 전 독일 학회에 참석했다가 소개받은 잉골슈타트대학교 가톨릭전례학 교수의 책을 읽다가 눈을 비비며 몇 번이고 다시 읽은 구절이 있다. "1500년경 성당 사제에게 부과된 하루 미사 집전 횟수는 30회에 이르렀다."[6] 한 달이나 일주일 기준이 아니다. 하루에 30회다! 사정이 이렇다 보니 여러 종류의 미사는 겹치는 부분도 많았다. 그래서 피로가 쌓인 사제가 기계처럼 미사 경문을 읊거나 정확하지 않은 문장으로 대충 넘어가는 일도 비일비재했다.[7]

상황이 이런데도 교회는 미사에 자주 참여할수록 천국 보화가 하늘에 쌓인다고 가르쳤고, 일반 신자들 역시 사제가 엉뚱하게 집례하는 것을 눈치채더라도 입을 다무는 게 미덕이고 경건한 태

---

6. Jürgen Bärsch, *Kleine Geschichte des christlichen Gottesdienstes* (Regensburg: Friedrich Pustet, 2015; 2. Aufl., 2017), 86.

7. 위의 책 86쪽을 참고하라. 그럴 수밖에 없었던 여러 이유 중 하나는 15세기 후반기부터 급격히 늘어난 라틴어 문맹 사제의 비율을 꼽을 수 있다. 이에 대해서는 다음 책을 참고하라. 최주훈, 《루터의 재발견》(복있는사람, 2017).

도라 여겼다. 쉽게 정리하면, 미사 참여 횟수가 많을수록, 또 문제 일으키지 않고 입을 잘 다물수록 신앙이 좋은 것으로 받아들이는 게 중세 말 교회의 상황이었다.

그런데 이런 비정상적인 상황은 결국 몇 가지 얄궂은 문제를 낳았다. 첫째, 예배는 다양하고 화려해졌지만, 속 빈 강정처럼 껍데기만 두꺼워졌다. 내용은 없고 화석처럼 형식만 남은 예배가 무엇보다 큰 문제였다. 그러다 보니 제아무리 많은 예배에 참여한들 신자들의 공허함은 더 커질 수밖에 없었다. 바로 거기에서 초래된 두 번째 문제가 중세 교회와 신자들의 미신화 현상이다. 오죽하면 아돌프 프란츠(Adolf Franz) 같은 학자가 이 시기를 '미신의 부흥기'라고 했을까?[8] 물론 이 지점에서 '역사란 언제나 하늘에서 뚝 떨어지는 법이 없는 수정의 연속'이라는 점을 상기할 필요가 있다. 바닥을 치던 그때, 교회는 스스로 일어설 힘을 기르기 시작했다. 그것이 바로 16세기 종교 개혁의 발판이 된 데보티오 모데르나(Devotio Moderna) 운동이다. 교회 예배가 형식화되어 가는 현실에 저항하고 내면의 회개와 변화가 필요하다는 것이 이 운동의 모토였다. 그래서 신자 개개인의 양심 회복, 묵상, 회개 등을 강조했다. 이런 교회 내부의 자성과 개혁 움직임은 다음 세대인 종교 개혁 시대를 준비하는 직접적인 발판이 되었다. 물론 이 운동이 종교 개혁자들의 노선과 일치하는 것은 아니다. 16세기 종교 개혁자들 역시 앞선 세대 선구자들의 사상을 수정하는 것이 불가피했다.

---

8. Adolf Franz, *Die Messe im deutschen Mittelalter* (Freiburg, 1902), 207.

예를 들어, 데보티오 모데르나의 대표 인물로 꼽히는 디트리히 코엘데(Dietrich Coelde)의 대표작《그리스도인의 거울 Christenspiegel》은 당시 이 운동의 공헌과 한계를 뚜렷하게 보여 준다. 중세만 하더라도 평신도를 위한 신앙 교육이 거의 없었다. 그저 은총(미사)을 거부하지 않고 참여하는 자에게는 은총이 자동으로 주어진다는 교리만을 중요하게 여기던 시대였다. 코엘데는 이 교리에 반기를 든 인물이다. 그는 신자들이 자신의 죄를 돌아보지 못한다면, 아무리 많은 미사에 참여해도 소용없다고 생각하는 쪽이었다. 이 문제를 해결하려면 평신도를 위한 신앙 교육이 필요하다는 주장이 제기되었지만, 당시 교회에는 그런 기회가 거의 없었다. 하지만 코엘데는 하나의 틈새를 이용해서 평신도를 교육할 수 있다고 믿었다. 일 년에 한 번 또는 두 번 의무적으로 참여해야 하는 고해 성사 시간을 이용하는 것이다. 그의 책은 십계명, 사도신조, 주기도, 아베마리아의 각 구절을 이용하여 고해하러 온 사람이 스스로 얼마나 많은 죄를 범했는지 목록을 만들어 자신을 돌아보게 했다.《그리스도인의 거울》이라는 코엘데의 조그만 책은 중세 말 교회에서 이렇게 애용되었다. 이 책은 형식이 아니라 내면을 돌아보라고 강조한다.

여기까지 보면, 개혁자들의 사상과 일맥상통하는 듯하다. 하지만 개혁자들, 특히 루터는 이런 코엘데의 생각을 비판적으로 수용한다. 신앙이 내면의 문제인 것은 맞지만, 그의 책에 담긴 내용은 받아들이지 않았다. 가장 큰 문제는 두 가지였다. 첫째는 신학적인 문제였다. 코엘데의 책에는 죄를 알게 하는 율법은 있으나 그 죄로부터 자유롭게 하는 그리스도의 기쁜 소식(복음)이 없었다.

루터의 눈에는 아베마리아를 통한 보속과 중보 기도가 복음과 상관없어 보였다. 둘째는 코엘데의 책이 성서 말씀과 어떤 관련이 있는지 의심스러웠다. 루터가 보기에 고해 성사 때 코엘데의 책으로 자신의 죄목을 드러내고 양심을 무한한 무게로 짓누르는 것은 여전히 미신적인 행태로밖에 보이지 않았다.

이런 문제의식을 느끼던 차에 여러 복합적인 상황이 맞물려 1520년대 후반 루터는 나름대로 해결책을 제시했다. 그것이《대교리문답》과《소교리문답》(1529)이다. '평신도의 성경'으로 불리는 이 책은 별명 그대로 성경을 근거로 율법과 복음을 풀어 나간다. 가장 큰 특징은 누구나 알아듣고 이해할 수 있는 '시장통 언어'로 쓰였다는 점이다. 루터는 이를 통해 신자 개개인이 예배 횟수나 사제의 권위에 기대지 않고 하나님의 말씀 앞에서 주체적인 신앙 인격으로 살아가길 소망했다.

이야기가 두서없이 길어졌지만, 한 가지만 되짚어 보자. 종교개혁의 배경에는 여러 가지 원인이 얽혀 있다. 힘에 부치는 과도한 예배도 간접적인 요인 가운데 하나였다. 그런 상황은 예배의 형식화와 미신적인 교회 분위기를 초래하여 교회를 교회답지 못하게 하는 빌미가 될 수 있다는 사실을 역사는 오늘 우리에게 넌지시 들려준다. 설교자는 자신이 맡은 설교 한 편에 혼을 담아야 한다. 예배 역시 마찬가지다. 이는 의심의 여지가 없는 공리에 속한다. 하지만 우리의 현실은 설교 한 편에 모든 것을 거는 게 거의 불가능해 보이기도 한다. 일각에서는 이런 상황을 모두 목사 책임으로 돌리는데, 그렇지 않다. 설교자 혼자 노력한다고 해결할 수 있는 문제가 아니다. 교회 공동체가 함께 고민하고, 배려하고,

공부해야 할 문제다. 누구도 어떻게 하는 게 가장 효율적이고 확실한 해법인지 모른다. 교회 공동체에서 이런 문제를 공론화하고 함께 답을 찾아 나서는 과정이 중요하고 가치 있다. 설교나 예배뿐만 아니라 교회가 공동체라는 점을 상기한다면, 공동체의 관심과 노력이 교회를 함께 일어서게 한다.

루터의 예배 개혁

마르틴 루터라는 인물과 그의 개혁은 해석자의 입장에 따라 매우 다양하게 갈린다. 한쪽에서는 예배를 창조적이고 개혁적으로 바꾼 모범적인 인물로, 다른 한쪽에서는 고대의 전통을 제대로 보전한 보수주의자로, 또 한쪽에서는 루터의 예배 이해를 '아마추어'라고 무시하기도 한다.[9] 이런 다양하고 극단적인 평은 그만큼 개혁의 폭과 영향이 광범위했다는 증거이기도 하다. 그러나 모든 해석자가 동의하는 지점은 루터의 종교 개혁이 근본적으로 교회를 위한 신학 개혁 운동이었다는 점이다.

1520년 전까지만 해도 로마 교회를 떠나거나 혁파하여 새로운 교회를 세우려는 생각을 찾아볼 수 없었다. 이를 통해 루터의 운동이 급진적이지 않고 보수적이었다는 사실을 짐작할 수 있다. 루터의 보수성은 일관되게 현장을 중시하는 꼼꼼한 실용성에 근

9. 마르틴 루터, 《루터전집 53: 예식과 찬송》, 나형석 옮김 (컨콜디아사, 2017), 12-16. 편집자 울리히 로이폴트가 쓴 '53권을 위한 서문'을 참고하라.

거한다. 예를 들어, 자국어인 독일어 예배를 권하면서도 라틴어에 익숙한 도시 교인들을 위해서 기존 라틴어 미사 통상문을 그대로 사용하게 했고, 통일된 예배 의식문을 만들려고 하지도 않았고 오히려 지역 교회의 자율성을 권장했다. 이는 루터의 목회적 관심이 종교 개혁의 '중심'에 있었다는 방증이기도 하다. 루터는 회중을 고려하지 않은 일방적인 개혁이나 인기를 끌려는 선정적인 개혁을 철저히 거부했다.

그러나 이런 보수성에도 불구하고 고전적인 것만 가치 있다고 말하는 낭만주의와는 전혀 달랐다. 옛것을 보존하되, 복음의 가치에 어긋나 보이는 것은 가차 없이 제거했다. 미사 통상문에서 제정의 말씀 주변에 있던 장식물을 제거하고 복음을 돋보이게 만든 것이 대표적이다. 루터의 예배 개혁은 전통과 현장을 중시하면서도 복음의 가치를 최우선으로 여기는 토대 위에서 진행되었다. 실제로 루터는 예배 의식보다는 말씀에 대한 신학에 무게를 두었다. 루터가 예배 의식에 관한 글을 1523년에야 쓰기 시작했다는 점이 이를 방증한다.

예배에 관한 루터의 관심은 두 가지로 요약할 수 있다. 첫째는 예배 정신에서 탈선하여 형식적으로 변한 예전을 돌려세우는 것이고, 둘째는 예배 의식을 혐오하는 극단적인 열광주의 예배를 비판하는 것이다. 당시 교회는 이렇듯 양극단에 놓여 있었다. 루터는 이 극단을 조정하여 예배를 개혁하고자 했다. 예전의 신학적 의미를 살리되 거기에 매이지 않고 성령의 신비가 생동하는 예배를 꿈꾸었다.

파스칼은 《팡세Pensées》에서 "형식에 자기 소망을 두는 것은 미신이다. 그러나 형식을 부정하고 거부하는 것은 오만이다"라고 했고, 칸트는 《순수이성비판Kritik der reinen Vernunft》에서 "내용 없는 사고는 공허하고, 개념 없는 직관은 맹신이다"라고 지적했다. 두 사람의 지적대로 교회 예배에서 형식(의식)은 피치 못할 것이다. 하지만 루터는 당시 교회처럼 의식 자체를 죽고 사는 문제로 여기지 않았다. 지나치게 잘못된 신학과 예배 형식주의를 반드시 고쳐야 한다며 개혁의 고삐를 조였다. 이런 입장은 루터가 1545년 7월에 안할트 데사우의 게오르크 3세에게 보낸 편지에 잘 드러난다.

> 고백건대, 중요하다고 말하는 예배 의식도 나는 그리 좋게 생각하지 않습니다. 필요도 없는 의식이라면 반대할 이유가 더욱 분명합니다. … 예배 의식은 쉽사리 법이 되고 한번 법이 되면 그 다음은 쉽사리 사람들의 양심을 옴짝달싹 못 하게 만드는 올가미가 됩니다.[10]

루터는 예배 형식이란 실제적 필요로 만든 외형일 뿐 특정한 예배 의식이라야 하나님이 기뻐하시는 게 아니라고 보았다. 이런 루터의 관점은 평생 변하지 않았다. 〈독일어 미사와 예배 순서〉를

---

10. 1545년 7월 10일, 안할트 데사우의 게오르크 3세에게 보낸 루터의 편지. Martin Luther, *Luther: Letters of Spiritual Counsel, in: Library of Christian Classics*, vol. XVIII, Tran. Theodore Tappert (Resent College Publishing, 2003), 312.

저술한 1526년, 당시 선제후가 루터의 안(案)대로 작센 지역 모든 교회의 예배 규범을 통일하도록 법을 제정하자고 했을 때 반대한 것이 대표적인 예다. 예배 개혁 과제를 다룬 첫 번째 저술 〈공예배 의식서에 관하여〉(1523)에서 루터는 이렇게 지적한다.

> 예배 안에 세 가지 심각한 오용이 있었습니다. 첫째, 하나님의 말씀이 침묵을 강요당하고 있습니다. 그래서 본문 읽기와 노래만이 교회 안에 남아 있습니다. 이것이 최악의 오용입니다. 둘째, 하나님의 말씀이 침묵 속에 있자 참으로 끔찍한 일들이 일어났는데 비기독교적 우화와 거짓말들이 신앙의 전설, 찬송가, 그리고 설교 안으로 밀려들었습니다. 셋째, 예배가 하나님의 은혜와 구원을 얻어 내기 위해 공로를 쌓는 수단이 되었습니다. 그 결과 믿음은 사라졌습니다. 믿음 대신 사람들은 수녀원과 수도원에 들어가든지 교회(당과 관련 기관)를 짓고 그곳에 기부금을 내라는 무언의 압력을 받게 되었습니다.[11]

앞서 세 가지를 지적했지만, 루터가 지향하는 예배 개혁 과제를 좀 더 풀어 볼 필요가 있다. 예배 개혁의 첫 번째 과제는 예배의 신학적 의미를 회복하는 데 있다. 이를 위한 선결 과제가 말씀에 대한 집중이다. 루터는 말씀과 성찬을 중심으로 예배의 단순성과 본질을 회복하려 했다. 현장에서 이루어지지는 않았지만, 〈독일어

---

11. *WA* 12. 35; 마르틴 루터, 《루터전집 53: 예식과 찬송》, 11.

미사와 예배 순서〉에서 설교를 예배 순서 앞부분에 위치시키려 했던 이유는 말씀의 중요성 때문이었다.

말씀 선포와 성찬은 말씀의 두 가지 형식(선포된 말씀/보이는 말씀)이다. 말씀과 성찬의 예배란 '하나님이 죄인을 초대하여 베푸시는 은총의 사건'이라는 칭의적 관점(관계성)을 기억하고 회복하는 것을 말한다. 루터는 이것을 가장 중요한 예배 개혁 과제로 보았다. 하나님은 우리가 어떤 형식으로 예배하는지, 몇 번 예배하는지, 몇 시간 예배하는지에 관심이 없다. 주일 예배 잘한다고 구원이 따라오는 것도 아니다. 종교 개혁 사상에서 중요한 것은 예배가 하나님이 죄인을 구원하는 말씀의 통로라는 것뿐이다. 말씀과 성찬을 통해, 사죄 선언을 통해 하나님이 예배 가운데 일하신다. 따라서 예배 집례자가 가장 신경 써야 할 것은 하나님이 주시는 복음의 말씀을 전하는 것이다.

로마 교회 예배에서 이와 같은 복음의 말씀이 사라지자 루터는 참을 수 없었다. "말씀이 선포되지 않는다면 찬양이나 성경 본문 읽기도 없는 편이 낫고, 차라리 모이지 않는 편이 더 낫습니다."[12] 예배에서 말씀은 가장 중요하다. 예배의 말씀은 언제나 그리스도를 지향해야 한다. 따라서 선포되는 말씀은 말씀과 회중이라는 일대다 형식으로, 성찬은 보이는 말씀으로써 주님과 일대일 형식으로 전해진다.

두 번째 개혁 과제는 예배 언어를 알아듣기 쉬운 말로 바꾸는

---

12. 마르틴 루터, 《루터전집 53: 예식과 찬송》, 12.

것이었다. 예배에 관한 글을 쓰기 전부터 루터는 라틴어를 모르는 사람들을 위해서 라틴어 미사를 독일어로 바꾸어야 한다고 주장했다.[13]

> 만일 우리가 미사 때마다 고정구로 암송하는 성찬 제정의 말씀을 알아듣지 못한다면 어떻게 이것이 미사 시간인 줄 알고 참여할 수 있겠습니까? 우리 같은 독일 사람들이 성찬 제정의 말씀을 독일어로 암송하고, 이렇게 비밀스럽고 고귀한 말씀을 목청껏 소리 낼 수 있다면 얼마나 좋을까요! 로마인이나 헬라인 그리고 다른 외국인들이 모두 자기 나라말로 성찬을 나누는데, 왜 우리 독일 사람들은 우리말로 미사를 드리지 못한단 말입니까? 왜 우리는 "내가 성부와 성자와 성령의 이름으로 세례를 주노라"라는 세례의 말씀을 길이 간직할 수 없단 말입니까! 독일어를 쓰는 사람들이 왜 이 거룩한 약속의 말씀을 독일어로 소리 높여 말할 수 없단 말입니까![14]

이처럼 루터는 예배가 모두에게 들리는 언어와 소통 방식에 따라 회중 모두에게 유익을 주어야 한다고 여겼다. 여기에서 유념할 점이 있다. 루터는 열광주의자 같은 과격하고 급진적인 개혁 방식을 거부했다는 점이다. 일반 평신도들이 급격한 변화를 따라

---

13. 루터는 독일어 예배와 함께 도시 지식인들의 혼란을 피하고자 라틴어 예배를 존속할 것도 함께 권고했다는 점과 비교해 보라.

14. Martin Luther, *Works of Martin Luther* Vol. I, 305-306.

오지도 못할 뿐 아니라, 기존에 있던 좋은 예배 의식마저도 고민 없이 제거할 위험이 있다는 걸 잘 알고 있었기 때문이다. 루터에게 예배 개혁은 모든 전통과 관습을 폐기하는 게 아니라, 이미 타락했거나 의미를 잃은 의식을 제거하고, 예배가 가진 본래의 단순성, 즉 그리스도 중심의 복음을 회복하는 것이었다. 루터는 츠비카우의 감독 니콜라스 하우스만에게 보내는 글에서 이렇게 설명한다.

> 새로운 예식서를 만드는 일을 주저하고 두려움을 느끼는 까닭은 오래되고 익숙한 예식서를 새롭고 낯선 것으로 갑작스레 바꿀 때 어려움을 겪게 될 연약한 믿음의 형제들 때문입니다. 그리고 믿음이나 이성을 상실한 부정한 돼지들처럼 달려들어 새것이라는 사실에 기뻐하고, 신선함을 잃으면 즉시 싫증 내는 변덕스럽고 까다로운 자들 때문입니다.[15]

예배에서 집례자와 회중이 서로 소통할 수 있는 언어와 행동은 필수다. 예배 의식문의 예문들은 회중이 쉽게 이해할 수 있어야 하고, 설교는 눈높이에 맞아야 하고 그리스도 중심이어야 한다. 그 외에 루터가 지적하는 예배 개혁 과제 중 하나는 음악과 관련이 있다. 루터는 음악을 신학과 함께 가장 중요한 하나님의 선물로 여겼다. 음악이야말로 하나님의 창조 원리인 조화와 질서가

---

15. 마르틴 루터, 《루터전집 53: 예식과 찬송》, 21.

가장 잘 담겨 있다고 보았기 때문이다. 그래서 루터파가 다른 개신교보다 음악에 대한 수용성이 월등히 높다. 직접 지은 24편의 찬송을 수록한 찬송집을 1524년에 출판했을 정도로 루터는 음악에 대한 조예가 깊었다. 이전만 해도 교회에서 음악은 사제들 몫이었지만, 루터의 개혁으로 공예배에서 회중 찬송이 시작되었다. 그 덕분에 전 세계 교회에서 교파를 막론하고 예배 때 회중이 찬송을 부를 수 있게 된 것이다.

찬송에 이어 중요한 것은 기도에 관한 개혁이다. 예배 때 기도는 낭독하는 것이 아니라 진실한 마음에서 우러나와야 한다. 그리고 예배 중 '교회의 기도'는 한 개인이 아니라 회중 전체를 위한 것이어야 하고, 타자를 위한 기도여야 한다. 루터는 1520년에 발표한 〈선행에 관하여Von den guten Werken〉라는 논문에서 '교회의 기도'가 어떠해야 하는지 자세히 설명했다.[16]

이 외에도 루터는 〈교회의 바벨론 포로〉(1520)라는 논문에서 일곱 가지 성례전을 꼼꼼히 다루면서 교회가 개혁해야 할 예배의 방향을 모색했다. 세례와 성만찬, 참회의 경우 그리스도의 명령으로 남겨 두지만, 그 외의 것들은 모두 성례전으로 인정하지 않았다. 루터가 일곱 가지 성례전을 치열하게 연구하며 비판했던 이유는 교회가 교회로서 해야 할 복음의 사역 대신 돈을 벌어들이는 일에 혈안이 되어 부패했다고 보았기 때문이다. 혼인의 경우 그리스도가 명령한 게 아니라 원래부터 창조 질서에 속한 것이니

---

16. 자세한 내용은 '오늘의 기도'에 관해 설명한 본서 5장 214-222쪽을 참조하라.

성례로 꼽지 않았고, 견진례는 교육 인준 과정일 뿐이지 그것 자체로 성례전적 의미는 없다고 보았다. 사제 서품 역시 교회의 성례전으로 인정하지 않았다. 회중의 선택과 위임이면 충분하다고 보았기 때문이다. 성찬례에서 특별하게 강조한 건 수찬자의 믿음이다. 주님의 살과 피를 믿음으로 받는 것을 성찬의 기본자세로 본 것이다.

교회의 축일은 최소한으로 줄였고 거의 모든 성자 축일 예배를 없앴다. 성직자의 복장에는 거의 관심이 없었다. 루터는 사제복 대신 익숙한 수도사 복장 아니면 대학에서 입던 옷을 그대로 입었고, 지나치게 복장에 관심을 기울이는 것은 위험하다고 경고했다.

루터는 설교, 자국어 찬송, 기도에 대한 개혁을 진행했다. 그렇다고 오해하지는 마라. 전에 없던 설교 시간을 새로 만들고 자국어 찬송을 가능하게 한 선구자라고 떠받들면 곤란하다. 루터 이전에도 자국어 설교 시간인 프로나우스(Pronaus)[17]라는 아주 짧은 순서가 있었다. 하지만 이 순서는 공식 예배에서 그저 부수적인 시간이었을 뿐이다. 루터는 이 자국어 설교를 공예배 정식 순서에 포함시켰다. 루터가 이렇게 한 이유는 순전히 신학적 판단 때문이었다. 자국어 찬송도 종교 개혁 훨씬 이전부터 존재했다. 중

---

17. '프로나우스'는 원래 그리스 시대 건축 용어로, 신전 바로 앞 복도를 칭하는 말이다. 신전에 온 사람들은 반드시 이 복도에서 사원의 사제들에게 제의 순서와 예절에 대한 설명을 듣고 안으로 들어가야 했다. 프로나우스에 관해서는 237-238쪽을 참조하라.

요한 교회 절기나 축일이 되면 순행이나 순례를 했는데 그때 신자들은 자국어로 찬송했다. 다만, 이 찬송 역시 공예배 순서에 정식으로 포함되지는 못했다. 루터는 성가대가 담당하던 공예배 찬송을 회중에게 돌려주어 회중이 공예배 때 자국어로 찬송할 수 있게 했다.[18]

이와 같은 루터의 예배 개혁을 몇 문장으로 줄인다면 이 정도가 될 것 같다. "루터는 온건한 보수주의자였지만, 과거의 것에 담긴 좋은 것을 단출하게 회복시키고 적용한 장인이었다." 예배는 회중의 요구에 적응해야 하고, 모든 예배 의식은 그리스도인의 자유가 인정되어야 한다. 그리고 어떤 예배 의식도 말씀보다 앞설 수 없다.

---

18. 마르틴 루터, 《루터전집 53: 예식과 찬송》, 16.

4

침묵 기도
침묵
찬트
십자 표시
기도
보툼
옷과 달력에 관하여

예배의 요소

예배에 필요한 요소는 셀 수 없이 많다. 시간, 공간, 사람, 상징, 복장, 음악, 예절, 그림 등등. 이번 장에서 이 모든 것을 다룰 수는 없다. 선별된 예배 요소를 체계적으로 소개하지도 못한다. 그럴 능력도 없고, 예배 요소와 관련된 일반적인 해설은 넘쳐나기 때문이다. 대신에 몇 가지만 선별하여 예시적으로 풀어 보려 한다.

예배에는 상징이 가득하다. 교회력, 색상, 집기, 교회 구조, 의상 등등. 각각의 의미가 곳곳에 서려 있다. 의미들이 언제 어떻게 형성되었는지 그 유래를 밝히는 건 모래밭에서 진주를 찾는 일만큼 불가능에 가깝다. 그렇다고 기록이 전혀 없는 것은 아니다. 콘스탄티노플의 총대주교 게르마누스 1세(Germanos I, 634-733 또는 740)는 성찬 집례 과정을 이렇게 설명한다. "사제는 작은 창[1]을 집어 들고… 빵에 십자 모양을 그은 다음 이렇게 말한다. '양이신 그리스도가 이렇게 도살되었습니다.' 이제 사제는 포도주와 물을 섞어 잔에 넣고, 이렇게 말한다. '그분의 피요, 그분의 물입니다.'"[2]

1. 여기서 '창'은 준비된 빵을 자르기 위한 손바닥 크기의 작은 포크 모양이고, 십자가에 달린 주님의 옆구리를 찌른 창을 상징한다.

게르마누스는 성찬례가 희생의 재현이라고 밝히고, '창'을 들고 십자가형을 재현하는 역할을 사제의 임무로 규정한다. 여기에서 한 가지 생각할 점은 성찬 집례에서 떡과 잔에 십자 표시(십자 성호)를 긋는 행동이다. 초기 교회에서 십자 표시는 하나님의 인치심인 세례를 기억하는 의미지만, 성찬 때 떡과 포도주에 십자 표시를 긋는 것은 세례가 아니라 희생 제사를 상징적으로 재현하는 것이다. 정교회나 성공회, 로마 가톨릭에서는 성찬이 희생 제의라는 신학적 합의가 있기에 떡과 잔에 십자 성호를 그리는 게 당연하지만, 신학적으로 희생 제의를 반복하는 것을 거부하는 루터교회와 여타 개신교 진영에서는 성찬 때 십자 성호 긋기를 재고할 필요가 있다. 멋져 보인다고 다 좋은 건 아니다.

게르마누스의 설명을 따라가 보면, 중세 교회가 성찬을 어떤 방식으로 이해했는지 더욱 분명해진다. 그에 따르면, 집례자의 복장도 그리스도의 십자가 고난을 암시한다. 사제의 진홍색 제의는 그리스도의 몸에서 쏟아진 피고, 보라색 망토는 수난이고, 허리에 맨 끈은 예수를 결박한 동아줄이다.[3] 떡과 잔이 올려지는 제대(祭臺)는 그리스도의 무덤이고, 떡을 담아 제대 위에 올린 성합은 골고다 언덕, 포도주 잔을 덮은 천은 아리마대 요셉의 묘지로 주님의 시신을 옮길 때 시신을 감싼 세마포를 상징한다.[4]

---

2. Hans-Joachim Schulz, *Die byzantinische liturgie: Vom Werden ihrer Symbolgestalt* (Sophia 5) (Freiburg: Lambertusverlag, 1964), 114-116.

3. Hans-Joachim Schulz, *Die byzantinische liturgie*, 122f.

4. 위의 책, 126f.

예수의 십자가형을 재현한 정교회 비잔틴 전례는 게르마누스가 설명한 방법과 집례 방식을 오늘까지 그대로 따른다. 로마 가톨릭의 전례는 비잔틴 전례와 차이가 있으나 미사가 그리스도의 십자가 수난을 상징한다는 부분은 공유한다. 제대를 그리스도의 무덤으로 이해하고, 성찬을 희생 제의로 이해하는 방식은 똑같다. 특별히 시리아 전례는 서방 교회인 로마 전례와 겹쳐 보일 정도로 가까운데, 〈세상 죄를 지고 가는 하나님의 어린양Agnus Dei〉 찬양은 9세기 시리아 전례에서 서방 교회 전례에 들어왔다.[5]

분명히 예배에는 상징적 요소가 가득하다. 그 상징은 언제나 교회 신학의 정체성을 드러내기 때문에 오래된 것이라고 무조건 가져다 쓰기보다 유래와 이유를 알고 비판적으로 수용해야 한다. 골동품이라고 다 값나가는 건 아니다. 잘 골라내야 한다. 예배 용어도 마찬가지인데, 성만찬을 희생 제의로 이해하는 정교회, 로마 가톨릭, 성공회는 제사의 단상이라는 뜻의 제대(祭臺)가 맞지만, 신학적으로 이를 거부하는 프로테스탄트 계열에서는 '성찬대' 또는 단순히 '식탁'이라고 해야 옳다. 예배의 상징과 용어의 의미를 정확히 아는 것은 목회자뿐 아니라 교인 교육 측면에서도 매우 중요하다.

---

5. Josef Andreas Jungmann, *MS II*, 373f.; 다음 자료와 비교해 보라. 루이 뒤센은 7세기경 교황 세르지오 1세가 동방 교회에서 도입했을 것으로 추정한다. L. Duchesnes, *Le Liber Pontificalis I* (Paris, 1886), 376; 이홍기, 《미사전례》(분도출판사, 2013), 293쪽에서 재인용했다.

> 목사님. 저녁은 드셨는지요. 업무 시간 이후에 메시지 드려 죄송합니다만, 궁금한 점 하나 잊기 전에 여쭈어보려고 메시지 드립니다. 수요 기도회 때 두 번의 묵도(침묵 기도)가 있잖아요. 그때 무엇을 기도해야 하는지 궁금해서요. 그냥 눈치껏 앞 순서에 나오는 연도(Litany)나 영창을 확장(?)하고 제 삶을 돌아보며 그 시간에 침묵하며 기도하고 있긴 한데, 혹시 기도해야 하는 내용이나 주제가 있는데 제가 모르고 그냥 제 맘대로 기도하는 건가 하는 생각이 어제 불현듯 들었습니다.

언젠가 수요 저녁 기도회가 끝나고 한 교인이 보내온 메신저 내용이다. 목사는 이런 메시지가 무척 반갑다. 예배에 진지하게 참여하는 성도가 한 명 이상 된다는 증거이기 때문이다. 그분께 이렇게 답장을 보냈다.

> 이제야 답해 드려요. 모든 예배 의식문에 나온 침묵의 시간 기도 주제는 바로 앞뒤 순서와 연결됩니다. 거기 나온 시편송 또는 연도, 이어지는 기도문의 내용 속에 침묵하며 깊이 기도해야 할 주제가 담겨 있습니다. 저녁 기도회(Verpers) 의식문을 예로 들면, 첫 번째 묵도는 시편 141편을 기초로 다듬은 시편송 다음에 나옵니다. 이 시편송에서 가장 중요한 단어가 '오소서(*Venite*)'입니다. 그때 우리가 한목소리로 의식문을 따라 이렇게 기도하지요. "오 주여, 내가 주께 부르짖나이다. 속히 오소서. 내가 주께 외칠

때, 나의 목소리를 들으소서."

아침 기도회와 저녁 기도회 예배 의식문 모두 '온다'는 동사가 나옵니다. 다만, 아침 기도회에서는 하나님 앞에 사람들이 모이길 촉구하는 '오라!'(시편 95편)라는 말이 중심이라면, 저녁 기도회에서는 주님이 오시길 간절히 구하는 '오소서!'에 방점이 찍혀 있습니다(참고로, 아침 기도 시편송을 보통 '오라'라는 뜻의 라틴어 '*Venite*'로도 부릅니다). 저녁 기도회 순서에 나오는 침묵 기도 시간에 기도할 주제는 바로 이것입니다. "주님, 우리(기도)에게 오소서!"

이렇게 주님의 임재를 구하는 기도는 필연적으로 자신의 처지를 하나님 앞에 진지하게 세우고, 돌아보게 만듭니다. 그 시간은 기도자가 맞이한 종말의 시간이 됩니다. 다른 말로 하면, 이때가 바로 회개의 시간이 되는 것이지요. 그 때문에 묵도 다음 이어지는 회중 전체의 기도문에는 이렇게 쓰여 있습니다.

"오! 주여, 우리의 회개의 기도가 주님 앞에 분향과 같이 되게 하시며, 주의 사랑을 우리에게 내리소서. 순결한 마음으로 이 세상의 성도들과 하늘의 천군 천사와 함께 주님을 찬양하게 하옵소서."

참고로, 묵도 앞뒤 순서에서 반복되는 단어가 있는데, '분향', '저녁 제물'이란 단어입니다. 분향이란 성전에서 향을 피우는 것이고, 저녁 제물은 당연히 하나님께 올려 드리는 제사를 뜻합니다. 우리의 기도가 분향처럼, 제물처럼 하나님께 드려지길 소원하는 것이지요. 참고로, 우리가 성경 공부를 하면서 소금에 대한 구약 본문을 찾아본 기억이 나실 거예요. 성전의 향을 만들 때 소금을 넣습니다(출 30:35). 그 소금은 성결(순결), 거룩을 의미합니다. 종합해 보면, 침묵 기도 시간에 기도할 주제는 '첫째 주님의 임재를 구함, 둘째 자신을 돌아보며 회개함, 셋째 성결함을 추구함'이라고 할 수 있습니다. 그다음 이어지는 두 번째 묵도 시간도 이런 맥락에서 이해하면 될 것 같습니다. 두 번째 침묵 기도는 영창(마리아의 찬가)과 "우리를 불쌍히 여기소서"라는 연도(連禱) 다음에 위치합니다. 이때 묵상 기도 주제는 앞부분의 연도 내용을 보면 분명해집니다.

연도란 청원 기도나 탄원 기도로 만들어진 대중적인 화답 기도인데, 주송자(인도자)가 선창하면, 회중은 고정된 응답(후렴구)으로 화답하는 기도 형식입니다. 찬가(讚歌)로도 불리는 영창은 시편을 제외한 구약이나 신약의 유명한 인물들이 부른 감사 찬송시를 지칭하는 예배 용어입니다. 통상, 자비송(키리에)에서 "우리를 불쌍히 여기소서(*Kyrie Eleison*)"라는 구절이 세 번 또는 아홉 번 반복되는 게 일반적입니다. 연도문에는 오래된 역사적 배경이 있긴 합니다만, 자세히 설명할 필요는 없을 것 같습니다. 요약하면, "주여 우리를 불쌍히 여기소서"가 세 번 나오든, 아홉 번(3x3) 나오든 모두 삼위일체를 강조한다는 겁니다. 간혹 열두 번 나올 때도 있습니다. 매우 다양한 형식으로 변형되기도 합니다. 현재 기독교한국루터회 저녁 기도회 연도문이 바로 열두 번을 기본으로 삼은 예배 의식서입니다. 몇 번을 하든 큰 문제는 아닙니다. 중요한 것은 반복되는 연도 속에 어떤 기도 주제를 담았는가입니다.

저녁 기도회 의식문 연도에서는 세상의 평화, 우리의 구원, 교회, 인류의 하나 됨, 예배의 온전함, 교회의 직무자와 나라의 공직자, 모든 노동자, 지금 이 자리에서 기도하며 은혜를 기다리는 사람들, 복된 창조 세계(좋은 날씨, 풍성한 경작물), 위험으로부터 보호, 신앙의 선조들을 위해 기도합니다. 그러고 보면, 연도에서 다루는 기도의 주제는 '살아가는 데 필요한 모든 것'입니다. 그러니 이어지는 침묵 기도 시간의 주제는 '살아가는 데 필요한 모든 것을 구하는 기도'라고 할 수 있습니다. 각 개인의 필요, 교회의 필요, 국가 시민의 필요를 구하면 됩니다. 이 기도문의 내용을 보면 '살아가는 데 필요한 모든 것을 주시는 하나님께 맡김'이 골자인 것을 알 수 있습니다. 이 침묵의 시간 직후 '평화의 기도'가 이어지지요. 그리고 이어지는 순서가 '주님 가르치신 기도'인데, 루터의 말대로 하자면, '주기도는 주님이 우리를 어떻게 도우시는지 알리는 하늘의 약속'이라고 할 수 있습니다.

전체를 요약하면, 침묵 기도의 주제는 언제나 앞뒤 순서의 내용에 암시되어 있다는 정도로 이해하면 될 것 같습니다. 이렇게 깊이 기도하기에는 지금 침묵 기도 시간은 무척 짧다고 할 수 있겠지요. 우리 한번 확 늘려 볼까요? 침묵 기도 한 번 할 때마다 10분?

이렇게 긴 답장을 보냈는데, 주일 공동 예배에 나오는 묵도(침묵 기도) 시간도 이런 원리로 이해하면 좋을 것 같다.

침묵

루터교회 주일 공동 예배는 '죄의 고백과 용서'로 시작하는데, 집례자가 회중을 바라보며 이렇게 선언하고, 모두 침묵에 들어간다.

> 집례자: 우리가 죄 없다고 하면 이는 자신을 속이는 것이요, 진리가 우리 안에 있지 않기 때문입니다. 그러나 우리가 죄를 고백하면 신실하시고 의로우신 하나님은 우리를 용서하시고 모든 불의에서 깨끗하게 해 주십니다. (이제 우리의 죄를 참회하며 침묵 기도합시다.)

이때 교회당 안에는 정적이 흐른다. 모든 소리가 멈춘다. 음악도 멈춘다. 기도에 임하는 모든 신자는 오직 자신의 숨소리 아래 힘과 생명을 주시는 하나님께 집중한다. 진리 안에 있지 않았던 자신의 모습을 돌아보며 통회하는 '침묵'의 시간이다. 소리 가득한 세상에 살다가 모든 것이 정지하는 시간과 조우하면 매우 당혹스럽다. 실제로, 전례 교회 예배에 처음 오는 사람들이 가장 견디기 힘들어하는 때가 바로 이 시간이다. 30초밖에 안 되는 찰나지만, 몸이 뒤틀리고 남들은 뭐 하나 궁금해 자꾸 실눈이 떠진다. 침묵이 너무 낯설어서 그럴까? 이 순서에 은혜로운 배경 음악을 깔아서 뭔가 채워 보자는 제안이 이따금 나온다. 그러나 전례 예배에서 "침묵의 시간은 완벽한 침묵이어야 한다"라는 일종의 원칙이 있다. 우리의 소리와 모든 행위를 멈추고 고요함 가운데 하나님을 기다리는 시간이 바로 침묵의 시간이다.

그럼, 루터교회 예배에서 침묵의 순서가 갖는 의미는 무엇일까? 이 대목에서 루터파 목사 디트리히 본회퍼(Dietrich Bonhoeffer)를 소개할 만하다. 본회퍼는 설명이 필요 없는 사람이다. 입으로만 신앙을 외치지 않고 히틀러의 나치 정권에 몸으로 맞섰다. 심지어 '미친 운전사'를 끌어내리기 위해 암살단에 들어갔다. 평생 그의 관심은 '교회'였다. 1927년 라인홀트 제베르크(Reinhold Seeberg) 밑에서 박사 학위를 받을 때, 논문 제목이 〈성도의 교제 Communio Sanctorum〉였다는 것은 본회퍼가 평생 가슴앓이했던 주제가 교회라는 것을 잘 보여 준다. 그의 교회론이 가장 대중적이고 감동적인 필체로 담긴 글이 1938년 집필해서 이듬해 출간한 《성도의 공동생활Gemeinsames Leben》[6]이다. 독일어 원제를 직역하면, '공동생활' 정도가 되겠지만, 본회퍼가 염두에 둔 공동생활은 교회 공동체의 삶이었다. '성도의 교제'라는 제목으로 시작되는 책의 첫 장이 이를 증명한다.

이 책에서 특히 감동적인 부분은 3장이다. 여기에서 우리는 루터교회 예배 의식문에 등장하는 묵도/묵상/침묵에 대한 이해를 넓힐 수 있다. 3장 주제가 '홀로 있는 날'이다. 여기에서 본회퍼는 '성도의 교제'로 정의되는 교회를 '홀로 있음'과 '공동체로 있음' 이라는 두 개의 모순되는 개념으로 설명한다.

> 홀로 있을 수 없는 사람이라면 교회 공동체가 주의해야 합니다.

---

6. 디트리히 본회퍼, 《성도의 공동생활》, 정현숙 옮김 (복있는사람, 2016).

이런 사람은 자기 자신과 공동체에 해를 끼칠 뿐입니다. … 여러분은 홀로 있어야 합니다. 그러나 성도의 교제(교회) 안에 있는 사람은 홀로 있는 것을 경계해야 합니다. 여러분은 교회 공동체로 부름받았습니다. 그 부름은 여러분 개인에게만 해당되는 것이 아닙니다.

홀로 있음은 여러분에게 불행만 초래할 것입니다. "내가 죽을 상황에 있더라도 나는 홀로 있는 것이 아니며, 내가 고난당할 때 교회 공동체도 함께 고난을 겪습니다"(마르틴 루터). 우리는 성도의 교제 안에 거할 때만 홀로 있을 수 있고, 홀로 있을 수 있는 사람만이 성도의 교제를 이루며 살아갈 수 있습니다. 이 둘은 결코 분리될 수 없습니다. 오직 성도의 교제 안에서 우리는 진정으로 홀로 있는 법을 배우며, 홀로 있음을 통해서만 진정으로 성도의 교제 속에 거하는 법을 배울 수 있습니다.[7]

본회퍼의 설명에 따르면, 교회의 신자는 고독한 단독자인 동시에 공동체로 정의된다. 그리고 이 정의는 '침묵'과 '말'이라는 개념으로 전개된다.

성도의 교제(공동체)의 특징이 '말'이라면, 고독의 특징은 '침묵'입니다. '침묵과 말'은 '홀로 있음과 공동체'라는 말과 마찬가지로

7. 디트리히 본회퍼, 앞의 책, 124-126.

서로 긴밀하게 연결되어 있습니다. 어느 한쪽도 다른 한쪽 없이 존재할 수 없습니다. 올바른 말은 침묵에서 나오며, 올바른 침묵은 말에서 나옵니다.

거룩한 사람의 말이 잡담이 아닌 것처럼, 침묵은 단순히 입을 다물고 말을 안 하는 게 아닙니다. 말 없음이 고독에 이르게 하는 것도 아니고, 잡담이 성도의 교제를 이루지도 않습니다. … 엄숙한 표정으로 말을 안 하고 있다고 그것을 침묵이라고 하지 않습니다. 침묵은 모든 개인이 하나님의 말씀 아래에서 아무런 꾸밈없이 잠잠해지는 것입니다. 예배 때 말씀을 듣기 전 침묵하는 이유는 우리의 생각이 말씀을 향하고 있기 때문입니다.

이것은 마치 어린아이가 아버지의 방에 들어가 잠잠히 하는 것과 같은 이치입니다. 말씀을 들은 후에도 침묵하는데, 그 이유는 말씀이 여전히 우리 안에서 말씀하고 있고, 그 말씀이 살아서 우리 속에 거할 처소를 마련하고 있기 때문입니다.

우리는 매일 아침 침상에서 일어나 이른 시간 침묵합니다. 그 이유는 하나님께서 우리에게 첫 말씀을 하시도록 해야 하기 때문입니다. 우리가 침상에 들면서 침묵하는 이유는 하루의 마지막 말씀도 하나님께 속한 것이기 때문입니다. 우리가 침묵하는 이유는 오직 말씀 때문입니다. 그것은 말씀을 욕되게 하기 위함이 아니라, 말씀에 진정한 영광을 돌리며 말씀을 영접하기 위해서입니다.

침묵이란 결국 하나님의 말씀을 기다리는 것이며, 하나님의 말씀으로 복을 받아 채운 후 그 자리를 떠나는 것입니다. 잡담이 판치는 이 시대에 침묵을 배우는 것이 필요하다는 사실을 모르는 사람은 없을 것입니다. 그러나 진정으로 침묵하게 하고 잠잠히 입을 다물 수 있게 하는 것은 오직 성령이 인도하는 침묵의 온당한 귀결입니다.[8]

예배 시간의 침묵 순서는 본회퍼의 설명대로 하나님의 말씀이 우리 안에 임하길 간절히 구하는 절절한 기도의 시간이다. 고요하게 말씀을 기다리는 30초도 참지 못하는 우리의 잔망스러움을 돌아보게 된다.

찬트

"노래 못하는 목사는 목사로 인정하지 않겠다!" 이렇게 말하면 "무슨 얼토당토않은 소리냐!"며 웃어넘길 사람들이 있겠지만, 루터교회에서만큼은 다른 무게감을 가진다. 이 말을 한 장본인이 종교 개혁자 루터이기도 하고, 루터교회 신학과 예배에서 음악이 차지하는 비중을 알려 주는 상징적인 진술이기 때문이다.[9] 신학은 제쳐 두더라도 주일에 루터교회에 가서 한 번이라도 공동 예배에 참석해 보면 왜 이런 말을 하는지 바로 알게 될 것이다.

간혹 로또교회 또는 나루터교회로 알아들을 정도로 한국에서

---

8. 디트리히 본회퍼, 앞의 책, 128-129.

9. 다음 책을 참조하라. 최주훈, 《루터의 재발견》(복있는사람, 2017), 187-191.

는 존재감이 별로 없는 까닭에 루터교회 목사를 '천연기념물 숫자보다 적은 멸종 위기종'으로 소개하면 고개를 끄덕이는 사람이 많다. 그런 희귀한 교회를 찾아온 이들이 당혹감을 느끼는 순간은 주일 공동 예배에 참석했을 때부터다. 예배 형식이 일반적인 한국 개신교회와 다르기 때문이다. 예배 시작하자마자 촛불을 들고 입장하는 것도, 졸 틈도 없이 앉았다 일어났다 하는 것도 낯설다. 그중에서도 단연코 낯선 것은 아마 찬트일 것이다.

찬트란 그레고리안 성가 따위의 전례 교회 성가를 통칭하는 용어다. 특별히 회중과 집례자가 한두 마디 가사에 간단한 리듬을 붙여 서로 주고받는 종교 음악 장르도 이런 부류에 속한다. 전례 교회로 분류되는 정교회, 로마 가톨릭, 성공회를 제외하고 비전례 교회에서는 찬트를 거의 사용하지 않아서 낯설게 느껴진다. 간혹이 낯섦이 의심으로 발전해서 이단인 줄 알고 예배 시작하자마자 자리를 뜨는 이도 있다.

이야기가 곁길로 샜는데, 이런 루터교회에서 목사가 노래를 못하면 예배 분위기는 일순간에 깨진다. 특별히 예배 전반부에 해당하는 자비송부터 예배 분위기가 판가름 난다. 이때 선창은 통상 예배 집례자인 목사가 하고, 이어서 회중이 응답하며 교송으로 부른다. 그런데 문제는 때에 따라 집례자의 선창은 무반주고, 회중의 응창에는 반주가 붙는다. 선창자가 음을 잘못 잡거나, 음이탈이 나거나, 발성이 잘못되면 경건한 분위기가 일시에 개그 콘서트가 되어 버린다. 그러니 루터교회 목사는 노래, 특별히 찬트를 잘해야 한다.

그렇다고 찬트가 루터교회에서 시작된 것은 아니다. 찬트의 기원을 정확히 추산하기란 거의 불가능한데, 이유는 거의 모든 종교에 찬트 형식이 있기 때문이다. 다만, 기독교 찬트에 가장 근접한 출발점은 단선율 성가의 한 축을 이루는 그레고리안 찬트에서 찾는다. 9-10세기경 유럽 지역에서 구전되던 음악을 채보한 것이다. 수도원에서나 들을 수 있는 무반주 음악으로 알고 있지만, 실은 전례 교회에서 여전히 애용하는 교회 음악의 한 분야다.

실제적인 이야기를 하나 해 보자. 찬트는 어떻게 불러야 할까? 루터교회의 자비송은 집례자가 "우리 모두 함께 기도드리세"라고 무반주 선창하면, 회중이 오르간 반주에 맞추어 "주여 우리를 불쌍히 여기소서"라고 노래하며 응창한다. 그 후에 몇 소절 더 주고받는 노랫말이 이어진다. 신학교 예배 실습 시간에 간이 콩알만 해진 상태로 전체 예배를 집례한 적이 있다. 그나마 다행인 점은 고등학교 때부터 남성 아카펠라 중창단에서 오랫동안 노래해서 찬트 부분은 어느 정도 자신이 있었다. 그 자신감으로 찬트를 멋들어지게 시작했다. 음색도 좋고 발성도 좋았다. 분명히! 하지만 실습이 끝나자 예배학을 가르치던 말테 리노(Malte Rhinow) 교수가 피식 웃으며 이렇게 말했다. "찬트는 성악이 아니에요. 말하듯 노래하고, 노래하듯 말해야 합니다."

노래면 노래고 말이면 말이지, 말하듯 노래하고 노래하듯 말해야 한다는 게 무슨 뜻인지 몰라 고개만 갸우뚱하던 장면이 아직도 눈에 선하다. 목회 현장에서 찬트를 십수 년 부르다 보니 이제야 그 말이 무슨 뜻인지 알게 되었다. 오페라나 칸타타, 오라토리오에서 대사를 노래하듯 말하는 레치타티보(Recitativo)의 원리를 가리키는 말이다. 오페라에서는 16세기부터 레치타티보가 사용되었지만, 실제로는 앞서 언급한 8-9세기 그레고리안 찬트까지 소급되는 발성법이다.

그러면 말하듯 노래하고 노래하듯 말하는 식으로 찬트를 해야 하는 이유는 뭘까? '찬트'라는 말 속에 그 열쇠가 있다. 영어 단어 'chant'는 흔히 '성가'로 번역되지만, 어원이 되는 라틴어 '*cantare*'는 노래와 기도를 구분하지 않는다. 이 라틴어에서 유래한 또 하나의 단어가 프랑스 대중가요를 뜻하는 'chanson'이다. 성악곡과 구별되는 대중가요를 샹송이라고 칭하는 이유는 어원인 '칸타레'가 노래 기술보다 노래하는 사람의 꾸밈없는 마음을 표현하는 것을 더 중시하기 때문이다. 찬트를 부르는 집례자의 발성법도 여기에서 출발한다. 찬트의 창법에는 레치타티보의 원리가 작동한다. 자기 호흡에 기도나 가사를 담아 올리기만 하면 된다. 어떤 사람이 노래 잘하는 법을 가르치면서 '소리 반 공기 반'으로 불러야 한다는 말을 자주 하던데, 같은 말이다. 정상적인 호흡에 말을 덧붙이는 것이다. 말은 쉽지만, 절대 쉽지 않다. 수많은 연습이 필요하다. 오페라나 뮤지컬은 대사에 감정을 실어 회중을 사로잡는 데 목적이 있다면, 교회의 찬트는 한 가지가 더 필요하다. 단어 하나하나, 호흡 하나하나가 하나님께 드리는 기도가 되어야 한다. 그래서 찬트가 어렵다.

나는 매 주일 같은 찬트로 노래하지만 익숙하다거나 편하다는 느낌을 받은 적이 한 번도 없다. 같은 감정을 느낀 적도 없다. 찬트를 그저 오페라의 레치타티보로만 여기면, 그동안 갈고닦은 실력으로 오페라 하듯 한껏 회중을 압도하며 노래할 수 있겠지만, 찬트를 선창하는 집례자는 회중뿐만 아니라 하나님 앞에 서 있는 두려움도 동시에 가져야 하기 때문이다.

예배에 참석해 보면 알겠지만, 집례자가 찬트를 부르는 위치는 회중과 성찬대 사이이다. 아직 집례단 위에 올라가지 않는다. 방향은 회중이 아니라 성찬대와 십자가를 향한다. 거기서 집례자는 기도로 인도하는 선창을 하는데, 노래하는 짧은 시간에 영원 한가운데 들어가는 경험을 한다. 그 시간은 회중을 위한 것이 아니라, 궁극적으로는 십자가 앞에 단독자로 소명받아 서는 거룩한 체험의 순간이다. 회중들에게는 집례자인 목사의 노랫소리만 들리겠지만, 집례자는 공동체를 대표하여 하나님 앞에 홀로 선 채로 독대해야 하는 고독하고 두려운 시간을 맞는다.

그래서 "주여 우리를 불쌍히 여기소서"라는 찬트의 가사는 시간 지나면 사라질 유행가 노랫말이 아니라, 진지한 신앙 고백이자 기도다. 이 사실을 마음에 새길 때 비로소 호흡 하나하나 단어 하나하나에 경외의 떨림이 담긴다. 찬트를 부르는 것은 '영혼의 훈련'이라는 말이 여기에서 나왔다. 자기 내면의 감정과 말을 꾸밈없는 호흡에 실어 하나님 앞에서 회중을 인도하는 소명, 그것을 구체적으로 실천하는 것이 바로 '찬트 부르기'다.

그래서 루터교회 목사는 노래를 잘해야 한다. 심지어 숨 쉬는 것도 기도가 되어야 한다. 이것이 루터교회 찬트의 정신이다. 목사가 천성적으로 음치라면? 평생 괴롭겠지만, 그래도 해법은 있다. 노래 잘하는 신실한 신자(*Cantor*)를 목사 대신 세우면 된다.

____ 십자 표시

전통적으로 기도에서 가장 기본적인 몸짓은 십자 표시다. 이는 십자가에 달리신 그리스도에 대한 신앙 고백을 몸으로 표현하는 행위다. "우리는 십자가에 못 박힌 그리스도를 전하니 유대인에게는 거리끼는 것이요 이방인에게는 미련한 것이로되 오직 부르심을 받은 자들에게는 유대인이나 헬라인이나 그리스도는 하나님의 능력이요 하나님의 지혜니라"(고전 1:23-24). 십자 성호는 신자 개인을 그리스도의 십자가에 봉인하는 가시적이고 공개적인 긍정이다. 그래서 일종의 신앙 고백적 몸짓으로 분류한다. 우리는 십자가를 그리며 자신을 십자가의 보호 아래 가둔다. 동시에 방패처럼 우리 앞에 내세운 십자가는 살아가는 날들의 곤궁함을 덮어 앞으로 나아가게 하는 용기가 된다. 그러나 '십자 성호'라고도 부르는 십자 표시를 하느냐 안 하느냐, 손 모양과 방향이 어떠한가는 중요하지 않다. 루터교회 신학에 따르면, 그런 것은 모두 아디아포라(*adiapora*)에 속한다. 그러나 그 의미를 알고 함께 공유하는 건 중요하다.

특별히 루터파 교인들에게 십자 표시는 세례에 대한 기억을 되살리는 의미가 있다. 그 세례는 언제나 성부, 성자, 성령 삼위일체 하나님에게 속한 신앙 고백이다. 이로써 새로운 존재가 된 자신을 일깨우고 우리에게 약속된 구원을 상기시킨다. 우리가 살아가는 세상은 죽음과 불의가 가득한 어둠의 세상이다. 하지만 십자가의 죽음과 부활의 힘이 다리가 되어 우리를 하나님께로 이끈다. 이런 의미에서 십자 표시는 우리에게 신앙 고백인 동시에 축복 기도다.

문화사적으로 보면, 십자 표시는 기독교 고유의 상징으로 보기 어렵다. "탄식하며 우는 자의 이마에 표를 그리라"(겔 9:4)에 등장하는 이마의 표식은 원래 타우(T)를 뜻한다. 끔찍한 재앙이나 시련을 만난 유대인들이 히브리어 마지막 글자 '타우'를 그리던 것이 후에 +, X 등의 십자 형태로 변형되었다. 타우는 모든 만물의 끝이 하나님의 결정에 달려 있다는 표식인 동시에 묵시적 신앙을 나타내는 상징이다. 그 때문에 초기 기독교 발생 직전에 죽은 유대인들의 비문에서 십자 문양이 자주 발견되는 것은 그리 이상한 일이 아니다. 일련의 학자들은 이 때문에 구약의 타우가 신약의 십자가를 예언한 것이라고 설명하기도 한다.

십자 모양 표식은 그리스 문화권에서도 발견된다. 우주 생성의 전설을 다룬 플라톤의 《티마이오스Timaios》에서 확인할 수 있듯 역사가 꽤 길다. 이에 따르면, 우주의 별자리와 천체의 궤도는 그리스 문자 'X' 형태로 만들어졌고, 이 모양이 전 우주를 움직이는 원리이며 '세계의 혼'이라고 보았다. 십자 형태로 봉인된 혼을 창조의 신 데미우르고스가 우주 전체에 두루 흩어 퍼트렸고, 그 결과 세상이 창조되었다는 것이다. 십자 문양은 플라톤의 사상에서 신성한 이데아와 연결된다. 변증가였던 유스티누스는 플라톤의 저서에서 이것을 발견하고, 이것을 창조주 하나님과 예수 그리스도 안에서 이루어지는 구원 역사로 연결하는 데 주저하지 않았다. 플라톤이 언급한 '세계의 혼'을 유스티누스는 성서의 '로고스'로 이해했다. 그 때문에 그는 십자가를 로고스의 가장 위대한 형상으로 표현한다.[10]

유스티누스 이후 교부들은 타우와 십자가, 우주의 구원에 관한 사상을 자신들의 신학 근간에 포함시켰다. 이레나이우스(Irenaeus) 역시 이런 견해를 신학적으로 발전시킨 대표적인 인물이다. 그는 《사도적 설교의 증명Demonstratio Apostolicae Praedicationis》에서 이렇게 말한다. "십자가에 달려 돌아가신 분, 그 자체가 전지전능하신 하나님의 말씀으로, 보이지 않지만 온 우주에 두루 현재하고 계신다. 그렇기에 이 말씀은 세상 모든 것을, 그 넓이와 길이, 높이와 깊이를 모두 아우르는 것이다. 하나님의 말씀으로 인하여 삼라만상 모든 것이 제대로 운행된다. 그리고 하나님의 아들은 십자가의 형식으로 삼라만상 모든 것에 새겨져 있기에 그 모든 것 속에서 십자가에 달리신다"(13). 이 진술은 에베소서 3장 8절 이하의 말씀과 연결되어 있다. 아우구스티누스 역시 다르지 않다. "십자가에 달리신 그리스도는 두 팔로 세상을 감싸 안으시고, 그 분의 길은 지하 세계의 나락까지 이르는 동시에 하나님의 높이까지 다다른다."[11]

창세기 12장 2절에서 하나님은 아브라함에게 "너는 복이 될지라"라고 선언하신다. 그 구원의 역사는 그리스도 안에서 만물 가운데 이루어진다. 하늘과 땅을 구원하는 표지인 십자가는 만물에 약속된 축복의 표식이며, 그분의 도움을 구하는 모든 이들과 세례를 기억하는 모든 이들에게 하나님의 구원 약속을 기억하게 하

---

10. Justinus, *Apologie I*, 55.

11. Aurelius Augustinus, *De doctrina christiana* II, 41, 62; *Corpus Christianorum* XXXII, 75f.

고 용기를 북돋는 몸의 고백이다.

기도

서기

서 있는 자세는 교파를 막론하고 이론의 여지 없이 그 의미가 명백하다. 고전적 기도 자세인 이 자세는 구약 성서에서 한나의 기도가 대표적이다(삼상 1:26). 이는 유대인들에게 익숙한 기도 자세였고, 신약에서도 이런 모습이 자주 나온다(마 6:5; 막 11:24; 눅 18:11 이하 등). 동방 교회에서는 서 있는 자세를 가장 기본적인 기도 자세로 여긴다. 최초의 교회 공의회로 알려진 니케아 공의회 문서에 따르면 "부활의 시기에 기독교인들은 무릎을 꿇지 않고 선 채로 기도해야 한다"고 규정했다. 부활은 그리스도가 승리하신 때이자 기쁨의 때이기에 주님의 승리를 찬양하며 기도하는 모습을 서 있는 자세로 표현했다.

무릎 꿇기

무릎 꿇기는 현대인의 정서에 맞지 않는다. 그리스도를 통해 자유인이 된 사람들에게도 썩 어울리는 자세처럼 보이지 않는다. 바닥에 앉는 것조차 다리 저려 싫은데, 무릎까지 꿇는 것이야 오죽하겠는가! 그러나 무릎 꿇기는 특정 문화권에서 시작된 것이 아니다. 역사를 돌이켜보면 실제로 그리스도인들과 로마인들도 무릎 꿇기를 거부했다. 무릎을 꿇는 것을 굴욕의 상징이자 노예의 상징으로 보았다. 플루타르코스(Plutarchos)와 테오프라스투스(Theophrastus) 같은 고대인들은 이런 행동을 미신적이라고 비난했고, 철학자 아리스토텔레스는 야만인들이나 하는 행동으로 규정하기도 했다. 아우구스티누스는 아리스토텔레스의 견해가 옳다고 보았지만, 동시에 그리스도의 낮아지심과 겸손이 우리를 무릎 꿇게 만드는 중요한 요소라 여겼다.

구약에서 무릎을 가리키는 히브리어는 베렉(*berek*)이고, 동사는 바락(*barak*)이다. 히브리인들에게 무릎은 힘을 뜻한다. 따라서 무릎을 굽힌다는 건 하나님 앞에 내 힘을 굽힌다는 뜻이다. 다시 말해, 이 자세는 우리가 가진 모든 것이 하나님에게서 비롯되었고, 이제 그 모든 것을 하나님께 맡긴다는 의미다. 솔로몬의 성전 봉헌 모습을 담은 역대하 6장 13절, 에스라의 기도 모습을 그린 에스라 9장 5절 같은 본문이 대표적이다. 신약에서는 스데반의 순교 현장을 묘사한 사도행전 7장 60절을 비롯하여 수많은 곳에서 무릎 꿇는 모습을 찾아볼 수 있다.

엄밀하게 구분하면 무릎 꿇는다는 용어는 신약에서 세 가지로 나뉜다. 가장 일반적인 단어는 프로스쿠네인(*proskynein*)인데, 요한복음 4장 23-24절에서 '예배'로 번역되었다. 정확한 직역은 '앞에서 구부린다, 무릎 꿇다'로 예배가 아니라 '경배' 또는 '기도'를 뜻한다. 신약에서만 자그마치 쉰아홉 번이나 나오는 이 단어는 기도 자세를 나타내는 가장 보편적인 용어다.

이와 비슷한 자세가 프로스트라티오(*prostratio*)다. 이는 땅에 엎드린 자세다. 칠십인역을 참조해 보면, 구약에서 여호수아가 여리고 정복을 앞두고 하나님을 만나는 장면에서 이 단어가 쓰인다.

모세가 떨기나무에서 하나님을 만나는 장면을 떠올리게 하는 이 장면에서 여호수아는 하나님의 권능 앞에 꿇어 엎드린다. 신약으로 넘어오면 마태복음 26장 39절과 마가복음 14장 35절에서도 찾을 수 있는데, 땅에 엎드린 예수의 기도 자세를 묘사하는 단어로 쓰인다. 수난을 앞둔 예수께서는 자신의 운명을 받아들이며 모든 생명을 하늘 아버지께 맡기며 기도한다.

이처럼 땅에 엎드려 기도하는 것은 자신의 운명을 그리스도 안에서 받아들이고 그분께 맡기는 몸짓이자 사투다. 개신교 전통에서는 이 기도 자세가 거의 사라졌지만, 천주교 전통에서는 아직도 이 기도를 적용하는 두 가지 선례가 남아 있다. 성금요일에 그리스도의 고난이 바로 우리의 고난이며 우리의 책임이라고 고백하며 뼈저리게 통회하고 모든 것을 하나님 손에 맡긴다는 표현을 이 전례 가운데 행한다. 또 다른 하나는 사제 서품 때다. 주교품 역시 엎드려 받는다. 순복, 순명의 표현이다. 물론 개신교에서 성금요일은 가톨릭 신학이 이해하는 방식과 다르다. 그날은 단순한 고난의 날, 침통한 날이 아니다. 성찬을 받기에 가장 좋은 날이라는 뜻이기도 하고, 하나님의 금요일(Good Friday)이라는 뜻이기도 하다. 게다가 목사로 세워지는 것은 가톨릭 서품과 신학적으로 의미가 다르므로 '프로스트라티오' 자세를 취하지 않는다. 그럼에도 땅에 엎드린 기도 자세는 우리에게 맡겨진 운명과 소명을 어떤 식으로 받아들이고 살아야 하는지를 잘 보여 준다.

세 번째는 먼발치에서 몸을 던지며 무릎을 꿇는 고니페타인(*gonypetein*)이다. 마가복음 1장 40절과 10장 17절, 마태복음 17장 14절과 27장 29절, 이렇게 네 곳에서 이 자세를 찾아볼 수 있다.

마가복음 1장 40절을 보면, 나병 환자가 예수께 와서 무릎을 꿇고 간청한다. "원하시면 저를 깨끗하게 하실 수 있나이다." 이 말을 하는 몸짓을 보면 치료에 대한 열망이 얼마나 큰지 가늠할 수 있다. 성찬 때 무릎 꿇고 수찬하는 극히 드문 경우를 제외하고 한국에서는 이 모습을 거의 볼 수 없다. 하지만 유럽 교회에서는 아직도 그 흔적을 찾아볼 수 있다. 유럽에서는 예배에 참여한 신자들이 이 자세를 취한다. 로마 가톨릭뿐만 아니라 개신교회에서도 마찬가지다. 자리에 앉기 전, 자기가 앉을 장의자 곁에서 한쪽 무릎을 꿇고 십자가를 향해 십자 표시를 그리고 착석한다. 이를 통해 신자는 예배에서 얻게 될 안식과 은총을 갈망하며 예배에 초대된다.

이 세 가지 무릎 꿇기에는 공통분모가 있다. 기도는 몸과 정신이 따로 구분되지 않는다는 점이다. 이와 관련한 유명한 전승이 있다. 예수의 친동생인 야고보는 초대교회에서 가장 중요한 지도자였는데, 그의 무릎이 낙타 무릎과 같았다는 이야기가 전해진다. 이유는 언제나 무릎 꿇고 기도하며 자기 백성에 대한 용서를 간구했기 때문이라고 한다. 사막 교부들에게 전해지는 잠언도 있다. 여기에는 악마가 검고 추하며 끔찍할 정도로 삐쩍 마른 모습으로 등장하는데, 특이한 점은 악마에게는 무릎이 없다는 점이다. 무릎을 꿇을 수 없다는 특성이야말로 악마의 본질이다. 기도하지 않는 것, 통회하며 회개하지 않는 것이야말로 악마의 특성이다. 반대로 그리스도의 겸손과 낮아지심, 하나님께 자신의 운명을 맡기는 예수의 모습을 본받아 무릎 꿇고 기도하는 것이야말로 그리스도인의 특성이다. 물론, 중요한 건 기도하는 마음이다. 하지만 우리의 몸은 마음을 담아내는 그릇이다.

깍지 끼고 두 손 모으기

구체적인 기도의 자세를 하나 더 살펴보자. 손을 가지런히 모아 기도하거나 무릎을 꿇는 모습은 모든 종교에서 가장 기본적인 기도 자세인데, 교회 전통에는 그 외에도 몇 가지 의미 있는 기도 자세가 있다. 그중 하나가 깍지를 끼고 두 손을 모아 기도하는 자세다. 원래 유럽 봉건주의 시대 때 봉토를 받는 사람이 영지를 하사받으면서 자신의 두 손을 모아 영주의 손에 얹던 데서 비롯되었다. 이것이 상징하는 바는 "제 손을 당신 손안에 두었으니 당신 손으로 감싸 주옵소서"라는 뜻이다. 이것은 땅을 준 영주에 대한 신뢰의 표현인 동시에 충성의 표시였다.

고대 교회에서도 사제로 서품받는 사람은 이렇게 손을 모았다. 이때 주교는 그의 손을 감싸며 기도한다. 손을 모은 사람은 주교와 교회에 대한 공경과 순명을 다짐하는 것이고, 손을 감싼 주교는 성직으로 세워지는 이를 그리스도께 맡긴다는 의미였다.

그리스도인이 깍지를 끼고 기도하는 것은 내 손을 살아 계신 그리스도의 손안에 두고 그분께 내 몸과 영혼을 맡긴다는 상징이다. 그리고 이렇게 양손을 그분 손안에 넣어 두는 것은 단순히 순종과 충성만 뜻하는 게 아니라, 내 손이 예수의 손이 되도록 소망하는 간구이기도 하다. 우리의 주인은 임시적인 땅의 왕이 아니라 영원히 온 우주를 다스리시는 왕 그리스도이시다. 기도할 때 우리가 두 손을 모으는 것은 이처럼 우리 손과 더불어 우리의 운명도 그분의 손에 맡기고 그분을 닮아 가길 소망한다는 뜻이다.

보툼

루터교회 목사가 설교할 때마다 하는 공식 도입구가 있다. 보통 고린도전서 1장 3절, "하나님 우리 아버지와 주 예수 그리스도로부터 은혜와 평강이 있기를 원하노라!" 또는 이를 살짝 변형한 인사말인데, 이를 '보툼'이라고 부른다. 라틴어 '*Votum*'은 맹세, 기원이라는 뜻이지만, '뽑아 든다'는 선택이나 선거의 뜻도 담겨 있다.[12] 루터교회에서는 보툼을 하나님의 은사와 복을 기원하는 짧은 기도와 인사에 사용한다.[13] 가장 빈번하게 사용되는 보툼은 마태복음 28장 19절에 나오는 삼위일체 기원문('아버지와 아들과 성령의 이름으로', '성부 성자 성령의 이름으로')인데, 예배 의식에서 선언하는 보툼의 주기능은 세례를 기억하게 하는 데 있다.

설교 때 거의 습관적으로 사용하는 구절은 '사도의 인사'로 알려진 고린도전서 1장 3절이다. 설교 끝에는 빌립보서 4장 7절 "모든 지각에 뛰어난 하나님의 평강이 그리스도 예수 안에서 너희 마음과 생각을 지키시리라"라는 구절을 사용한다. 외국 루터교회에서는 예배가 끝나고 파송의 시간에 '다윗의 보툼'으로 불리는 시편 121편 8절 "여호와께서 너의 출입을 지금부터 영원까지 지키시리로다"를 가장 많이 사용하지만, 로마서 15장 13절, 베드로전서 5장 10-11절, 데살로니가전서 5장 23절, 데살로니가후

---

12. "Votum", *Kirchliches Handlexikon*. Band 7. (Leipzig, 1902), 138.

13. *Evangelisches Gottesdienstbuch mit Ergänzungsband,* Hrsg. *EKU, VELKD* (Berlin: Verlagsgemeinschaft Evangelisches Gottesdienstbuch, 2002), 365.

서 2장 16-17절, 베드로전서 5장 10-11절, 히브리서 13장 20-21절도 사용한다.

그 외에 세례나 견신 또는 임직 때 머리에 손을 올려 안수 기도할 때도 성경 구절을 인용하는데, 이 역시 보툼의 한 종류다. 보툼은 세례를 기억하게 하는 주기능 외에도 그리스도 안에서 복을 빌고, 그 말씀대로 함께 살겠다는 고백과 신념을 담기도 한다. 요약하자면, 보툼은 회중을 향한 일방적인 선언이 아니라 예배 집례자와 설교자 역시 하나님 앞에 서 있다는 신앙 고백이다.

____ 옷과 달력에 관하여

클러지 셔츠

전혀 모르는 사람이 반갑게 인사를 건넨다. "신부님, 신부님 안녕하세요?" 내 주위에 아는 신부가 있나 보다 하고, 읽던 책을 계속 읽는데 옆에서 우리 교회 교인 한 명이 나 대신 답한다. "아, 신부님 아니고 목사님입니다." 그러자 방금 그렇게 반가운 목소리로 아는 체하던 중년 여성의 얼굴이 일그러진다. 그리고 하는 말. "왜 신부님도 아닌 사람이 신부님 옷을 입고 있어!" 기분 나쁜 모양이다. 입을 삐죽거리며 가던 길을 간다. 내가 입고 있던 옷이 검은 셔츠에 흰 칼라를 끼운 클러지 셔츠라서 일어난 일이다.

가톨릭에서는 '로만 칼라'라고 부르면서 가톨릭 신부들의 전유물로 생각하지만 실은 그렇지 않다. 독일에서 기원을 찾자면 루터파 목사들이 라밧(Rabbat)이라는 이름의 흰 스카프를 두르던

17세기 말까지 거슬러 올라가지만, 지금의 형태와 거의 일치하는 클러지 셔츠의 실제 유래는 19세기 말 스코틀랜드 장로교회에서 찾을 수 있다. 스코틀랜드 글래스고의 도널드 맥러드(Donald Mcleod) 목사가 셔츠에 착용하기 쉽게 흰 띠 형태의 옷깃으로 발전시켜 고안한 것이 오늘날의 클러지 칼라(clergy collar), 즉 로만 칼라(Roman collar)라고 부르는 옷이다.

가끔 이 옷을 로마 가톨릭이나 개신교회가 아니라 영국 성공회에서 입기 시작했다고 말하는 이들이 있는데, 사실 관계를 혼동한 것이다. 영국 성공회 신문인 〈글래스고 헤럴드〉 1894년 12월 6일 자 기사에서 이 내용이 처음 언급된 탓에 이런 혼동이 생겼다. 이 기사는 현대적 형태의 클러지 셔츠를 스코틀랜드 장로교 목사가 시작한 것으로 명시하고 있다. 그 이전 자료는 다른 곳에서 찾을 수 없다. 앞서 언급했다시피 17세기 독일 루터파 진영에서 일반 고위 공직자들처럼 목사들이 목에 흰 스카프 라밧을 두른 것을 유래로 보는 이들도 있지만, 현대적 형태라고 하기에는 조금 무리가 있다.

19세기 말 우리나라에 온 감리교 선교사 윌리엄 스크랜턴(William Scranton)도 모양은 조금 다르지만 클러지 칼라를 즐겨 입었는데, 선교 초기 사진을 보면 이를 알 수 있다. 클러지 칼라는 20세기 초만 해도 개신교 목사들의 평상복이었다. 이에 비해 가톨릭교회에서는 그 시작이 그리 오래되지 않았다. 가톨릭교회에서는 제2차 바티칸 공의회 이후인 1965년이 되어서야 사제들 옷으로 정식 수용했기 때문이다. 재미있는 점은 가톨릭 내부에서 이 옷이 꽤 논란거리였다는 점이다. 개신교 목사들의 옷이지만,

이미 1960년대 유럽 가톨릭의 젊은 신부들 사이에서 이 옷이 크게 유행했었고, 이런 유행을 거부하기 어려웠던 것 같다. 그 때문에 사제들의 정식 제의복으로 결정된 후에도 가톨릭 내부적으로 찬반 논란이 일었다. 가톨릭 신부가 개신교 목사를 따라 하는 게 자존심 상한다고 본 것이다. 그러고 보면 참 재미있다. 원래 개신교 목사의 옷이 가톨릭 사제의 옷이 되었는데, 개신교 신자들은 신부들 옷이라고 희한하게 생각하고, 가톨릭 신자들은 목사가 신부 옷을 입었다고 언짢아한다.

분명한 것은 옷은 그냥 옷일 뿐이다. 그러나 옷에도 역사가 있다. 혹여라도 장로교 목사가 이 옷을 입고 설교대에 나타나거든 '우리 목사님은 역사를 아시는 분'이라고 생각하길 바란다. 참고로, 나는 장로교 옷을 즐겨 입는 루터교회 목사다.

교회력

세계 어디를 가든 당연하게 0000년 00월 00일이라는 말을 하지만 1월 1일의 탄생부터 하루 계산법 등 당연한 건 하나도 없다. 만국 공통의 날짜 계산법도 그리 오래되지 않았다. 우리만 해도 아직 음력 생일을 쇠는 사람이 있다. 이는 음력 문화권에 양력이 들어온 흔적이다. 양력은 지구가 해의 둘레를 한 번 회전하는 데 걸리는 시간을 1년으로 계산하는 태양력이고, 음력은 달이 차고 기울어지는 현상을 기초로 만든 태음력이다. 음력은 달의 위상에 따라 날짜를 계산하지만 태양의 운행에도 맞춰야 하기에 규칙을 정하기 매우 복잡하다. 지금 우리가 사용하는 태양력은 1582년 교황 그레고리오 13세가 채택한 계산법이다. 그래서 그레고리력이라고 부르는데, 당시만 해도 유럽에는 율리우스 카이사르(Julius Caesar)의 통치 때 소개된 율리우스력이 있었다. 하지만 해마다 11분 14초의 오차가 나는 율리우스력에 비해 그레고리력은 연 26초의 오차밖에 나지 않아 정확도가 훨씬 높았다.

16세기 말 그레고리력이 소개되었다고 해서 전 세계가 동시에 이 달력을 사용한 건 아니다. 스페인, 포르투갈, 프랑스, 이탈리아 같은 가톨릭 지역에서는 곧바로 이 달력을 받아들였지만, 가톨릭에 적대적이던 독일 루터파와 개신교 지역에서는 로마 가톨릭교회의 결정을 따르느니 차라리 죽겠다는 식으로 버텼다. 독일은 1700년, 영국은 1752년, 스웨덴은 1753년까지 옛 율리우스력을 사용했다. 개신교 지역과 마찬가지로 그리스 정교회가 지배하는 국가에서도 그레고리력에 강한 저항을 보였다. 불가리아는 1916년, 루마니아는 1917년, 러시아는 볼셰비키 혁명이 있던 1918년, 그리스는 1923년까지 율리우스력을 사용했다. 일본은 1873년, 중국은 1912년에 세계의 흐름에 맞춰 그레고리력을 받아들였다.[14] 19세기와 20세기에 세계 달력이 서서히 통합된 것은 대부분 제국주의 흐름에 따른 국제화의 단면이라고 할 수 있다.

흥미로운 건 사용하는 달력이 다르다 보니 지역마다 신년도 다르고 교회 축일도 달랐다는 점이다. 이런 일은 18세기 신대륙을 찾아 나선 이들의 낯선 경험을 통해 확인된다. 한 예로, 1742년 미국으로 파견된 독일의 루터파 목사 헨리 뮬렌베르크(Henry

---

14. 다음 책을 참조하라. 알렉산더 데만트, 《시간의 탄생》, 이덕임 옮김 (북라이프, 2018).

Muhlenberg)는 3월 25일 하노버에서 부활절 예배를 지키고, 배를 타고 출발해서 경유지인 영국에 4월 17일에 도착했다. 그런데 독일은 1700년에 그레고리력으로 바꾸었지만, 영국은 아직 율리우스력을 사용하던 터라 영국식 날짜로는 그날이 부활절을 하루 앞둔 4월 6일이었다. 그래서 다음날 한 번 더 부활절 예배를 드리는 진풍경이 벌어졌다.[15]

그레고리력이 세계의 달력이 된 것은 맞지만, 그렇다고 옛 흔적이 전부 사라진 건 아니다. 우리도 음력이 아직 남아 있고, 미국 정부와 은행의 회계 연도가 7월 1일부터 시작되는 건 주요 요직을 장악한 유대인들의 유대력과 관련이 있다.

교회력도 이와 비슷하게 볼 수 있다. 교회력은 11월 30일에 가장 가까운 일요일을 신년으로 삼아 그날을 대림절이라고 부른다. 지금이야 일반력에 교회력이 종속되어 있지만, 교회의 영향이 강력하던 중세에는 오히려 그 반대였다. 일반 공휴일은 교회의 축일이나 절기였고, 이에 따라 상거래 행위나 공공기관의 업무, 재판, 심지어 전쟁도 그쳤다. 중세 시대에야 일반인이 시간의 흐름을 알 방법이 없었으므로 교회를 의지할 수밖에 없었다.

교회가 교회력을 처음부터 가진 건 아니다. 지금처럼 교회가 절기와 축일을 정돈하고, 거기에 성서 읽기표(성서정과)를 붙여 놓은 역사와 유래는 매우 불분명하다. 17세기에 장 볼랑(Jean Bolland)이 교회 축일과 절기, 순교자와 성자들의 전설을 모아 만

---

15. Henry Melchior Muhlenberg, *The Journals of Henry Melchior Muhlenberg*, Vol. I. (Philadelphia: Muhlenberg, 1942), 14-19.

든 《성자전Acta Sactorum》처럼 매일 묵상 자료나 순교자의 순교일을 기록해 놓은 명부 같은 것도 교회력에 흡수되었다. 기독교 초기에는 예배 형식도 없고 신조나 교회법, 건물 같은 것도 없었던 것과 마찬가지로 교회력의 틀도 없었다. 4세기, 콘스탄티누스 황제의 공인 이후 교회는 제대로 된 틀을 갖추기 시작했다. 하지만 교회력의 시작은 그 이전으로 거슬러 올라간다. 우선, 가장 먼저 고려해야 할 교회력의 기준은 '주님의 부활'이다. 주님의 부활은 기독교 신앙의 중심이고 모든 축일과 절기의 기준이다. 그렇기에 기독교 초기부터 이날은 신앙생활의 정점이었고, 교회력에서도 모든 절기의 기준점이 된다. 그럼 부활절은 언제 어떻게 정해졌을까?

콘스탄티누스 황제가 325년 니케아 공의회에서 부활절을 '춘분 후 만월 지난 첫 번째 일요일'로 정했다는 건 잘 알려진 사실이다. 그런데 이 이야기를 조금 더 들여다보면, "부활의 날이 언제인가"라는 문제로 교회 안에 논란이 있었음을 알 수 있다. 실제로 예루살렘 교회와 소아시아 지역을 중심으로 한 동방 교회와 로마 교회 사이에 날 선 공방의 역사가 있다.[16] 동방 교회는 유월절을 계산하는 유대인의 방식대로 부활절을 계산해서 히브리인들의 달력으로 닛산월 열넷째 날을 주님이 십자가에 달리신 날

---

16. 첫 번째 논쟁은 로마의 주교 아니체토와 스미르나의 감독 폴리카르포스 사이에서 벌어졌다. 다음 책을 참조하라. Josef Gelmi, "Verzeichnis sämtlicher Päpste von Petrus bis Johannes Paul II. und Von den Anfängen bis zur Konstantinischen Wende", in *Das Papsttum-Epochen und Gestalten,* Hrsg. Bruno Moser (München: Südwest-Verlag, 1986), 51ff., 384.

로 보고, 그로부터 삼일을 계산해서 부활절을 지켰다. 그러니 부활절은 주일이 아니라 주중 평일이 될 수도 있다. 이에 반해 로마 교회에서는 그렇게 열넷째 날을 고집하는 이들을 십사일파(*Quartodecimans*)라고 조롱하고 정죄하면서,[17] 부활절은 반드시 일요일에 지켜야 하고, 십자가에 달린 날은 금요일에 기념해야 한다고 주장했다.

이 분쟁은 콘스탄티누스 황제의 중재로 니케아 공의회에서 일단락되었다. 황제는 당시 천문학에 조예가 깊다고 알려진 알렉산드리아의 아타나시우스(Athanasius)에게 부활절 일자를 정하는 책임을 맡겼고, '부활절은 춘분 후 만월 지난 첫 번째 일요일'이라는 결정을 끌어냈다. 사실, 이 결정은 일종의 절충안이었다. 동방 교회가 주장하는 유대인의 유월절도 만족시키고, 로마 교회가 고집하는 일요일 부활절도 만족시키는 정치적 타협의 산물이다. 어쩌면 아타나시우스가 황제의 정치적 의도를 정확히 파악해서 이런 결정을 유도했는지도 모르겠다.

그러나 공의회에서 결정했다고 모든 문제가 해결된 건 아니었다. 춘분이 언제냐 하는 문제가 남았다. 지역 교회 감독마다 춘분을 제각각 계산하다 보니, 감독이 누구냐에 따라 부활절 날짜가 달라지기도 했고, 알렉산드리아와 소아시아 지역 교회가 니케아 공의회의 결정을 받아들이지 않는 바람에 혼란은 계속되었다. 이

---

17. Eusebius, *Historia ecclesiastica*, *NPNF2 1*, 242-242. https://www.documentacatholicaomnia.eu/03d/0265-0339,_Eusebius_Caesariensis,_Historia_ecclesiastica_%5BSchaff%5D,_EN.pdf

문제는 그로부터 150년이 지나도록 해결될 기미가 보이지 않았다. 그러다 525년에 로마의 주교 요하네스 1세가 디오니시우스 엑시구스(Dionysius Exiguus)에게 동·서방 교회가 함께 공유할 부활절 일자를 확정해 달라고 요청했다. 그리고 마침내 532년에 부활절 주기율표를 만들어 공표했다. 이로써 동·서방 교회의 부활절 논쟁은 끝이 나고, 그 덕에 디오니시우스 엑시구스는 교회력 계산법의 창시자로 이름을 남기게 되었다.

부활절 다음 등장한 교회의 축일은 오순절 사건으로 알려진 성령강림절이다.[18] 이날은 부활절부터 정확히 일곱 번째 맞는 주일이다. 사도행전에 기록된 성령 강림을 계기로 교회가 시작되었다. 제국의 종교가 되기 전에 초대교회가 지키던 유일한 축제의 절기가 바로 부활절과 성령강림절 사이 약 50일간이었다. 유대인들이 유월절부터 오순절까지 주간마다 기쁨의 축제로 지킨 것처럼, 초대교회도 이 기간에 금식은 물론이고 모든 예배에서 무릎 꿇고 기도하는 것을 금지했다. 하지만 성령강림절에 특별한 예배를 드린 건 아니다. 《젤라시오 성사집》과 《그레고리오 성사집》에 따르면 모두 다른 주일과 같은 형식의 예배를 드렸다.

대림절부터 성령강림절까지는 교회력 한 해의 절반에 해당하는데, 이 기간은 예수의 생애를 따라 움직이며 신앙을 돌아보는

---

18. 그다음 출현한 교회의 축일은 주현절(1월 6일)이다. 원래 그리스도의 탄생과 세례를 합해 그분의 성육을 기념하는 날이었다. 일반적으로 현현절이라고도 불리는 이날은 때로는 동방 박사 세 사람을 기억하는 삼왕의 날이라고도 부르면서 작은 성탄절로 기념된다.

유축제 기간이다. 이에 비해 성령강림일 다음 주일인 삼위일체주일부터 대림절 직전 주일까지 나머지 반절의 교회력은 각 지역교회와 신자 개개인의 신앙을 돌보며 양육하는 무축제 기간이다. 특별히 16세기 이후 개신교 지역에서는 삼위일체주일에 매우 중요한 의미를 둔다. 16세기 독일 루터파 교회와 11세기 영국에서 발전한《사룸 예식서Sarum Rite》에서는 무축제 기간 주일 명칭이 '삼위일체주일 후 몇째 주일', 이런 식으로 명명되고, 독일 루터교회에서는 아직도 이런 전통을 고수한다.

이에 비해 로마 가톨릭 전통에서는 '성령강림절 후 몇째 주일'이라는 표현을 즐겨 사용한다. 한국 루터교회에서는 후자를 따른다. 로마 가톨릭에서 주일을 세는 이 방법은 1570년 교황 비오 5세의 전례 개혁에서 공식적으로 채택되어 모든 로마 가톨릭교회가 함께 사용한다. 그래서 독일 루터파 교회와 영국 성공회 진영의 무축제 기간 주일 수는 로마 가톨릭교회보다 늘 하나가 적다.

가장 많이 사용하는 교회력 성서 봉독문은 3년을 주기로 움직인다. 20세기 초 북유럽 루터교회에서 시편/구약/사도 서간/복음서를 독서 본문으로 정했는데, 공관복음을 중심으로 첫해는 마태, 둘째 해는 마가, 셋째 해는 누가의 해로 부른다. 특별한 절기나 시기에는 공관복음 대신 요한복음이 복음서 본문으로 주어진다. 올해 2021년은 마가의 해이고, 내년은 누가의 해, 그다음은 마태의 해다. 그러니 그다음 해는 다시 마가의 해가 된다. 이런 식으로 돌고 돈다. 그럼, 앞으로 백 년 후인 2100년은 무슨 해일까? 그때까지 살아 있을 사람이 몇 명이나 될지 모르지만, 종교 개혁 600주년이 되는 2117년은 무슨 해일까?

계산법은 아주 간단하다. 모든 숫자를 더하고 3으로 나누어 1이 남으면 마태의 해, 2가 남으면 마가의 해, 나누어떨어지면 누가의 해다. 예를 들어 2+0+2+1=5이니 3으로 나누면 나머지가 2다. 그러니 올해는 마가의 해다. 2100년은 나머지 없이 나누어떨어지니 누가의 해, 2117년은 나머지가 2이므로 마가의 해다. 이런 식으로 하면 어느 해든지 계산할 수 있다. 참으로 놀랍지 않은가!

5

예배 구조와 순서 비교
시작 예식
말씀의 예배
성찬의 예배

예배 순서 해설

모든 공식 행사에는 일종의 예식이 갖춰지기 마련이다. 예배도 마찬가지다. 예배를 크게 세 단계로 구분한다면 시작 예식, 말씀의 예배, 성례전의 예배로 나눌 수 있다. 시작 예식은 입당, 죄의 고백과 용서, 자비송, 대영광송, 오늘의 기도[1]로 구성된다. 말씀의 예배는 성서 봉독, 신앙 고백, 찬송, 설교, 봉헌, 교회의 기도로 구성된다. 마지막 성례전의 예배는 성찬례와 파송 순서로 진행된다. 하지만 교회별 예배 구조는 약간씩 차이가 있다.

예배 구조와 순서 비교

로마 가톨릭 미사 전례

1. 시작 예식

   입당송 – 인사 – 참회 – 자비송 – 대영광송 – 본 기도

1. 'collecta'는 크게 세 가지 의미로 요약된다. 첫 번째는 시작 예식에 해당하는 모든 순서를 모아 마감한다는 뜻이고, 두 번째는 그날 예배의 전체 메시지를 집례자가 압축하여 기도드린다는 뜻이고, 세 번째는 역사적 유래에 따라 예배에 참여한 신자들의 기도를 모은다는 뜻이다.

2. 말씀 전례

제1 독서(구약)-화답송(시편)-제2 독서(서간)-부속가(오늘 미사의 노래)-복음 환호송(알렐루야)-복음-강론-신앙 고백-보편 지향 기도

3. 성찬 전례

예물 준비-제대와 예물 준비-예물 준비 기도-예물 기도-감사 기도(감사-거룩송-성령 청원: 축성 기원-성찬 제정과 축성문-신앙의 신비여-아남네시스-봉헌-성령 청원: 일치 기원-산 자와 죽은 자를 위한 전구-마침 영광송)-영성체 예식(주기도-평화의 인사-빵 나눔-하느님의 어린양-영성체 전 기도-영성체-영성체송-감사 침묵 기도-영성체 후 기도)

4. 마침 예식

강복-파견-파견 성가

성공회 감사 성찬례[2]

1. 개회 예식

입당(송)-정심(淨心)기도-죄의 고백-기원 송가(절기에 따라: 키리에, 거룩하신 하느님, 우리에게 오시어, 영광송)

2. 말씀의 전례

오늘의 본 기도-독서(구약, 서간)-[각 독서 후 성가나 시편을 할 수 있다]-복음 환호송-복음서-설교-신앙 고백(사도신경 또는 니케아 신경)-교회와 세상을 위한 기도

2. 대한성공회,《성공회 기도서》(2004).

3. 성찬의 전례

평화의 인사-봉헌 준비-성찬 기도(제정의 말씀 포함)-거룩하시다(상투스)-주의 기도-성체 나눔[3]-하느님의 어린양-영성체(회중 분찬)-영성체 후 기도

4. 파송 예식

축복 기도-파송

독일 루터교회 주일 공동 예배[4]

1. 시작과 기원

입당송-인사-찬송-준비 기도-시편-키리에-영광송-기도

2. 선포와 고백

구약 봉독-사도 서간 봉독-찬송-복음서 봉독-신앙 고백: 사도신조

3. 설교와 봉헌

찬송-설교 본문-설교-봉헌-찬송

4. 성만찬

성찬 준비 기도-거룩송(상투스)-성령 임재 간구-제정의 말씀과 기억-주기도-평화의 인사-하나님의 어린양-분찬-

---

3. 분병: 떡을 나눔. 이때 집례자와 봉사자가 먼저 성찬을 받는다.

4. *Evangelisches Gesangbuch. Für Gottesdienst Gebet Glaube Leben*, Ausgabe für die Evangelisch-Lutherischen Kirchen in Bayern und Thüringen Edition (1994).

감사 권면과 기도

5. 파송과 축복

교회 알림 - 중보 기도 - 파송 선언 - 아론의 축도 - 파송 찬송

미국 루터교 주일 공동 예배[5]

죄의 고백과 용서 - 입당송(또는 시편송) - 인사(집례자: 우리 주 예수 그리스도의 은혜와 하나님의 사랑과 성령의 교통이 여러분과 함께하길 바랍니다. 회중: 또한, 당신과도 함께하시길 바랍니다.) - 키리에 - 영광송 - 오늘의 기도[가락에 맞춰 "주님께서 당신과 함께"(집례자), "또한 당신과도 함께"(회중) 후 집례자 기도][6] - 제1 독서(구약) - 시편 - 제2 독서(사도 서간) - 성가대 또는 회중 찬송 - 복음서 - 찬송 - 설교 - [설교 후 묵상을 위한 침묵] - 찬송 - 신앙 고백[7] - 교회의 기도 - 평화의 인사(성만찬 시 주기도 후에 할 수 있다) - 봉헌송 - 봉헌 기도 - 대감사 기도[8] - 거룩송(상투스) - 은총 간구 기도[9] - 성찬 제정의 말씀 - 성령 임재 간구 -

---

5. *Lutheran Book of Worship* (LCA, ALC, ELCA, LCMS) (1978), 56-77. 로마 가톨릭, 성공회, 독일 루터교회 예식서와 달리, 시작 예식 - 말씀 전례 - 성찬 전례 - 마침 예식 등 예식 순서의 구분이 없다.
6. 《미국 루터교 예배서Lutheran Book of Worship》(이하 LBW)를 토대로 만든 한국 루터교회 예배 의식서에는 이 부분에 가락이 없다.
7. LBW는 교회 축일과 대림절, 성탄절, 사순절, 부활 절기 주일에는 니케아 콘스탄티노플 신조를 사용하고, 그 외 주일에는 사도신조를 사용하도록 권고하며, 예배 중 세례나 다른 임직식이나 안수식이 있을 때는 그 의식에서 할 수 있다.
8. The Great Thanksgiving: 전례 예배에서 성찬 도입부에 해당하는 대화와 성찬 감사 기도를 모두 합한 영어식 예배 용어로, 원어는 아나포라(*Anaphora*)다.
9. 일반적인 성령 임재 간구 기도와 달리 특이하다. 성찬 때 성부의 은총을 구하는 기도문의 유래가 분명치 않다.

분병[10]-하나님의 어린양-분찬[11]-선포("우리가 함께 나눈 우리 주 예수 그리스도의 살과 피가 그의 은총 가운데 여러분을 강건히 지키실 것입니다.")-감사 찬송(감사송 또는 시므온의 노래)-감사 기도-침묵-축도-파송

미국 미주리 루터교회 주일 예배[12]

1. 준비 예식

   찬송-죄의 고백과 용서

2. 말씀의 예배

   입례송(또는 시편송)-영광송-오늘의 기도[가락에 맞춰 "주님께서 당신과 함께"(집례자), "또한 당신과도 함께"(회중) 후 집례자 기도]-구약 봉독-시편(교송 또는 교독)-사도 서간-알렐루야-복음서 봉독-신앙 고백[13]-찬송-설교[14]-봉헌-교회의 기도

3. 성찬의 예배

   서언-거룩송(상투스)-성찬 기도-주기도-제정의 말씀-평

---

10. LBW에서는 이때 집례자와 봉사자가 먼저 성찬을 받는다. 회중은 〈하나님의 어린양〉 찬양 후 분찬받는다.

11. 회중의 분찬은 이때 진행된다.

12. Lutheran Church Missouri Synod(ed.), *Lutheran Worship* (St. Louise: CPH, 1982), 136-157.

13. 《미국 미주리 루터교회 예배 의식서Lutheran Worship》(이하 LW)에서 니케아 콘스탄티노플 신조는 성찬과 함께하는 교회 주요 축일 예배에 사용하고, 그 외에는 사도신조를 사용하도록 권고한다.

14. 설교가 끝나면 설교자는 보툼을 하도록 권고한다. "하나님의 평강이 그리스도 예수 안에서 너희 마음과 생각을 지키시리라."

화의 인사-하나님의 어린양-분병·분찬[15]-선포("우리가 함께 나눈 우리 주 예수 그리스도의 살과 피가 그의 은총 가운데 여러분을 강건히 지키실 것입니다.")-감사 찬송(시므온의 노래)-감사 기도-축도-침묵 기도[16]

기독교한국루터회 주일 공동 예배[17]

입당송-죄의 고백과 용서-기도송(키리에)-영광송-인사-오늘의 기도-성서 봉독(구약, 시편, 사도 서간)-찬송-복음서-신앙 고백-설교-봉헌-교회의 기도-성찬 서언-거룩송(상투스)-성찬 감사 기도-성령 임재 간구-제정의 말씀-주기도-평화의 인사-하나님의 어린양-분찬-선포-감사 찬송(시므온의 노래)-감사 권면-감사 기도-축도-파송

---

15. LW에서는 집례자와 봉사자가 먼저 성찬을 받고, 그 후에 회중이 성찬을 받도록 권고한다. LBW에는 집례자와 성찬 봉사자를 위한 분병이 회중 분찬 순서와 분리되어 있지만, LW에는 이 둘이 이어지는 순서로 구성되어 있다.
16. 다른 예배 의식서와 달리 파송 순서가 없다.
17. 기독교한국루터회, 《예배 의식문》(컨콜디아사, 1993). 한국 루터교회 예배 의식서는 1960년에 초판이 발행되었고, 1993년에 완전 개정판이 나왔다. 초판에는 주악-찬송-참회-영가-글로리아 파트리-키리에-글로리아 인 엑셀시스-인사-그래주알-찬송-설교-봉헌 영가-하나님께 드리는 헌금-일반 기도-찬송-서언(성만찬)-쌍투스-주기도-성찬 제정의 말씀-주의 평화-하나님의 어린 양-성찬 분배-시므온의 노래-감사-찬송-축도-묵도로 구성되었다. 특이한 점은 LW와 같이 파송 순서가 없고, LBW와 같이 큰 순서 구분이 없다. 1992년까지 1960년 판을 사용하다가 이듬해인 1933년 미국에서 서로 다른 루터 교단이 연합하여 만든 LBW를 바탕으로 완전히 개정하여 지금까지 사용하고 있다.

순서와 내용, 구조의 차이는 해당 교회의 신학을 드러낸다. 예를 들어, '봉헌'을 어느 순서에 둘 것인가에 따라 예배를 희생 제사(가톨릭)로 해석하는지, 아니면 감사의 축제(루터교회)로 보는지가 갈린다. 구조 면에서도, 다른 교회에서는 '참회'가 예배를 준비하는 시작 예식의 성격이 강하지만, 루터교회에서는 성례전에 준하는 무게로 이해한다. 그래서 '시작 예식'이라는 개념을 모든 교회가 함께 사용하더라도, 루터교회에서는 참회를 단순한 시작 예식이 아니라, 참회-말씀-성례라는 교의학적 틀의 한 기둥으로 이해한다. 구조만 교회의 신학을 설명하는 건 아니다. 순서를 비교해도 드러난다. 예를 들어, 천주교의 '전구 기도' 순서는 개신교 신학으로는 받아들일 수 없기에 예배 순서에 없다.

이렇듯 예배를 구성하는 각각의 순서와 구조에는 그 교회가 걸어온 역사와 문화, 그리고 신학이 담겨 있다. 이것을 파악하고 설명하는 게 예배학의 과제라고 할 수 있다. 이제 각 예배 순서의 유래와 내용을 알아보자.

시작 예식

입당

기독교가 로마의 제국 종교로 공인되기 전에는 소규모 예배 모임이었기 때문에 입당(*Introitus*) 같은 시작 예식이 필요치 않았다. 생각해 보자. 가족들이 모인 자리에서 안방 들어가며 찬송하고 절하며 격식을 차리는 건 아무래도 이상하다. 4세기 이전 예배는 비밀스럽고 제한적인 모임이어서 기껏해야 부잣집 큰 방에서 모이는 게 일반적이었을 테니 거창한 예식이 필요하지 않았다. 그저 자연스럽게 물 흐르듯 흘러가고 옛 기억을 나누고 먹고 마시며 노래하고 다독거리고 기도하는 게 전부였을 것이다.

물론, 기독교 초기 문서인《디다케》나《사도전승》에도 기본적인 뼈대는 있었지만, 기억 나눔과 식사를 통한 교제에 초점이 맞춰져 있었다. 그러다 4세기에 기독교가 로마의 제국 종교가 되자 상황이 급변했다. 일단, 예배 장소가 소규모 공간에서 로마 법원과 같은 거대한 관청 건물로 바뀌었다. 지금은 바실리카(*Basilica*)라는 단어가 대성당 또는 주교좌성당[18]을 지칭하지만 원래는 대리석으로 지은 로마의 관공서 건물을 지칭하는 용어였다. 국가교회가 되면서 교회가 이 건물을 사용했다. 숨어 살다가 웅장한 대리석 건물로 이사하니 어리둥절했을 것이다. 게다가 이전처럼 소박하게 예배 모임을 하자니 뭔가 옹색하기도 했을 것이다. 이

---

18. 바실리카 건물의 가장 큰 홀에는 집정관이 앉던 큰 나무 의자가 있었다. 집정관은 이곳에 앉아 각종 판결과 감독 업무를 진행했는데, 제국 종교가 된 교회는 교회의 대표인 주교(감독)의 직무를 집정관의 직무와 똑같이 이해하기 시작했다. 제국화 이전 교회에서 흐릿하던 권위 체계가 제국 종교가 된 후로 급속히 서열화되기 시작했다. 주교와 사제, 사제와 일반 신자의 구분은 로마 제국의 신분 서열처럼 더욱 뚜렷해졌다. 제국의 방식을 교회가 수용하면서 바실리카는 교회 건물이 되었고, 바실리카의 큰 홀에 있던 집정관의 의자는 주교좌(主教座)가 되어 최상위 권위를 상징했다. 이 의자가 있는 교회당을 '주교좌성당'이라고 부르기 시작했는데, 이 건물에는 주교좌가 있어서 주교가 상주하며 교구 전체를 관리·감독하는 (하늘과 땅을 열고 닫는) 중심 교회라는 뜻이다. 지금도 주교 제도가 있는 정교회, 로마가톨릭, 성공회에서는 주교좌성당 또는 대성당으로 불리며, 일반 교회와 확연히 구분된다.

전에는 집례자가 들어올 때 방문만 열고 들어오거나 기껏해야 몇 발짝 안 걸어도 되었지만, 이제는 걸어 들어오는 거리가 꽤 길어졌다.

5세기 말까지만 해도 찬송이나 화려한 음악 없이 침묵 중에 집례자와 예배 봉사자들이 개인적으로 기도하며 입당 행렬이 진행되었다.[19] 거룩한 예배를 드리기 위해 사람들이 바실리카에 운집했는데, 아무 말 없이 대리석 바닥을 또각또각 걸어 들어오는 게 영 개운치 않았을 것 같다. 신자 수는 급증했고 공간은 커졌다. 명색이 제국의 종교이니, 이제 이 어색한 시간을 채울 무언가가 필요했다. 그래서 집례자와 예배 봉사자들의 권위 체계에 따른 행렬이 생겼고, 제단 앞에서 절하고 입맞춤하고 기도하는 제대 인사, 교우 인사 등 화려하고 복잡한 예식이 하나둘 생겨났다. 4-7세기에는 매우 다양하고 복잡한 과정이 혼재하다가 각 지역 교회에서 고정된 형태로 자리 잡기 시작했다.

시대와 상황에 따라 다양한 순서와 예식이 나타났지만, 시작 예식의 개념이나 역할은 여전히 분명치 않았고 신학적 준칙도 없었기에 대부분 그때그때 나타났다 사라지기를 반복했다. 입당 행렬만 하더라도 4세기 이전에는 그런 예식 자체가 없었고 상상도 못 할 일이었다. 그러나 제국 종교가 된 이래로 사제들이 행렬을 만들어 교회당 안으로 들어가면서 일종의 고정 예식이 되었다. 물론, 제국 종교가 되자마자 입당 찬송이 생긴 건 아니다. 앞서 언

---

19. Hans Bernhard Meyer, *Eucharistie: Gottesdienst der Kirche*, Handbuch für Liturgiewissenschaft, Band 4 (Regensburg, Pustet, 1989), 74.

급한 대로, 5세기 말까지만 해도 입당은 찬송이나 기도 없이 침묵하며 행진하는 게 전부였다.

입당송

입당송이 생긴 유래가 재미있다. 5세기 이래 교황과 사제들이 행렬을 지어 로마 시내에 있던 일곱 교회를 순행할 때 사제들과 신자들이 교대하며 부른 속죄대송(*Antiphona*)과 자비송으로 불리는 키리에(*Kyrie*)에서 그 기원을 찾거나, 교황의 순행 때 멀찍이 떨어진 곳에서 훈련된 성가대가 찬송하던 모습에서 기원을 찾곤 한다. 이런 면에서 보자면, 입당 행렬은 여러모로 로마 황제의 의전과 닮았다. 예를 들어, 로마 황제가 공식 행사에 나타날 때나 사용하던 큰 향로가 7-8세기 들어 교회 예배에서 이동용 향로로 변형되었다. 여기에 향로를 든 부제들이 교회 대문 앞에서부터 주교를 영접하고 입당한다든지, 제대 앞 성가대가 주교가 입당하는 내내 찬송을 부르는 모습 역시 로마의 제식을 모방한 것이다.

분향 예식으로 입당 순서는 매우 화려해진다. 분향 예식은 이스라엘 백성이 가나안 땅에 정착했을 때 그곳 토착민에게 배웠을 거로 추정된다. 그것이 후에 구약 시대 성전에 별도의 분향 제단이 설치된 배경이다(출 30:1-10, 34-38 참조). 로마인에게도 분향은 황제나 개선장군을 향한 특별한 찬사와 존경의 표현이었다. 4세기 이전 교회 현장에서는 분향을 로마의 미신으로 여겨 멀리하다가 교회가 로마 제국과 한 몸이 된 후로 서서히 공예배에 분향 순서를 넣었다. 5세기 말, 동방 교회가 분향을 공예배에 전격적으로 도입하자, 얼마 후 서방 교회도 분향을 예배에 도입했다. 그러다가 16세기 종교 개혁이 일어나자 루터를 따르는 프로테스탄트 계열의 교회는 분향을 다시 예배에서 없애 버렸다.

다시 입당 절차로 돌아가자. 4세기 이후 교회가 로마 제국의 의식을 받아들였지만, 예식 절차와 그 의미를 그대로 차용한 것은 아니었다. 교회에 적용하면서 상황에 따라 절차나 의미는 다양해졌고 부가적인 내용도 화려하게 첨가되어 지금 우리가 '입당'이라고 부르는 예배 순서로 자리 잡았다. 로마 제국에서는 황제가 입장할 때 합창단과 악대의 열렬한 환호가 있었다면, 교회의 입당송은 시편 가사를 교송하는 형식이었다. 물론, 교회의 입당송이나 입당 과정은 지역이나 교회에 따라 다양했기에 완전한 획일화는 불가능했다.

16세기에도 이런 상황은 여전했다. 이에 로마 교회는 반종교개혁의 색깔을 선명하게 드러내기 위해 트리엔트 공의회 직후 비오 5세의 《로마 미사 경본》(1570)에서 시작 예식을 공식화했다. 그러나 여전히 각 순서의 신학적 의미나 연결점이 모호했다. 이에 대한 신학적 각성은 20세기 제2차 바티칸 공의회에 이르러서야 치밀하게 논의된다.

공예배의 첫 번째 찬송인 입당송(입례송)의 기능은 예나 지금이나 세 가지 정도로 요약된다. 교회의 절기를 찬송으로 알리는 기능, 말씀과 성찬에 임할 은총을 감사로 기대하게 하는 기능, 그리고 예배에 참여한 회중을 하나 되게 하는 기능이다. 입례송을 무조건 시편 가사에 제한할 필요는 없다. 그러나 최소한 첫 번째 찬송은 그날 예배 분위기를 담아낼 수 있어야 한다. 부활절 예배에 〈고요한 밤 거룩한 밤〉이나 〈불길 같은 성령〉을 택할 사람은 없겠지만 말이다. 한 가지 꼭 유념해야 할 점은 입례송은 첫 번째 회중 찬송이라서 예배에 참여한 회중이 은혜의 자리로 초대하신 하나님께 올려 드리는 찬송이어야 한다는 것이다. 가장 알맞은 찬송은 개인의 탄원이나 간구, 개인의 감사와 감정을 담은 찬송 대신, 공동체가 함께 삼위일체 하나님께 감사드리는 찬송, 또는 거룩송 등이다.

루터교회 입당

루터교회의 주일 예배 공식 명칭은 공동 예배(Gemeinde Gottesdienst)다. 명칭 자체가 종교 개혁자의 신학을 따른 것이다. 공동 예배에는 누구도 배제되지 않는다. 모두 한 가족 공동체로 그리스도의 말씀과 성찬의 식탁에 초대받는다. '공동 예배'라는 명칭을 조금이라도 고민해 본 사람이라면, 칭얼거리다가 우렁차게 울음을 터트리는 유아나 산만한 어린이라고 해서 유아실이나 어린이실로 격리할 수 없다. 생각해 보라. 교회가 공동체라는 것은 가족이라는 뜻이다. 명절 때 멀리 있던 가족이 한 식탁에 모이는데, 어린아이라고 해서 문밖으로 나가라고 한다면 그건 가족이 아니다. 예배가 거룩하다는 것은 목사의 설교 시간에 조용해야 한다는 뜻이 아니다. 오히려 거룩한 예배는 누구나 초대받아 말씀과 성찬으로 쉼을 얻고, 누구든 가족으로 보듬어 안는다는 뜻이다. 떠든다고 할아버지가 손주를 째려본다면 그건 친족이 아닌 게 확실하다.

루터교회 주일 공동 예배에 처음 오는 사람이라면, 열 명 중 아홉은 예배가 시작하는 순간부터 놀란다. 대부분 한국 교회에서는 사회자(목사)가 혼자 조용히 강단에 올라 기도하며 기다리거나, 강대상에 올라가 준비 찬송이나 기도(묵도)를 시작하는 게 보통이다. 이와 달리 한국의 루터교회 주일 공동 예배는 집례자가 예배 시작을 알리는 부름[20] 이후, 모든 예배 참석자가 자리에서 기립하고, 예배당 뒷문에서 촛불, 성가대, 예배 봉사자(기도자, 성서 봉독자), 예배를 집례하는 목사 순으로 행렬이 시작되어 성찬대와 설교대가 있는 예배당 앞쪽으로 들어온다. 이때 모든 성도가 함께 찬송한다. 다른 교파에서 온 사람이라면 첫 번째 순서부터 이질감을 느낄 수 있다.

루터교회의 주일 공동 예배는 신자들이 모두 모인 장소에서 집례자와 예배 봉사자들이 성찬대가 있는 단상(가톨릭에서는 '제대칸', 다른 교파에서는 '성단소'라고 칭한다)으로 행진하며 시작된다. 이것을 입당 행렬, 순행 또는 행진이라고 부른다. 입당 행렬은 하나님의 은총을 갈망하는 이들이 예배당 안으로 들어가는 행렬이다. 세상에 흩어져 살며 지친 이들이 주님의 말씀과 성찬을 받고 힘을 얻기 위해 그분 앞에 나가는 것이 공동 예배의 첫 번째 순서다. 보통, 교회에 오면 예배당 안에서 각자 조용히 기도하거나 그날 주보에 제시된 교회력 성경 본문을 미리 묵상하며 예배 시간을 기다리는 게 옳다고 생각할지 모르지만, 밖에서 함께 모여 입장하는 것도 예배 정신을 되새기는 좋은 방법이다. 현실적으로 그게 불가능하

---

20. 예를 들면 이런 식이다. "수고하고 짐 진 모든 자에게 쉼을 주기 위해 주님께서 이 자리로 초대하셨습니다. 이제 다 같이 일어나서 찬송가 000장을 찬송하며, 대림절 둘째 주일 예배를 시작하겠습니다."

다 보니 예배 봉사자들만 행진하고, 나머지 교인들은 기립한 채 상징적으로 행진에 참여한다. 이렇게 예배를 시작하는 이유는 주님의 부름에 온 교인이 하나 되어 응답하고, 거룩한 하나님 앞에 서는 것이 공동 예배의 기본 정신이기 때문이다.

중앙루터교회에서는 예배 시작 전 목회자를 비롯한 성가대와 모든 예배 봉사자가 교회당 문을 열고 문밖에 선다. 위치가 교회당 입구라서 집례하는 성찬대에서 가장 먼 자리다. 거기서 집례자가 교회력 절기에 따라 예배의 시작을 알리며 온 성도를 공동 예배에 초대한다.

예를 들어, "오늘은 성탄 후 첫째 주일입니다. 주님께서 우리를 말씀과 성찬의 자리로 초대하셨습니다. 이제 다 같이 일어나 찬송가 000장을 찬송하겠습니다"라고 집례자가 선언하면, 모두 자리에서 일어나 한목소리로 찬송을 부른다. 회중들은 앞이 아니라 예배당 뒤쪽, 촛불이 행진하는 쪽을 향해 선다. 입장 순서는 촛불 점화자, 성가대, 성서 봉독자, 기도자, 집례자 순이다. 특별한 절기나 예배 때는 십자가와 성경이 함께 들어갈 수 있는데, 그때는 성경, 촛불 점화자, 십자가 순이다. 이 순서는 창조 사건을 상기시킨다. "빛이 있으라" 하고 말씀하신 그분이 하나님이시고, 그 하나님의 아들이 이 땅에 오셔서 세상을 구원하셨다. 이런 구원사의 순서에 따라 세상을 창조한 말씀(성경)이 선두에 서고, 그 뒤에 빛을 상징하는 촛불 점화봉, 그 뒤에 십자가가 위치한다. 이 순서는 로마 교회와 다르다.

교단 연합 예배, 예를 들어 종교 개혁일 예배 때는 종교 개혁을 상징하는 깃발도 함께 들어간다. 이때는 촛불 점화자, 십자가, 깃

발이 순행한다. 깃발 순서는 정해진 바가 없지만, 말씀-은총-믿음 중 그날 설교와 관련하여 중요한 순서대로 입장한다. 교단에서 진행하는 예배 때는 여러 목사가 행진해야 한다. 가톨릭은 사제들이 안수 서열로 입장하면서 후미로 갈수록 오래된 선참급이 서는 것을 명예롭게 여긴다. 그러나 그런 서열 개념을 거부하고 시작한 것이 프로테스탄트 교회다. 따라서 목사들이 안수 서열을 따져 행진 순서를 정하는 건 서열과 계급화를 거부하는 종교 개혁 신학을 거스르는 것이다. 그런 방식의 순행은 그리 권장할 만하지 않다. 순행 질서를 위해서라면 서열화를 배제한 다른 방식을 고려해야 한다. 교단 연합 예배에서 목사들의 순행은 성가대와 예배 봉사자 사이에 서되 자유로운 방식이어야 하고, 집례자와 예배 봉사자가 가장 뒤에 서기만 하면 된다.

개교회 주일 공동 예배에서 입당 찬송을 부를 때, 회중은 일어나 촛불을 향해 선 채로 찬송한다. 동시에 촛불이 행진하는 동선에 따라 찬송하는 회중의 심장도 방향을 바꾼다. 촛불은 '의의 빛이신 그리스도 예수'를 상징한다. 입당 때 찬송하는 성도들이 촛불을 향해 방향을 바꾸는 것은 몸으로 표현하는 신앙 고백이다. 심장이 예로부터 '마음'을 상징한다는 점을 떠올리면, 촛불을 향해 신자의 몸이 움직이는 의미가 무엇인지 가늠할 수 있을 것이다. 우리의 삶은 어둡고 절망적이고 미래는 한 치 앞도 알 수 없는 칠흑 같다. 그런 어두운 세상을 밝히며 앞장서는 분이 그리스도시다. 그러니 신자들은 그분 뒤를 따라가는 것이 안전하다. 우리의 심장을 그리스도의 빛에 일치시키고, 그렇게 살겠다는 신념을 다지는 순간이 바로 입장 찬송의 순간이다.

촛불이 도착하면 성찬대 위에 놓인 초 두 개에 점화한다. 두 개의 초는 참 인간이요 참 신이신 그리스도를 뜻한다. 로마 가톨릭에서는 일곱 가지 성례를 뜻하는 일곱 개의 초를 점화하기도 한다. 이처럼 같은 입당 예식이라도 교회 전통과 신학에 따라 다양한 방식으로 해석하고 적용할 수 있는 것이 예전이다. 고정된 것은 없다. 그러나 교회와 교단마다 고유의 신학을 그 안에 녹여 내는 것은 매우 중요하다.

입당과 입례송은 기독교 역사에서 상황적 필요로 생긴 전통이지만, 예배 순서에 부여된 신학적 의미도 살펴볼 만하다. 앞서 언급했듯이 (한국에 있는) 루터교회는 입당 때 찬송을 부르며 가장 앞에 촛불 점화자가 선행하고, 성가대를 비롯한 모든 예배 봉사자가 뒤를 따른다. 이때 회중은 자리에서 일어선다. 여기에서 촛불은 우리의 빛이 되신 그리스도 예수를 상징한다. 그분이 어둠을 밝히며 우리 앞길을 인도하신다. 칠흑 같은 인생의 어둠 속에서 우리는 길을 잃고 갈팡질팡하지만, 그리스도가 우리의 길라잡이가 되는 한 염려할 필요 없다.

그렇게 촛불이 행진할 때, 모든 성도는 존경의 마음으로 기립하여 한목소리로 찬송한다. 중앙루터교회에서는 이때 모든 성도가 촛불 진행 방향을 따라 시선과 가슴이 함께 움직인다. 예배당 뒷문에서부터 행진이 시작되니 일어선 회중들은 모두 뒤를 향해 서 있다가 촛불 점화자가 촛불을 들고 앞으로 움직일 때 서 있는 회중들의 방향도 서서히 앞쪽을 향한다. 처음 보는 사람들은 왜 이런 일이 벌어지는지 의아할 수 있지만, 여기에는 상징적 의미가 담겨 있다. 루터교회 예배에서 여러 상징은 풍성한 종교적 상상력과 감성을 자극한다. 고대로부터 사람의 '심장'은 마음을 상징했는데, 촛불의 진행 방향을 따라 예배자의 눈과 심장의 방향을 돌려세우는 건 "나의 모든 몸과 마음이 빛 되신 그리스도를 따라가겠다"라는 신앙 고백을 상징한다. 이때 일어서 한목소리로 찬송하는 것은 이 신앙 고백이 한 개인의 고백이 아니라 교회 공동체 전체의 고백임을 뜻한다.

묵찬기찬설

이야기가 나온 김에 하나 더 해 보자. 전례 교회와 달리 비전례 성격이 지배적인 한국 개신교회 예배에서 가장 일반적인 예배 순서는 이른바 묵·찬·기·찬·설·헌·기·찬·축·찬, 즉 묵도-찬송-기도-찬송-설교-헌금-기도-찬송-축도-찬송이다. 이런 예배 순서가 생긴 것은 고작해야 백여 년 정도밖에 되지 않았다. 그 기원은 19세기 미국 선교 역사로 거슬러 올라간다. 청교도들이 신대륙으로 이주한 후 미국 동부 지역을 중심으로 살게 되었을 때, 처음에는 '청교도'라는 이름답게 순수한 신앙을 지향하며 정착했다. 하지만 시간이 흐르면서 먹고살아야 하는 삶의 무게 때문에 신앙의 순수성이 점차 퇴색하기 시작했다. 워낙 넓은 지역에 떨어져 살다 보니 제대로 된 교회나 예배 모임을 하기도 어려운 실정이었다. 교회나 예배 모임에 가려고 해도 거리상 너무 멀리 떨어진 경우가 많았다. 이때 교회 지도자들이 고안한 임시 방편이 천막 집회였는데, 이 집회를 통해 미국의 대부흥기가 도래했다. 이 집회의 최종 목적은 타락한 사람들의 '회심'이었다. 그래서 기존 교회에서 하던 예배 의식을 따르는 대신 마음을 열게 하는 열정적인 찬송과 회심을 위한 강력한 설교, 구원과 심판을 가르는 결단의 초청으로 예배 순서를 간소화했다.

찬송, 설교, 결단이라는 소위 '3단계 예배 순서'가 자리 잡는 순간이었다. 우리나라에 들어온 미국 선교사들이 바로 이 집회의 영향을 받은 인물들이다. 그러다 보니 미국을 넘어 한국 교회에까지 천막 집회의 영향이 미쳤다. 당시 예배 순서를 한국 교회의 것과 비교해 보면, 맨 마지막에 축도(강복)가 있다는 것 외에는 다른 게 거의 보이지 않을 만큼 닮았다. 심지어, 최근까지 유행했던 '경배와 찬양' 역시 이 집회의 구조와 별반 다르지 않다. 19세기에 한국에 왔던 초기 미국 선교사들은 복음만 가져온 게 아니다. 그들은 자기들이 경험했던 예배 형식을 들고 와 조선 땅에 전수했고, 여태껏 그 예배 형식을 하나님이 내려 주신 유일하고 절대적인 것으로 굳게 믿는 사람들도 적지 않다. 그러나 분명한 것은 기독교 예배에서 미국의 천막 집회 형식은 유일하지도, 절대적이지도 않다는 사실이다.

제단 인사

입당송과 함께 순행이 끝나면, 집례자는 단상(제대, 성찬대)을 향해 깊은 절로 예의를 표한다. 가톨릭에서는 제대 인사라고 부르는데, 가톨릭에서 이해하는 제대는 미사의 중심이며 희생제를 드리는 제상(祭床)이다. 그러나 제사의 의미를 거부하는 루터교회에서는 그냥 성찬대일 뿐이다. 그래서 입·퇴장 시 제단을 향해서 하는 인사는 그리스도께서 말씀과 성찬으로 임재하는 그곳을 향한 감사를 의미할 뿐이다. 이런 이유로 루터교회에서는 가톨릭 예절과 달리 목례나 기도 모습 정도면 충분하다. 지금은 집례자가 예배 시작과 퇴장 때 성찬대를 향해 절하거나 목례하는 정도지만, 이 순서의 기원은 집례자가 교회 문턱에 입을 맞추고 입장과 퇴장 때 제대에 입을 맞추던 4세기 교회로 거슬러 올라간다.[21] 지금은 입맞춤이 거의 절로 바뀌었다. 제대 입맞춤 말고도 제대 바닥이나 복음서에 입을 맞추거나 무릎 꿇고 십자가에 입을 맞추는 등의 예배 예절이 13세기 이후부터 중세 말까지 갑자기 크게 늘어났다.[22]

유럽에 흑사병이 덮친 14세기부터 교육받지 못한 사제들이 대거 늘어났는데, 이런 사람들이 교회 안에서 미사를 집례하다 보니 무릎 꿇고 제대에 입맞춤하는 행동을 경건하고 거룩한 표현으로 오해해서 툭하면 이 행동을 하곤 했다. 그러다가 교회 예배 때 제단 인사 횟수가 수도 없이 늘어났다. 제대로 된 사제 양성 교육이 사라지고, 이유도 모른 채 그저 열심히 하려다 보니 이런 일이 생겼다. 거룩하고 경건해 보이는 행동을 그저 열심히 하면 예배가 정말 경건해지는 줄 착각한 것이다. 좀 더 깊이 들여다보면, 중세기 초엽 이래 순교자의 유해를 제대 안이나 아래에 안치하는 관습이 퍼지면서 이런 인사법이 고정 예식이 되어 버렸다. 그리

---

21. Josef Andreas Jungmann, *Missarum Sollemnia. Eine genetische Erklärung der römischen Messe*. Band 1, 5. Auflage (Wien: Herder Verlag 1962), 406.

22. Hans Bernhard Meyer, *Eucharistie. Geschichte, Theologie, Pastoral, Gottesdienst der Kirche. Handbuch der Liturgiewissenschaft*, Teil 4 (Regensburg: Pustet, 1989), 217f.

고 11세기 이후 제대 바닥 유해에 입맞춤할 때 기도문이 도입된 이후로는 주님을 향한 예절이라기보다 죽은 자에게 인사하는 예식으로 인식되고 말았다. 어떤 면에서 보면, 그리스도를 향한 공경의 표현이 아니라 미신으로 오해받기 딱 좋은 장면이다.

결국, 로마 가톨릭교회에서는 전례 개혁이 일어난 1960년대 제2차 바티칸 공의회 이후로 제대 인사는 입장과 퇴장 때 단 두 번만 하도록 제한하고, 성인들의 유해가 묻힌 제대 바닥에 입을 맞추는 행위는 금지했다.[23]

환영 인사

집례자: 성부와 성자와 성령의 이름으로,

다같이: 아멘.

입당송과 함께 입장한 집례자는 찬송이 끝나면 곧바로 단 위에 오르지 않고 단 아래 평지에서 회중을 향해 돌아선다. 그리고는 회중을 향해 십자 표시와 함께 삼위일체 하나님의 이름으로 인사한다. 일어선 회중은 집례자의 십자 표시에 맞춰 자신의 몸에 십자 표시를 하고 "아멘"으로 화답한다. 예배의 시작이 삼위일체 하나님의 이름으로 시작하는 건 매우 중요하다. 예배가 인간의 공로를 하나님께 바치는 제사 행위가 아니라 죄인들, 지치고 약한

---

23. *Allgemeine Einführung in das Römische Messbuch* (AEM), Nr. 27, 85, 125.

이들을 위해 베푸시는 은총의 사건이기 때문이다. 삼위일체 하나님의 이름으로 예배가 시작함을 알린 다음 집례자는 이렇게 인사한다.

> 집례자: 주님께서 여러분과 함께하시길 바랍니다.
> 회중: 주님의 종과도 함께하시길 바랍니다.

이 인사는 말씀의 예배뿐 아니라 성찬례를 시작할 때도 다시 듣게 되는데, 3세기 초 자료인 《사도전승》에서 그 유래를 찾을 수 있다. 정교회와 로마 가톨릭, 루터교회와 성공회, 미국 장로교회와 미 연합 감리교회 등 주류 교회들이 이 인사로 예배를 시작하지만 다른 순서로 시작하는 예도 있다. 2세대 개혁가인 장 칼뱅은 1542년에 펴낸 《제네바 예배 의식서》에서 인사 대신 "우리의 도움은 주의 이름에 있습니다"라는 보툼으로 시작하고,[24] 한국 장로교회에서 익숙한 '예배의 부름'은 1644년 웨스트민스터 예배 모범에서 확인된다. 세계 교회가 일반적으로 사용하는 《사도전승》의 인사말 대신 한국 교회에서 '예배의 부름'이 대세가 된 건 초기 선교사들의 영향 때문일 것이다.[25]

---

24. 토마스 레쉬만 편, 《웨스트민스터 예배 모범》, 정장복 옮김 (예배와설교아카데미, 2002), 66.
25. 조기연, 《묻고 답하는 예배학 Cafe》(대한기독교서회, 2009), 66.

죄의 고백과 용서

루터교회 예배 의식문을 보면, 입장 후 집례자는 제단을 향해 인사하고 회중을 향해 돌아서 십자 표시와 함께 "성부와 성자와 성령의 이름으로"라고 말한다. 회중이 "아멘"으로 응답하면 집례자는 다시 성찬대를 향해 몸을 돌려 이렇게 기도한다.

> 집례자: 우리의 마음과 욕망과 은밀한 것까지도 아시는 전능의 하나님, 성령의 감동으로 우리의 마음을 깨끗하게 하옵소서. 하나님을 온전히 사랑하고 그 거룩하신 이름을 진심으로 찬양하게 하옵소서. 주 예수 그리스도의 이름으로 기도하옵나이다.
>
> 회중: 아멘

이 기도문의 유래는 10세기 라틴 기도 예식서까지 거슬러 올라가지만,[26] 문장이 거의 일치하는 것은 1474년에 만든 로마 전례서에 있다.[27] "마음의 욕망을 깨끗하게 한다"는 기원 문장 덕에 가톨릭과 성공회에서는 '정심(淨心) 기도'라고 부른다.

공동 참회의 유래를 따지면, 매우 다양한 견해를 만나게 된다. 성서적 근거와 1세기 말《디다케》를 제외하고 보더라도 10세기 이전까지 공예배에서 참회는 공동이 함께 고백하는 형식이었다. 그러나 십자군 전쟁 이후 서서히 예배에서 변형되기 시작했고,

---

26. *Sacramentarium Fuldense Saeculi* X, 203.

27. *Missale Romanum Midiolani* (1473), 451.

결국 정심 기도를 비롯하여 '죄의 고백과 용서'의 순서는 서방 중세 교회에서 미사와 전혀 상관없는 별개의 부분으로 떨어져 나갔다. 참회는 미사 전에 사제를 만나 따로 고해하거나, 미사를 준비하는 사제가 제단 밑에서 자신의 부족함을 하나님께 고백하는 개인 기도로 치부했다. 그래서 주일 장엄 미사 순서에 포함시키지 않았다.

그러면 10세기 이후 사라진 공동의 참회를 부활시킨 인물은 누구일까? 언뜻 종교 개혁자 루터라고 생각하기 쉽다. 루터는 공적 참회를 누누이 강조했고, 실제로 루터를 따르던 루터파 교회가 공예배에 이 순서를 넣어 사용했기 때문이다. 그러나 정작 16세기 당시 공예배에 이 순서를 도입한 최초의 인물은 스트라스부르의 개혁자 마르틴 부처(Martin Bucer)다. 간혹 공예배에 참회 의식을 가장 먼저 도입한 인물이 칼뱅이라고 설명하는 이들이 있는데, 사실이 아니다. 스트라스부르에서 자리 잡은 부처의 예배 개혁은 2세대 개혁가인 칼뱅에게 결정적인 영향을 미쳤다. 칼뱅의 《스트라스부르 예배 의식서》(1540)와 《제네바 예식 의식서》(1542)는 모두 부처의 예배 의식서에서 아주 작은 부분만 보완한 것이다. 어떤 이유인지 모르겠지만, 정작 한국에서 칼뱅의 정통 후예라고 자부하는 이들은 그의 예배 예식서를 거의 사용하지 않는다. 부처가 고안한 공예배 참회 순서는 18세기 독일 교회에 점차 퍼져 개신교 진영 예배에서는 당연한 순서로 자리 잡았다. 결국, 로마 가톨릭에서도 1960년대 제2차 바티칸 공의회 전례 개혁에서 이 순서를 장엄 미사의 정식 순서로 수용해서 전 세계 전례 교회가 보편적으로 받아들인 예배 순서가 되었다.

루터교회 예배 의식문으로 돌아가 보자. 집례자는 다시 회중을 향해 돌아선 다음, 요한일서 1장 8-9절 말씀을 선언한다(시 32:1-5 참조).

> 집례자: 우리가 죄 없다고 하면 이는 자신을 속이는 것이요, 진리가 우리 안에 있지 않기 때문입니다. 그러나 우리가 죄를 고백하면 신실하시고 의로우신 하나님은 우리의 죄를 용서하시고 모든 불의에서 깨끗하게 해 주십니다.

이 선언 후에 집례자는 다시 성찬대를 향해 돌아서고, 모든 예배 참여자와 함께 침묵에 들어간다. 이때 침묵은 인간의 모든 것이 정지되고 하나님의 은총을 바라는 시간이다. 그래서 침묵의 순간에는 어떠한 동작과 소리, 잔잔한 음악조차 허용되지 않는다. 침묵의 시간이 현대인에게 낯설고 참기 어려운 시간이라서 1-2초 정도 있는 듯 없는 듯 지나치곤 하는데, 그렇게 가볍게 잠깐 지나칠 순서가 아니다. 예배 정신을 살린다면, 최소 30초간 모든 것을 정지하고 주님이 우리를 위해 일하시는 은총을 바라며 침묵 가운데 기도하는 것이 좋다.

이때 집례자가 회중을 향해 서는 것은 말씀의 대리자임을 뜻하고, 성찬대를 향해 서는 것은 집례자 역시 회중과 같은 죄인임을 뜻한다. 그래서 선언의 순간에는 그리스도를 대신하여 회중을 향해 서고, 기도의 시간에는 회중과 함께 죄인의 모습으로 성찬대를 향한다.

침묵 속에 있던 예배 공동체는 집례자의 선창에 이어 한목소리로 죄의 고백을 시작한다.

다 함께: 우리는 죄에서 벗어날 수 없음을 고백하나이다. 우리는 생각과 말과 행위로 죄를 지었으며 원하는 선은 행치 아니하고 원하지 않는 악을 행하였나이다. 우리는 마음을 다하여 주를 사랑하지 않았으며, 내 이웃을 내 몸과 같이 사랑하지도 않았나이다. 하나님의 아들 주 예수 그리스도를 보시고 우리를 불쌍히 여기소서. 우리를 용서하시고 새롭게 하옵소서. 주님 뜻 안에서 기뻐하며 주의 길을 걸으며 하나님의 거룩하신 이름을 영화롭게 하옵소서.

공동 고백 본문은 루터의 《소교리문답》에서 옮겼다. 1529년 초판에는 없지만, 1531년 비텐베르크 증보판에 수록된 내용이다.[28]

공동 고백 후 집례자는 죄 용서를 선포하는데, 루터교회 예배 의식서는 두 개의 본문을 제공한다. 첫 번째 본문은 요한일서 1장 8-9절을 기초로 만든 용서 선언인데, 본문에 "소명받고 안수받은 말씀의 종인 나는…"이라는 구절 탓에 목사만 사용한다. 두 번째 본문은 종교 개혁 정신에 따라 안수받지 않은 평신도도 할 수 있는 보편 사죄 본문이다. 두 본문 중 집례자가 임의대로 선택할 수 있다.

---

28. 마르틴 루터, 《마르틴 루터 소교리문답 해설》, 최주훈 편역, (복있는사람, 2018), 65.

참회의 신학

한국 루터교회의 예배 구조는 크게 세 부분으로 나뉜다. 시작 예식(죄의 고백과 용서)-말씀의 예배-성찬의 예배. 신학적으로 이 구분은 1520년 루터의 3대 논문 중 하나인 〈교회의 바벨론 포로〉까지 소급될 수 있다. 물론, 거기서 루터가 예배 순서를 규정한 건 아니다. 〈교회의 바벨론 포로〉에서 루터는 가톨릭의 일곱 가지 성례전을 신학적으로 면밀하게 해부하면서, 아우구스티누스의 성례전 구분법(제정의 명령+물질)에 따라 세례와 성만찬, 두 가지만 성례전으로 받아들인다. 단, 참회(죄의 고백과 용서)는 물질적 요소가 없지만, 그리스도의 분명한 명령이며 구원의 약속이기 때문에 '성례전적' 실천 목록으로 권장한다.

이런 이유로 루터교회에서 심장처럼 여기는 《아우크스부르크 신앙 고백서Confessio Augustana》에는 교회에 관한 항목(7-8조) 다음에 세례(9조)와 성만찬(10조)이 나오고, 뒤이어 죄의 고백(11조)과 회개(12조)가 나온다. 그리고 앞선 항목을 마무리하는 13조가 '성례전 사용에 관하여'다. 즉, 루터교회에서 성례전은 세례와 성만찬이지만, 이와 더불어 '죄의 고백과 용서'도 성례전적 의미를 지니고 있다고 볼 수 있다.

7조에는 루터교회 교회론이 이렇게 명시되어 있다. "유일하고 거룩한 교회는 영원히 계속될 것입니다. 교회란, 복음을 순수하게 가르치며, 성례전을 바르게 집행하는 거룩한 회중의 모임입니다." 여기에서 복음을 '순수하게' 가르친다는 것을 포괄적으로 이해하면 신학의 기능으로 이해할 수 있고, 예배와 연결하면 말씀 선포가 중심이 되는 말씀의 전례가 된다. 그리고 이어지는 "성례전을 '바르게' 집행한다"는 의미를 단순하게 이해하면, 세례와 성찬 집례로 이해되지만, 실제로는 제의적 차원을 넘어서는 뜻이 담겨 있다. 바른 세례와 바른 성찬을 어떻게 구현할 것인가의 문제는 삶 전체의 문제로 확장된다. 그리고 이어지는 '거룩한 회중의 모임'이라는 구절은 루터가 《대교리문답》 사도신조 3항 '성화'에서 강조했던 의미대로, 분명한 죄의 고백과 온전한 용서가 존재하는 성도의 사귐이라는 데 방점이 찍혀 있다. 즉, 말씀과 성찬과 참회는 루터의 교회론에서 가장 중요한 세 기둥으로 루터교회 예배의 전형적인 뼈대를 이룬다.

이와 같이 세 단계 예배 틀의 역사와 유래를 어느 정도 추정할 수는 있으나 명확한 것은 아니다. 특히, 참회가 공예배 순서에 언제 어떤 방식으로 자리 잡았는지 학자마다 다르게 설명한다. 형제와 화해한 다음 예물을 바치라는 성경 구절(마 5:23-24)은 분명히 존재하지만, 예배에 정결한 마음으로 임해야 한다는 것을 일종의 종교적 정결례 정도로 보는 종교학자도 있고, 1세기 말 문헌인 《디다케》를 언급하며 그리스도교 예배에 참회 순서가 초기부터 있었다고 주장하는 이도 있다. 요세프 융만(Josef Jimgmann)에 따르면, 공예배에서 참회의 순서와 형식은 지역에 따라 조금씩 차이가 났지만, 대략 십자군 전쟁 이전(10세기)까지는 일반적으로 입당 직후 봉헌 전, 즉 성만찬 직전에 모든 이가 공동 고백하는 형식을 취했다. 그러나 그 후로 예배에서 공동 참회는 사제와 예배 봉사자 또는 사제와 부제만의 참회로 제한되었고, 모든 참회는 개인 참회인 고해 성사로 변했다.

이런 경향은 트리엔트 공의회가 끝나고 1570년에 만들어져

1962년까지 로마 가톨릭에서 공식적으로 사용한 《로마 전례서 Missa lecta》에 그대로 반영되었는데, 입당 행렬 후 오직 사제와 봉사자만이 제대 앞 계단 밑에서 시편, 사제들의 공동 고백과 사죄로 구성된 참회 의식을 거행했다.[29] 그러나 이런 참회는 공동체 전체의 참회 의식과는 거리가 멀고, 예배 전체에서 참회가 차지하는 무게감도 떨어뜨린다. 가톨릭 전례 개혁이 일어난 제2차 바티칸 공의회가 끝나자, 교황청은 미사 전례서를 대폭 수정했다. 이때 1970년 이후부터 지금까지 사용하는 '공동체 참회'가 순서에 포함되었다. 주일 미사에서는 이 순서 대신 '성수 예식'이 들어가기도 한다.[30] 개신교회 예배에서 성수 의식은 거의 사라졌지만, 일부 루터교회(북유럽권)에서 부활절 예배 때 세례를 기억하기 위해 시행하기도 한다.[31]

약 500년간 없던 공적 참회 순서가 갑자기 가톨릭 미사에 들어온 이유는 무엇일까? 조심스럽지만, 제2차 바티칸 공의회의 성격에서 그 이유를 찾을 수 있을 것 같다. 20세기 전반까지 로마 가톨릭의 교세는 급속히 쇠락했고, 신학적으로 매우 폐쇄적인 상태였다. 이를 타개하기 위해 모인 회의가 제2차 바티칸 공의회라서 교회 존립의 향방을 논할 수밖에 없었다. 그래서 채택한 정책이

---

29. 다음 책에서 재인용했다. 이홍기, 《미사전례》, 109; Josef Andreas Jungmann, *MS* I, 386-402.

30. *Roman Missal Ordo ad faciendam et aspergendam aquam benedictam* (1970), 1.

31. 다음을 참고하라. Gordon Lathrop, *What Is Changing in Baptismal Practice?* (Minneapolis: Augsburg Fortress, 1995).

일명 '포괄주의' 노선이다. 카를 라너(Karl Rahner) 같은 학자가 주목을 받은 이유가 이런 존립의 위기에 일종의 해결책을 제시했기 때문이다. 포괄주의는 입바른 소리로 끝나지 않고 가톨릭 전체의 구조 개혁에 이바지하는데, 타종교에 대한 포괄주의를 넘어 교파가 다른 그리스도교 형제들도 포괄한다. 1970년 전후부터 가톨릭과 개신교 신학자들의 교류가 활발했던 이유가 여기에 있다. 공의회가 끝난 이후 유럽에서 교류의 물살은 급속도로 빨라져서 진보적인 가톨릭 신학자들이 개신교 신학을 배우기 위해 독일 대학에 들어오는 사례도 빈번해졌다. 특별히, 개신교 내에서 가장 입지가 확실하던 루터교회를 향한 유화적인 태도는 16세기 종교개혁사를 기억한다면 거의 혁명적인 일로 취급된다. 그러나 16세기 아픔을 스스로 껴안지 않고서는 교회 개혁이 불가능하다는 점을 깊이 새기고, 가톨릭은 개신교회의 장점들을 흡수하기 시작했다. 그 흔적이 가톨릭 전례 개혁의 산물인 미사 의식서에서 발견된다. 앞서 언급한 대로, 이전 5백 년간 없었던 공동체 참회가 미사 순서에 들어왔다. 이 결정에는 두 가지 순기능이 있었다. 첫째는 10세기 이전 지속되던 공동체 참회를 회복시켜 개혁의 의미를 강화한 것이고, 둘째는 역사적·신학적으로 갈등 관계에 있는 개신교 신학을 받아들여 포괄 정책을 강화한 것이다. 물론, 이는 필자 개인의 생각이다.

다시 본론으로 돌아가자. 루터가 저술한 예배 관련 문서에서는 공예배 참회 의식을 발견할 수 없지만, 루터파에게 '죄의 고백과 용서'는 제3의 성례전이라고 말할 정도로 강조되는 항목이다. 독일 바이에른 루터교회 예배 의식에는 입례송 직전에 매우 간단한 구절의 공동 참회가 있고,[32] 미국 미주리 루터교회 예배 의식서에는 이보다 약간 긴 참회 의식문이 준비 예식에 포함된다.[33] 특이한 것은 루터교회의 역사가 짧고 미미함에도 불구하고 한국 루터교회 예배 의식문에 담긴 참회는 독일이나 미국보다 신학적 의미를 훨씬 잘 담아내고 있다는 점이다. 한국 루터교회에서 참회는 '준비 예식'이 아니라 교회론을 예배에 담아 놓은 굵은 신학 줄거리로 이해된다. 이런 점은 1960년 지원용 박사가 미국 미주리 루터교회 예배서를 바탕으로 편역했을 때부터 두드러졌다. 그리고 1978년에 개정판을 펴낼 때는 '죄의 고백과 용서'를 굵은 글씨로 써서 단락을 구분하면서 한층 더 강조했다. 예배 의식서의 역사만 놓고 보면, 초기부터 한국 루터교회 예배의 참회 순서는 다른 나라에 비해 훨씬 무게감이 느껴진다. 예식의 구성과 길이도 그렇지만, 집례자와 회중이 주고받는 참회의 대화는 성경 구절(시 32:1-5; 요엘 1:8-9)을 반영하고 있으며, 공동 고백에서는 루터의 《소교리문답》에 나오는 '공동 고백'[34]을 충분히 반영하고 있다. 필자의 좁은 소견으로는 현재 한국 루터교회 예배 의식서의 구성은 (몇 군데 수정하면 좋겠지만) 신학적으로 대단히 훌륭하다고 판단된다.

이렇게 훌륭한 예배 의식서임에도 불구하고 '참회'는 내가 몸담은 기독교한국루터회에서 의심 어린 오해를 가장 많이 받아 온

---

32. *Evangelisches Gesangbuch*, 1146.

33. *Lutheran Worship* (1982), 136.

34. '루터교 예배 의식문, 주일 예배(성찬과 함께), 죄의 고백과 용서' 항목과 비교해 보라. 마르틴 루터, 《마르틴 루터 소교리문답 해설》, 65.

신학 개념이다. 가장 큰 이유는 참회를 가톨릭의 '고해 성사'와 같은 맥락에서 이해해서 개신교 진영에 매우 낯선 것으로 치부하기 때문이다. 그러나 루터에게 참회는 그리스도의 명령이며 약속으로서, 믿음 안에서 서로의 죄를 고백하고 그리스도의 명령에 따라 용서해야 하는 성례전적 무게를 지닌다. 《소교리문답》에 '천국 열쇠의 직무'에 관한 자세한 설명과 예제까지 만들어 놓았을 정도다.[35] 특별히 참회에 관한 예시문은 1531년에 나온 《소교리문답》 증보판부터 수록되어 루터교회의 신앙 고백을 모아 확정한 《신앙 고백서Concordienbuch》(1580)에 실렸다. 그런데 어떤 이유인지 확실치 않지만, 1988년에 나온 한국어판 《루터교회 신앙 고백서》에는 참회에 관한 예문이 빠져 있다.[36] 참회를 오해하는 두 번째 이유는 엉뚱하게도 '오역'이다. 내 생각에 한국 루터교회 목사들조차 참회를 의심하는 가장 큰 이유가 바로 이 지점이다. 《아우크스부르크 신앙 고백서》(1530)를 1988년에 한국어로 옮기는 과

---

35. 다음 책을 참고하라. 마르틴 루터, 《마르틴 루터 소교리문답 해설》, 61-65; 마르틴 루터, 《프로테스탄트의 기도》, 최주훈 편역 (비아출판사, 2020), 180-186.

36. 1988년 한국어판 《루터교회 신앙 고백서》의 편역자인 지원용 박사는 서문에서 영어 Tappert판과 1952년 독일어판을 토대로 했다고 밝혔지만, 두 판본에 모두 실린 '참회의 예시'가 빠진 이유에 대해서는 언급하지 않았다. 다만, 지원용 박사가 번역해 1960년에 컨콜디아사에서 펴낸 《소교리문답 해설》의 원본이 미국 미주리루터교회(LCMS) 교단 출판사였던 Concordia Publishing House(이하 CPH)의 1943년 판이라는 점을 고려하면, 그 이유를 어느 정도 추정할 수 있다. 그 판본에 참회의 예시가 수록되지 않았기 때문이다. 1988년에 출간된 한국어판 《루터교 신앙고백서》에서 최소한 소교리문답서 부분은 1943년 판을 토대로 했을 가능성이 크다.

정에서 25조를 오역하고 말았다. "우리들의 교회에서는 죄의 고백이 폐기되었습니다."[37] 이는 "우리들의 교회에서는 죄의 고백(참회)이 여전히 유효합니다"라는 원문을 잘못 옮긴 명백한 오역이다.《아우크스부르크 신앙 고백서》의 신학적 무게가 워낙 무겁다 보니 번역에 질문을 던지고 이의를 제기하지 못했던 것일까? 지금이라도 오역과 신학적 오해를 바로잡고, 목회 현장에서 참회를 장려해야 할 것이다.

가톨릭은 '천국 열쇠의 직무'가 사제에게만 있다고 보지만, 루터는 세례받은 모든 자에게 맡겨진 직무로 이해했다. 따라서 평신도 간의 참회도 가능하다. 가톨릭에서는 최소 일 년에 한 번 이상 정기적인 고해를 할 의무가 있고, 이때 자신의 죄목을 낱낱이 나열해야 한다. 루터교회의 참회는 비정기적이며, 자발적이어야 하고, 일일이 나열할 필요가 없다. 또한, 가톨릭의 고해 성사는 연옥과 관련된 보속을 요구하지만, 루터교회의 참회는 보속을 언급하지 않는다. 종교 개혁의 상징인 '95개 논제'가 바른 참회의 회복이었다는 점을 기억한다면, 오늘의 루터교회에서도 참회의 중요성을 회복하는 일은 교회 개혁의 일환이다.[38]

종합해서 말하면, 그리스도인은(최소한 루터 교인은) 자발적인 참회를 해야 한다. 우선 자신이 죄를 범하거나 깨달았을 경우 목사를 찾아가 고백하고 용서를 받으면 된다. 그러나 목사를 찾아갈

---

37. 지원용 편역,《루터교회 신앙 고백서》(컨콜디아사, 1988), 40.
38. 루터의 95개 논제와 가톨릭의 고해 성사에 대한 설명은 다음 책을 참조하라. 마르틴 루터,《마르틴 루터 95개 논제》, 최주훈 편역 (감은사, 2019).

수 없거나 신뢰할 수 없는 경우에는 반드시 교회 공동체 안에 있는 지체 중 누구라도 고백할 수 있는 사람을 찾아가 고백하고, 고백받은 자는 그리스도의 명령에 따라 죄를 용서해야 한다. 참고로, 루터는《대교리문답》에 실린 '참회에 관한 짧은 권고'에서 복음의 자유를 핑계로 "참회하지 않아도 된다"고 말하는 자들을 가리켜 '돼지들'이라고 불렀다.[39] 루터가 "교회란 죄를 용서하는 곳이지 죄인을 만드는 곳이 아니다"[40]라고 언급했을 때 말한 용서는 하나님과 이웃 앞에서 공적 책임을 질 때 가능하다. 그런 참된 '죄의 고백과 용서'가 양심에 위로를 주고, 교회를 강건케 하는 기회가 된다.[41]

죄의 고백과 용서에 관한 일화

1698년 7월 25일, 베를린 공동묘지에 성난 군중이 몰려들었다. 베를린 니콜라이교회 목사였던 요한 카스파어 샤데(Johann Kaspar Schade)의 시신을 안치하는 날이었다. 군중은 방금 세운 비석을 무너뜨리고 묘의 덮개를 열어 시신을 훼손하며 욕지거리를 했다. 수많은 군중이 이성을 잃고 장례식을 아수라장으로 만든 이유는 간단했다. 니콜라이교회 목사였던 샤데가 개인의 사적 고해를 금지하고 '죄의 고백과 용서'라는 예배 순서로 대체했기 때문이다.

---

39. 마르틴 루터,《마르틴 루터 대교리 문답》, 최주훈 옮김 (복있는사람, 2017), 359.

40. 위의 책, 223.

41. 위의 책, 362-368.

루터파 신학자이며 설교자로 명망이 있던 샤데는 경건주의 운동의 대가로 꼽히는 필리프 야코프 슈페너(Philipp Jacob Spener)의 부름을 받아 베를린에 있는 니콜라이교회에 왔다. 워낙 목회를 잘해서 요즘 말로 신자들이 발 디딜 틈이 없을 정도였다. 문제는 토요일이었다. 토요일만 되면 신자들이 개인의 죄를 고해하기 위해 교회를 찾아왔는데, 토요일 아침부터 저녁 늦게까지 아무것도 못 할 지경이었다. 동료 목사가 두 명 더 있었지만, 결국 '한 사람당 5분'이라는 규칙까지 만들 정도로 개개인의 이야기를 경청하고 상담하고 사죄를 선언하는 고해의 시간은 날이 갈수록 문제가 되었다. 상황이 이렇다 보니 주일 예배를 준비해야 하는 목사로서는 그야말로 고해가 고행이었다.

루터교회에서는 세례와 성만찬만 성례전으로 인정하지만 참회도 성례전만큼 중요하다. 루터가 참회의 신학적 중요성을 강조하면서도 교회법으로 교인들을 강제하는 방식에 대해서는 매우 비판적이었다는 점은 잘 알려져 있다. 그럼에도 교회 현장에서는 루터 교인이라면 일 년에 한 번 이상은 목사 앞에서 자신의 죄를 고백하고 사죄 선언을 받도록 규정할 정도로 참회는 일상적이었다. 샤데는 자신이 배운 루터 신학에 입각해서 이런 규정이 개인 신앙의 자유를 침해하고 율법화되는 것에 반발하여 니콜라이교회에 있던 고해소를 없애고 고해석 의자를 치워 버렸다. 그리고는 공예배 순서에 공동으로 고백하는 '죄의 고백' 순서를 넣었다. 사실, 공동 고백은 고대 교회 예배에서 용례를 찾을 수 있는 것이라서 그리 문제 될 게 없어 보였다. 그런데 이게 당시 문제가 되어 이단 시비로 비화되었고, 샤데는 종교 재판에 회부되었다. 다행히 당시 베를린의 통치자였던 선제후 프리드리히 3세가 무죄를 선언하여 이단의 누명을 벗었다. 하지만 재판 후 극심한 열병에 걸려 3주 후에 사망하자 사탄의 아들이 하나님의 심판을 받은 것이라는 소문이 돌았고, 급기야 장례식장이 초토화되는 지경에 이르렀다.

어쩌면 흑역사라고 할 수 있는 사건인데, 당시는 영주가 종교의 수장권까지 행사하던 시대였기에 선제후의 판결 이후 곧장 개신교 예배 순서에 '죄의 고백과 용서'라는 순서가 공적으로 들어가게 되었다. 그리고 오늘날에는 전 세계 루터교회가 이 순서를 아무 거리낌 없이 진행하고 있다. 한 가지 더 덧붙이자면, 당시 판결을 이끌었던 선제후 프리드리히 3세는 루터파가 아니라 칼뱅파였다고 한다. 그러고 보면, 루터교회 예배 의식에 '죄의 고백과 용서'라는 순서가 들어온 것은 샤데에게서 시작했지만, 어떤 면에서 보자면 칼뱅파가 루터교회에 예배 의식 하나를 선물한 셈이다. 물론, 이 순서의 유래는 고대로 소급되겠지만, 앞서 설명한 대로 중세 이후에 복원한 인물은 마르틴 부처고, 부처의 예배 의식을 칼뱅이 가져와 그를 따르는 후예들이 이 의식을 따른 것뿐이다.

샤데의 사건 이후에도 개인의 사적 고해는 종결되지 않았다. 교회와 신학자들이 나서서 금지했지만, 일반 신자들이 이걸 너무 좋아해서 비밀리에 유지했기 때문이다. 사적 고해를 금지하고 공적 고해로 변경시킨 베를린에서는 1835년 7월 21일 다시 사적 고해가 부활했다. 이날은 베를린의 한 가족이 일종의 개척 교회를 시작한 날인데 성찬이 있는 첫 번째 주일 공동 예배가 오전 7시 30분이었다. 그런데 놀랍게도 매 주일 아침 4시부터 고해를 하려고 몰려든 행렬이 꼬리를 물고 아침 예배 직전까지 장사진을 쳤다. 공식적으로는 공동의 고백만을 인정했지만, 현장에서는 개인 고해가 여전히 인기가 있었다.

맥락 없는 이야기가 될지 모르지만, 예배 순서 하나를 두고 "이것이 정통이다, 저것이 정통이다" 하며 싸울 일 하나도 없다. 예배 의식은 사람이 살아가는 문화와 환경이 빚어낸 역사의 산물이다. 지나고 보면 별것 아니다. 중요한 건 그 안에 담긴 내용이다. 의식이 필요 없다는 말이 아니다. 칸트의 말대로, "개념 없는 내용은 공허하고, 내용 없는 개념은 맹신이다!" 그러니 지금 우리의 환경 속에서 의미를 가장 잘 압축할 수 있는 게 무엇인지 고민해야 한다. 예배 의식은 의미의 압축이기 때문이다.

자비송

그리스어: *Κύριε ἐλέησον, Χριστὲ ἐλέησον, Κύριε ἐλέησον.*
라틴어: *Kyrie eleison, Christe eleison, Kyrie eleison.*
영어: Lord have mercy, Christ have mercy, Lord have mercy.

한국천주교회

사제: 주님, 자비를 베푸소서.
회중: 주님, 자비를 베푸소서.
사제: 그리스도님, 자비를 베푸소서.
회중: 그리스도님, 자비를 베푸소서.
사제: 주님, 자비를 베푸소서.
회중: 주님, 자비를 베푸소서.

대한성공회

사제: 주여, 우리를 불쌍히 여기소서.

회중: 주여, 우리를 불쌍히 여기소서.

사제: 그리스도여, 우리를 불쌍히 여기소서.

회중: 그리스도여, 우리를 불쌍히 여기소서.

사제: 주여, 우리를 불쌍히 여기소서.

회중: 주여, 우리를 불쌍히 여기소서.

기독교한국루터회[42]

목사: 고요히 우리 함께 기도드리세.

회중: 주여, 우리를 불쌍히 여기소서.

목사: 하나님이 주시는 평화, 우리 구원 위하여, 우리 함께 기도드리세.

회중: 주여, 우리를 불쌍히 여기소서.

목사: 온 세상의 평화, 주님 교회의 번영, 모든 인류가 하나 되도록 우리 함께 기도드리세.

회중: 주여, 우리를 불쌍히 여기소서.

목사: 예배와 찬양을 드리는, 이 거룩한 모임을 위하여, 우리 함께 기도드리세.

회중: 주여, 우리를 불쌍히 여기소서.

목사: 은혜로우신 주여, 우리를 구원하소서

---

42. 기독교한국루터회 《예배 의식서》(1993)의 자비송은 서방 교회의 전형적인 '키리에'와 크게 차이가 난다. 또한, 한국에 루터교회를 선교한 미국 미주리루터교회의 《예배 의식서》(1982)와도 차이가 난다. *LW*, 137: "Lord have mercy, Christ have mercy, Lord have mercy." 이런 차이는 한국 루터교회 《예배 의식서》가 미국의 서로 다른 루터교회가 연합하여 만든 《미국 루터교 예배서》(1978)를 따르기 때문인데, 자비송 역시 이 예배서의 자비송을 그대로 번역했다(*LBW*, 57-58). 여기 나온 키리에는 서방 교회 전통의 키리에가 아니라, 동방 교회 예배 의식서 중 하나인 요한네스 크리소스토무스 전례에서 성찬례 시작부인 평화의 대연도 첫 부분을 그대로 옮겨 놓았다. 이 외에도 루터교회의 아침 기도와 저녁 기도 의식문 중 상당 부분이 정교회 예배 의식서를 차용하고 있다. 다음 자료와 비교해 보라. 그레고리우스, 《성 요한 크리소스토모스의 신성한 성찬 예배》, 박노양 옮김 (정교회출판사, 2018), 141-151.

회중: 아멘.

자비송이 빠진 전례 예배는 상상할 수 없다. 그러나 이 순서가 전례 예배에 언제 독자적인 형태로 들어왔는지는 정확하지 않다. 다만, 4세기 말《에게리아의 순례기》[43]를 보면, 예루살렘 교회의 저녁 기도회에서 예배 봉사자가 선창하고 회중이 응답하는 형식의 연도(Litanei)가 존재했던 것을 확인할 수 있다. 이걸 고려하면 최소 4세기 이전부터 예루살렘 지역 교회와 그리스어를 사용하는 동방 교회에서 널리 사용되었을 것으로 추정된다. 서방 교회 문헌에서 가장 먼저 발견되는 자료는 교황 젤라시오 1세가 만들었다고 전해지고, 일명, '로마 교회 집전서'로 불리는《젤라시오 성사집》이다. 공예배에 고정 순서로 결정된 최초의 기록은 조금 늦은 시기인 529년 프랑스 베종에서 열린 공의회 결정문이다.[44]《젤라시오 성사집》에서 확인되는 키리에는 오늘날 보편적인 전례 교회 예전과 마찬가지로 예배의 초입에 있다. 교황 그레고리오 1세는 세 번 반복되는 '*Kyrie eleison*' 중 두 번째 이어지는 '*Christe eleison*'을 첨가했는데, 원래 동방 교회에는 없던 구

43. 스페인 북서 지방 출신의 수녀 에게리아가 예루살렘을 포함한 지중해 동부 지역의 중요한 도시와 성지를 3년간 방문하며 동료들에게 소개하기 위해 기록한 여행기다. 예루살렘 교회의 세례와 예배를 직접 목격하고 쓴 기록이라서 4세기 예배를 가늠하는 중요한 자료로 꼽힌다. 다음 책을 참고하라. 에게리아,《에게리아의 순례기》, 안봉환 옮김 (분도출판사, 2019); 나인선, "에게리아 순례기에 기술된 예루살렘 세례 성례전",《장신논단》50. 2, 259-284.

44. Josef Andreas Jungmann, *Messe im Gottesvolk. Ein nachkonziliarer Durchblick durch Missarum Sollemnia* (Freiburg-Basel-Wien, Herder, 1970), 38.

절이다. 통상 전례 교회 예전에서 자비송은 삼위일체를 상징하기 위해 세 번 또는 아홉 번 반복하고, 교회 공동체의 상황에 따라 각 구절의 가사가 첨삭되기도 했다.

중세 교회에서 키리에는 사제와 성가대가 교창하는 것이 원칙이었는데, 음률과 리듬 역시 상황에 따라 다양하게 변용했다. 루터교회에서 자비송은 거기서 한발 더 나아간다. 루터는 예배에 관한 1523년 논문에서는 키리에를 아홉 번 하도록 권하고, 1526년 논문에서는 세 번 하도록 권한다. 루터의 입장이 이렇게 오락가락한 것처럼 보이는 데는 이유가 있다. 루터에게 중요한 것은 몇 번 부를 것인가가 아니라, 어떤 것이 지역 교회 공동체에 익숙한가였기 때문이다. 1523년 논문 〈미사와 성찬 예식서〉는 라틴어 예배에 익숙한 비텐베르크 교회 성도들을 위한 것이었고, 1526년 논문 〈독일어 미사와 예배 순서〉는 라틴어 문맹자인 일반 서민을 위한 예배 안내서였다. 상황이 이렇다 보니, 정통이 어떻다 하면서 뜻도 모르는 키리에를 아홉 번 노래하기보다, 간단하지만 그 의미를 살리는 실용적인 방식을 택했다고 볼 수 있다. 걸음마도 못 하는 아이에게 몸에 좋다는 이유로 마라톤을 시킬 수는 없다. 제아무리 고상한 것이라도 눈높이가 맞아야 한다는 게 루터의 지론이다.

"주여 우리를 불쌍히 여기소서"라는 노랫말만 읽으면, 무척 슬프게 들린다. 하늘을 향해 자비를 구하는 공동체의 탄원이기에 더욱 애절하게 들린다. 하지만 키리에의 유래를 연구하는 전례학자들은 키리에를 "불쌍하게 부르지 말라"고 조언한다.[45] 고대 로마나 그리스에서 황제나 개선장군을 맞이할 때 '키리에 엘레이손'을 외치며 연호하던 환호송에서 유래했다고 보기 때문이다.[46] 이런 연유로 자비송에 이어 축제 환호 송가인 대영광송이 따라붙는다.[47] 말하자면, 키리에와 영광송은 근본 성격이 같다고 할 수 있다. 다만, 번역된 가사 자체가 탄원에 가깝고, 예배 때 참회 순서 다음에 부르는 첫 찬송이다 보니 음악가는 키리에 선율을 주로 슬픈 단조 형식으로 만들고, 집례자나 회중 모두 참회 찬송을 부르듯 가슴 저리게 자비송을 부른다. 한국 교회뿐 아니라 서양권에서도 마찬가지인데, 이런 이유로 키리에를 번역하지 않고 원어 그대로 사용하기도 하고, 한국 천주교처럼 "주여 우리를 불쌍히 여기소서"였던 문장을 "주여 우리에게 자비를 베푸소서"로 개정하기도 한다.

좀 엉뚱한 이야기지만, 가사는 슬픈데 기쁘게 노래하는 게 가능할까 골똘히 생각해 보니 그것도 가능할 것 같다. 더 엉뚱한 발상이지만, 논산 훈련소에서 훈련병들이 〈실로암〉을 합창하는 동영상이나, 〈야곱의 축복〉을 헤어진 여자 친구 생각하며 눈물 짜며 슬프게 부르는 모습을 생각해 보면, 슬픈 키리에 가사를 기쁘게 부를 수도 있겠다 싶다. 리처드 페이지(Richard Page)와 링고 스타(Ringo Starr) 밴드가 키리에를 이런 식으로 부르는 걸 보면 꽤 그럴

---

45. 예를 들어 다음 책을 참조하라. 이홍기, 《미사전례》, 116.

46. Theodor Schnitzler, "Kyrielitanei am Anfang?", in *Gemeinde im Herrenmahl: zur Praxis der Messfeier,* Hrsg. Theodor Maas-Ewerd (Wien: Herder, 1976), 217-221.

47. 전례 교회에서 참회의 절기인 사순절과 대림절에 영광송을 금지하는 이유는 참회의 절기에 축제의 노래가 안 어울린다고 보기 때문이다.

싸하다.

이제 키리에 횟수를 따져 보자. 전형적인 서방 교회의 자비송은 집례자와 회중이 세 소절(*Kyrie eleison, Christe eleison, Kyrie eleison*)을 번갈아 찬송하는데, 두 번째 소절인 *Christe eleison*(그리스도여, 우리를 불쌍히 여기소서)은 서방 교회 전통에서만 볼 수 있는 특별한 구절이다. 동방 교회에서는 서방 교회보다 먼저 키리에를 예배 찬송으로 사용했지만, 그리스도를 향한 탄원은 없고, 모두 성부를 향한 탄원이다. 동방 교회 전례에서는 키리에 탄원 기도가 한 곳에 몰려 있지 않고 여러 순서로 산발적으로 나뉘어 있는 것도 서방 교회 전례와 다르다. 평일 성무일도에서는 열두 번 반복되는 키리에 영창으로 기도회를 열고, 마흔 번의 키리에로 마감하기도 한다. 주일 대예배에 해당하는 정교회 성찬 예배의 시작부인 '평화의 대연도'에서는 사제의 탄원 기도마다 성가대가 '키리에 엘레이손'으로 응창한다.

종종 세 구절로 된 자비송을 몇 번 부르는 게 맞냐고 묻는 사람이 있다. 그러면 보통 세 번, 아니면 아홉 번이라는 답을 듣는다. 왜 하필 세 번 아니면 아홉 번이냐고 물으면, '은혜롭게' '삼위일체 신앙' 때문이라는 답이 돌아온다. 실제로 9세기 트리어의 세 번째 대주교였던 메스의 아말라리우스(Amalarius)가 그렇게 설명했고 꽤 유력한 해설로 교회가 받아들였다.[48] 8세기가 되자 세 구절밖에 안 되던 자비송이 키리에 세 번, 크리스테 세 번, 다시 키리에 세 번, 이렇게 아홉 번으로 확정되었다. 그러자 또 다른 해석도 나왔다. "완전한 거룩함을 뜻하는 세 번을 다시 세 번 곱해서 아홉이 되었다", "하늘의 구품 천사를 뜻하는 것이다" 등등 말이 많았지만,[49] 모두 후대의 신학적 윤색에 불과하다. 키리에 찬송을 부르던 고대 서방 교회에서 횟수는 정해져 있지 않았다. 7세기 로마 전례서에 따르면, 주교가 그만하라고 할 때까지 키리에를 계속 반복했다.[50] 그로부터 한 세기가 지나서 비로소 키리에의 횟수가 정해져 아홉 번이 되었다가 지금은 그때와 달리 천주교든 성공회든 루터교회든 모두 세 번으로 줄였다.[51]

자비송이 축제 환호송에서 유래했다고 해서 억지로 밝고 기쁘게 부를 필요는 없다. 중요한 건 죄를 고백하고 용서받은 성도들이 한마음으로 주님의 자비와 능력을 신뢰하고 기대하는 데 있다. 눈먼 바디매오가 "다윗의 자손 예수여 나를 불쌍히 여기소서"(막 10:47-48) 하고 간절히 외치던 것과 같아서, 예배 때 찬송하는 키리에는 주님을 믿고 고백하는 사람들의 간절한 고백이자 그분을 드디어 만났다는 기쁨의 환호다.

인사

집례자: 주님께서 여러분과 함께하시길 바랍니다.

회중: 주님의 종과도 함께하시길 바랍니다.

---

48. Josef Adreas Jungmann, *Missarum Sollemnia I* (Wien: Herder, 1958), 439.
49. 다음 책에서 재인용했다. 이홍기, 《미사전례》, 116.
50. Michel Andrieu, *Ordines Romani* II, 84; Josef Andreas Jungmann, *Messe im Gottesvolk: Ein Nachkonziliarer Durchblick Durch Missarum Sollemnia* (Herder, 1970), 41.
51. 단, 루터교회는 한국과 같은 예외도 있다.

사람이 만나면 제일 먼저 건네는 게 인사다. 예배에서 집례자와 회중이 만나 인사하는 건 자연스럽다. 하지만 일상적인 안부 인사와 달리, 여기에는 종교적 의미가 담겨 있다. 예배 때 하는 인사에는 하나님께 복을 비는 기원(祈願)이 담겨 있는데, 바울의 서신 앞머리 인사말이 예배 시작 인사의 대표적인 모델이다.

예배 시작 인사가 기록된 가장 오래된 문헌은 히폴리투스의 《사도전승》이고,[52] 아우구스티누스의 《하나님의 도성》에도 이 인사가 나온다.[53] 원래 이 인사는 성찬 감사 기도문 서언에 나오는 감독과 회중의 첫 대화문이었지만, 4-5세기에는 시작 예식에서 사용되었다. 이때 인사의 위치는 모음 기도 바로 앞이었다. 인사는 예배에 나온 회중들을 주님의 이름으로 환영하는 자연스러운 예절이므로 일상에서 예배에 나온 이들의 기도 제목을 모아 드리는 오늘의 기도(모음 기도/본 기도)가 인사 뒤에 따라오는 것이 흐름상 자연스럽다. 그런데 중세를 거치면서 시작 인사는 점차 그 기능을 상실하고 '오늘의 기도'를 준비하자는 권고 정도로 인식되었다. 그도 그럴 것이 4세기 이후 예배는 점점 복잡해지면서 없던 예식이 하나씩 붙어 가는데, 입당송 다음에 자비송과 영광송이 따라붙고, 거기에 단에 올라가면서 부르는 층계송과 층하경까지 붙다 보니 원래 있던 '인사'는 무용지물이 되어 버렸다.

이런 문제를 인식한 천주교회에서는 20세기 전례 개혁을 통해 인사 순서를 그 기능에 맞게 입당송 직후로 바꾸었지만, 성공

52. 히뽈리뚜스, 《사도전승》, 이형우 역주 (분도출판사, 1992), 83.

53. Augustinus, *De civitate Dei contra paganos* XXII, 8.

회와 루터교회[54]는 아직도 영광송 다음에 시작 인사를 두고 있다. 성공회 기도서에는 중세의 흔적이 그대로 남아 있는데, '오늘의 본 기도' 순서 란에 인사를 넣어 "본 기도를 준비합시다" 정도의 서언으로 사용하고 있다.[55]

말씀의 예배를 시작할 때 인사 순서를 넣는 것도 이해 못할 바는 아니지만, 예배가 시작한 지 10분쯤 지나서야 시작 인사를 하는 건 논리상 맞지 않는다. 시작 인사를 그렇게 뒤에 배치하면 그 앞의 모든 순서는 단지 예배를 준비하는 장식물로 오해되기 쉽다. 예배의 논리적 순서를 고려한다면, 인사는 입당송 다음에 바로 하는 게 적절하다. 물론, 역사의 흔적을 남기려 영광송과 모음 기도 사이에 배치했다면 그것도 받아들일 만하다. 중요한 건, 어떤 방식이든 그 이유가 분명해야 한다는 것이다.

대영광송

한국 천주교회

하늘 높은 데서는 하느님께 영광
땅에서는 주님께서 사랑하시는 사람들에게 평화
주 하느님, 하늘의 임금님
전능하신 아버지 하느님,
주님을 기리나이다, 찬미하나이다
주님을 흠숭하나이다, 찬양하나이다

---

54. 기독교한국루터회, 《예배 의식서》(1993), 14.

55. 대한성공회, 《성공회 기도서》, 247.

주님 영광 크시오니 감사하나이다
외아들 주 예수 그리스도님
주 하느님, 성부의 아드님
하느님의 어린양,
세상의 죄를 없애시는 주님,
저희에게 자비를 베푸소서
세상의 죄를 없애시는 주님,
저희의 기도를 들어주소서
성부 오른편에 앉아계신 주님,
저희에게 자비를 베푸소서
홀로 거룩하시고, 홀로 주님이시며,
홀로 높으신 예수 그리스도님,
성령과 함께 아버지 하느님의
영광 안에 계시나이다
아멘

한국 루터교회

하늘 높은 곳에는 하나님께 영광
땅 위에는 그의 백성에게 평화
주 하나님, 왕의 왕, 전능하신 아버지,
우리의 찬송과 감사 예배를 드리나이다
주의 영광 높이 받들어 찬양을 드리나이다
하나님의 외아들 주 예수 그리스도,
세상 죄를 지고 가는 하나님의 어린양
우리를 불쌍히 여기소서
하나님 우편에 앉으신 주님,
우리의 기도를 들으소서
주님 홀로 거룩하시고
주님 홀로 우리의 구주이시며,
성부와 성령과 함께
주님 홀로 높으신 영광을 받으소서
아멘

대한성공회

하늘 높은 곳에는 하느님께 영광
땅에서는 그가 사랑하시는 사람들에게 평화
주 하느님, 하늘의 임금이여,
전능하신 하느님 성부여,
주를 경배하오며 주께 감사하오며
주의 영광을 찬미하나이다
주 예수 그리스도, 성부의 외아들이여
주 하느님, 하느님의 어린양이여,
세상의 죄를 없애시는 주여,
우리를 불쌍히 여기소서
성부 오른편에 앉아 계시는 주여,
우리의 기도를 들어주소서
하느님 성부의 영광 안에 성령과 함께,
예수 그리스도 홀로 거룩하시고,
홀로 주님이시고,
홀로 높으시도다!
아멘

'영광송' 또는 '천사찬미가'로도 불리는 대영광송은 모든 전례 교회에서 애창하는 예배 찬송이다. 하늘의 천사들이 예수 탄생을 기뻐하며 노래했다는 누가복음 2장이 이 곡의 주된 가사다. 주일마다 영광송을 부르는 교인들에게는 익숙하고 당연하겠지만, 이 찬송이 예배 안에 들어온 과정은 그리 녹록하지 않았다.

4세기 이전만 해도 교회는 로마 제국에서 제거되어야 할 불법 단체였으니, 예배와 찬송이 위축된 건 당연하다. 그러나 콘스탄티누스 황제의 공인으로 예배와 찬송이 봇물 터지듯 활발해졌다. 아직 예배의 규칙이나 찬송의 규칙이 없던 시기에 자유가 주어지다 보니, 고삐 풀린 망아지처럼 이단적인 교리와 찬송도 함께 활개 치기 시작했다. 그리하여 라오디게아 공의회에서 예배와 관련된 중요한 규칙을 몇 가지 결정했다. 창작 찬송 금지, 악기 사용 금지, 예배 시간에 지정된 사람 외에는 찬송 금지 등이었다.[56] 몇 가지는 무척 황당해 보이지만, 얼마나 혼란스러웠으면 이런 결정을 했을까 싶다. 어떤 면에서는 라오디게아 공의회가 교회의 예배 형식을 다듬는 순기능을 했다고 볼 수 있지만, 달리 보면 예배의 자유와 회중 찬송을 제한하는 퇴보를 초래하기도 했다. 다행히 기독교 초기부터 사용하던 시편이나 성경 구절을 이용한 성가는 이 공의회 이후에도 애용되는데, 대영광송도 그 가운데 하나라고 할 수 있다.

콘스탄티노플 전례의 조과(早課), 즉 아침 기도에 이 찬송이 들어가 있는 것으로 보아 동방 교회에서는 4세기 이전부터 대영광송을 예배에서 사용했다고 추정할 수 있다. 서방 교회에서도 4세기 중엽 푸아티에의 주교 힐라리오(Hilarius)가 이 노래를 불렀다는 기록으로 미루어,[57] 동방 교회에서 서방 교회로 전파되었을 것으로 추측된다. 서방 교회에서 가장 오래된 대영광송 필사본은 380년경 로마 교회에서 만든 《사도헌장Constitutio apostolica》[58]에

---

56. 이 외에도 "안식일에 복음서와 그 외 성경들을 읽어야 한다"(Can. 16), "그리스도인은 유대인의 생활방식을 따르면 안 된다. 유대인은 안식일에 일하지 않지만, 그리스도인은 그날 일해야 한다. 그리스도인은 주의 날을 거룩히 지키되, 가능하면 이날 일하지 말아야 한다. 만일 누군가 유대인의 방식을 고집한다면, 그를 그리스도의 이름으로 출교해야 한다"(Can. 29), "여성은 사제가 될 수 없다" 같은 조항이 결정되었다.

57. 이홍기, 《미사전례》, 118.

그리스어로 보존되어 있고, 오늘날 사용하는 영광송과 가장 유사한 그리스어 본문은 5세기경 신약 성서 알렉산드리아 사본이다. 라틴어판 중 가장 오래된 사본은 690년경 기록된 《벵골 대송집 Antiphonar von Bangor》에서 확인된다. 영광송은 〈테 데움 Te Deum〉과 비슷한 축제 찬송이어서, 아무리 늦어도 6세기 이전부터 일요일과 축일 예배에 사용되었을 것으로 추정된다. 예배의 정규 순서로 들어간 것은 갈리아 계열 예전으로 추정되는데, 회중과 성가대가 번갈아 응창하는 식으로 찬송했다고 전해진다.[59]

종종 대영광송에 삼위일체 신앙이 반영되어 있다고 설명하기도 한다. 이 찬송의 마지막 구절이 삼위 하나님에 대한 찬송으로 끝나기 때문이다. 이 부분만 따로 떼어 소영광송이라고 부른다. 대영광송과 소영광송이 모두 한 곡으로 연결된 까닭에 이 둘을 단백하게 '영광송'이라고도 칭한다. 다양한 버전이 있지만, 오늘날 서방 교회에서 일반적으로 사용하는 본문의 틀은 《뱅골 대송집》을 따른다.[60] 영광송은 시작 예식의 거의 마지막 순서로, 찬송을 마친 집례자는 회중을 향해 돌아서 "함께 기도합시다"라고 말하고, 교인들의 기도 제목을 모아 하나님께 기도를 올린다. 이것이 '모음 기도'다.

---

58. 350-380년경에 로마 교회의 법과 전례 규정을 8권으로 집대성한 전집.

59. Josef Andreas Jungmann, *Messe im Gottesvolk. Ein nachkonziliarer Durchblick durch Missarum Sollemnia* (Freiburg-Basel-Wien, Herder, 1970), 42.

60. Josef Andreas Jungmann, *Messe im Gottesvolk*, 43: "Deus pater omnipotens, Domimi Fili unigenite, Sancte Spiritus Dei."

대영광송은 누가복음 2장 14절에서 보듯, 그 기원과 내용이 축제 분위기를 담고 있어서 당연히 성탄절과 부활절, 그리고 모든 주일 예배에 잘 어울린다. 흥미로운 사실은 축제의 성격이 너무 강하다 보니, 중세 초 교회에서는 경망스럽다는 이유로 경건한 예배에 어울리지 않는 것으로 보고 그리 애창하지 않았다는 점이다. 대개의 전례 교회에서 금식의 절기인 사순절과 대림 절기 동안 이 찬송을 금지하는 것도 같은 맥락이다.

하지만 이런 관습은 한 번 더 짚고 넘어갈 필요가 있다. 사순절이야 분위기상 화려한 노래를 부르는 게 꺼려질 수 있지만, 대림절이라면 이야기가 다르다. 최소한 루터교회에서는 그렇다. 이는 루터교회에서 늘 고민하는 주제 중 하나다. 로마 가톨릭교회에서는 앞서 말한 대로 대림 절기 동안 (대)영광송을 부르지 않는 것을 원칙으로 삼는다. 특별히 로마 가톨릭교회에서는 대림 절기를 '닫힌 절기(geschlossene Zeit)'라고 부르는데, 1917년 새로운 로마 교회법령이 교황청에서 발표되기 전까지는 이 기간 춤을 추거나 축제하는 것을 금지했고, 조용하게 치르는 결혼식 외에는 아무것도 허용하지 않았다. 예배 찬송에서는 알렐루야는 허용하고, 대영광송은 금지했다. 대림절은 '작은 사순절'로서 금식의 절기이고 참회와 자선의 절기이기 때문에 축제의 노래인 영광송은 절기 분위기와 맞지 않다고 본 것이다.

그러나 같은 서방 교회 전통에 있는 루터교회에서는 이 결정을 따르지 않는다. 영광송을 부를 수도 있고, 부르지 않을 수도 있다. 개교회에서 결정할 사안이다. 게다가 현대에는 루터교회들이 점점 대림 절기 동안 영광송을 허용하는 추세라고도 할 수 있다.

중요한 건, 하든 안 하든 그 이유를 분명히 알아야 한다는 점이다. 대영광송을 부르지 않는 교회라면, 로마 가톨릭과 같은 이유로 이해하면 될 것 같다. 오실 주님을 맞이하기 위해 차분히 기도하는 기간이니 대영광송이 어울리지 않는다는 것이다. 그래서 화려한 찬송 대신 침묵의 회개와 신앙 고백에 초점을 맞춘다.

반대로 영광송을 부를 수 있는 이유는 우리가 맞이하는 모든 주일은 '작은 부활절'이기 때문이다. 부활절은 죽음 앞에서 침묵하는 시간이 아니며, 죽음이 생명으로 바뀐 날, 기쁨으로 영광을 찬송하는 날이기에 주일에는 언제나 이 찬송을 부를 수 있다는 것이다. 이와 더불어 대림절은 작은 사순절이지만, 사순절과 달리 그 안에 성탄의 희망이 깃든 절기다. 루터교회에서는 각 교회 공동체가 어떤 신학에 초점을 맞추는가에 따라 영광송을 부를지 말지 결정한다. 절제와 금식, 침묵에 초점을 맞추고 싶으면 영광송을 부르지 않는 쪽을 선택하고, 성탄의 기쁨과 희망에 초점을 맞추고 싶으면 부르는 쪽을 선택한다.

중앙루터교회는 어떨까? 그때그때 다르다. 어떤 해에는 안 부르고, 어떤 해에는 부른다. 올해에는 부를 생각이다. 이번 대림절은 절제와 침묵보다 희망을 노래하는 데 목표를 두기 때문이다. 꼭 기억해야 할 것은 이것이다. 루터교회에서 예배 의식은 고정된 형식의 디아포라(*diapora*)가 아니라, 교회 공동체의 신학과 합의에 따라 유연하게 조율하는 아디아포라(*adiapora*)에 속한다. 물론 이렇게 따지면, 사순절 기간 주일 예배 때 대영광송을 부를지에 관한 문제도 원점에서 다시 생각할 수 있고, 각각의 모든 예배 순서에 대해서도 신학적으로 다시 고려할 가능성이 열린다.

예배에 대한 고정 관념을 버려야 한다. 오래된 것이라고 꼭 좋은 것이 아니고, 이전부터 해 왔다고 오늘도 반드시 해야 하는 것도 아니다.

개혁교회든 침례교회든 순복음이든, 예전적 의식 순서를 고수하지 않는 교회든, 나름 충분한 신학적 고민과 이유가 있다. 문제는 자신이 속한 교회 예배를 얼마나 고민했는가다. 전례 교회든 비전례 교회든, 각자 자기가 속한 교회의 예배 의식과 순서를 신학적·역사적으로 설명할 수 있는지 돌아봐야 한다. 우리 교회 예배는 어디에서 유래했고, 이 순서는 왜 여기에 있는지, 왜 매번 같은 순서를 따라야 하는지 매번 물어야 한다.

자기가 속한 교회의 예배에 관하여 이유를 분명히 알고 설명할 능력이 있다면, 전례 교회건 아니건 충분히 존중받을 만하지만, 그렇지 않다면 문제다. 각 교회의 예배는 그 교회가 가진 신학과 신앙의 총합이기 때문이다. 단순히 정통 대 비정통을 가르는 무식한 말장난과는 다른 문제다. 각자 교회 주보를 펼쳐 놓고 각 순서에 대한 역사와 신학을 설명해 보자. 교인들이 "이건 뭐에요?", "이건 왜 여기 있어요?"라고 물으면 각 교회에서 가르치는 사람들은 뭐라고 설명할까? 무엇을 하든지 이유가 분명해야 하고, 물음에 대한 답을 준비해야 한다.

오늘의 기도

설교 전 '대표 기도' 시간이라고 생각하는 예배 순서는 어디에서 유래했을까? 우리가 '예배'라고 부르는 원형은 함께 모여 예수의 기억을 회상하고, 주님의 명령대로 떡을 떼어 먹는 정도였다.[61] 그런데 교인이 늘면서 내밀한 친교가 불가능해지자 체계적이고 세분화된 형식을 갖추기 시작했다. 이와 동시에 같은 용어라도 시간과 상황이 변하면서 의미와 함께 강조점이 변하기도 했다. 예를 들어, 교회의 대표자가 떡과 잔을 준비하고 떡을 떼면서 드리던 '감사 기도(*ευχαριστία*)'가 후에 '성찬례' 전체를 뜻하는 말이 되어 감사 성찬례, 또는 성만찬 예식 전체를 가리키게 되었다. 앞서 언급한 대로 '유카리스트'라고 불리던 기도는 단순한 식사 기도나 정형화된 대표 기도 순서가 아니다. 정기적이든 비정기적이든 작은 예수 공동체는 주님의 명령(제정의 말씀)에 따라 떡과 잔을 나누기 위해 모이는데, 이때 각자 삶의 자리에서 살아가다 '모여' 서로 위로하고 지난 일상의 삶을 감사하며 서로 나누던 기도, 그것이 예배의 첫 번째 기도에 해당하는 '콜렉타(*collecta*)'였다.[62]

집례자의 인사 다음 순서인 이 기도는 5-6세기경 로마 전례가 자리 잡을 때만 해도 단순히 '기도(*oratio*)'라고 불렸다. 그러다 교황 바오로 6세 때 갈리아 전례[63]를 로마 전례에 도입하면서 '콜렉타'라는 공식 명칭으로 바뀌었다.[64] 라틴어 명칭인 것으로 보아

61. Justinus, *Apologie I*, 67.

62. Josef Andreas Jungmann, *Messe im Gottesvolk: Ein Nachkonziliarer Durchblick Durch Missarum Sollemnia* (Herder, 1970), 26.

63. 갈리아 전례는 교부 시대까지 소급되며 지역적으로는 현재 프랑스 남부 지역의 전례를 지칭한다. 갈리아 전례에 대한 언급은 아를의 체사리오나 투르의 그레고리오의 저술과 강론집에서 찾아볼 수 있다. 6-7세기의 갈리아 전례를 담고 있는 고유한 문서는 모두 단편들이고, 당시 이 지역을 총괄할 중심 교회(총대주교좌)가 없었기에 다양한 지방색을 갖고 있다는 게 특징이다.

예배의 공식 언어가 그리스어에서 라틴어로 변하던 3세기 이후에 이 순서가 예배에 들어왔을 것으로 추정된다. '콜렉타'라는 말만 놓고 보면, '모음 기도'라는 말이 어울리겠지만, 한국 천주교와 성공회에서는 '본(本) 기도', 한국 루터교회에서는 '오늘의 기도'라는 공식 명칭을 사용한다. 천주교와 성공회에서 '본 기도'라고 부르는 이유는 불분명하지만, 루터교회에서 '오늘의 기도'라고 부르는 이유는 이 기도가 그날 예배의 전체 메시지를 교회력에 맞춰 짧게 압축해서 드리는 데 초점이 맞춰져 있기 때문이다.

집례자가 "기도합시다"라고 권고하면, 회중은 잠깐 침묵의 시간을 갖는다. 이때 회중은 개인 기도를 드리고, 집례자가 콜렉타 기도를 시작하면 신자들은 개인 기도를 집례자의 기도에 모아 하나의 기도가 되도록 집중하고, 기도가 끝나면 모두 "아멘"으로 마친다(기도 권고-침묵-콜렉타-아멘). 여기에서 '모음(collect)'이라는 의미가 살아난다. 예배에 참여한 모든 성도의 간구를 모으는 기도, 그날 예배의 전체 메시지가 집중되는 기도, 그래서 '모음 기도'다. 또 다른 이유는 전례 예배 구성상 시작 예식에 해당하는 마지막 순서이기에 앞선 순서를 모두 모은다는 의미에서 콜렉타라고 설명하기도 한다. 이 기도는 원칙적으로 집례자의 기도이지만, 설교자나 교인 대표가 집례자를 대신하여 이 순서를 맡을 수도 있어서 간혹 교인이면 누구나 할 수 있는 '대표 기도' 시간으로 오해하기도 한다. 원칙은 교인 전체를 대표해서 세워진 예배 집례자,

---

64. Bernard Capelle, "Collecta", in Revue Bened 42 (1930), 197-204.

즉 목회자가 하는 기도 순서다.

또 하나의 특징은 이 기도가 즉흥적인 개인 기도가 아니라, 교회력 절기와 성구, 설교와 연결되어 있으며, 그날 예배 전체 메시지를 한두 줄로 담은 기도문 형식을 취한다는 점이다. 여기에서 명심해야 할 것은 이때 제공되는 기도문은 하나의 길라잡이일 뿐 기도문 낭독을 위해 주어지는 게 아니라는 점이다. 기도자는 교회력에 따라 제공된 기도문을 바탕으로 마음껏 기도할 자유가 있다. 오늘의 기도는 예배에 참여한 모든 신자의 간구와 예배 전체를 압축하는 기도라는 사실을 잊지 말아야 한다. 그렇게 중요하다 보니, 이 기도를 드릴 때 집례자가 축도할 때처럼 팔을 벌리고 하늘을 향해 기도하기도 한다. 집례자의 이런 동작은 각 교회 상황에 따라 판단할 일이지만, 중세 중엽까지 교회에서는 사제와 신자들이 모두 해 뜨는 동쪽을 향해 일어나 양팔을 들고 기도했다는 기록이 남아 있다.[65]

그러나 소위 '초대교회'라고 불리던 4세기 이전 교회의 콜렉타 정신은 단순히 교회력 절기나 메시지 압축, 또는 예배 주제를 담아내는 오늘 우리의 기도 순서, 아니면 장로의 대표 기도와 조금 다르다. 그 유래를 살펴보면, 이 시간은 예배에 참여한 교인들이 살아온 일상의 경험, 즉 시련과 탄원, 감사의 제목을 한데 모아 서로 기도로 다독이고 격려하는 순서라고 할 수 있다. 지난 일주일 동안 각자의 자리에서 살아온 삶을 모아 서로를 위해 기도해 주

---

65. Friedrich Heiler, *Das Gebet: Eine religionsgeschichtliche und religionspsychologische Untersuchung* (Müchen: Ernst Reinhardt, 1921), 101-102.

는 시간, 교회라는 이름으로 세상을 위로하는 시간이다. 그렇기에 '콜렉타'는 근본적으로 교회(*ecclesia*) 정신과 맞닿아 있다. 이런 이유로 독일 교회에서는 이 순서를 '교회의 기도(Kirchengebet)'라고도 부른다. 현대 교회 예배 의식에서는 '오늘의 기도'와 '교회의 기도' 순서를 구분한다. 봉헌 다음에 배치된 교회의 기도는 말씀의 예배를 마무리하는 마지막 순서가 된다.

우리는 '교회란 건물이 아니라 사람의 모임'이라고 늘 강조한다. 여기에서 교회는 세속적인 모임이 아니라 하나님의 부르심(to call)에 응답하여 밖으로 나온(out) 사람들의 모임(collect)이다. 어떤 면에서 보면, 콜렉타 순서의 정신은 성찬이 시작되기 전에 하는 봉헌의 근본 정신과 일치한다.

루터는 늘 기도 개혁을 역설했다. 콜렉타 기도는 형식적인 기도나 개인의 잡설, 낭독이 아니라 회중 전체를 위한, 그리고 궁극적으로 교회 담 너머를 위한 기도여야 한다고 강조했다.

> 교회가 그리스도의 몸이며, 기도하는 집이라는 말은 교회가 기도해야 하는 이유를 분명히 보여 줍니다. 교회의 신자들은 한곳에 모여 한마음으로 기도할 때, 교회에 속한 교인이든 교회 밖의 사람들이든 가리지 말고 생명에 필요한 모든 것을 하나님께 아뢰며 그분의 긍휼을 간구해야 합니다.
>
> '교회의 기도'는 언제나 이웃의 아픔을 내 교회의 아픔으로 공감하며 그리스도를 신뢰하는 확신 가운데 드려야 합니다. 이런 기도가 없다면 차라리 예배 자체를 없애는 게 낫습니다. 만일 교회에 모여 자기 잇속만 차리며 기도하고, 다른 사람을 위한 마

음 쓸이 없다든지, 다른 이들의 궁핍을 염려하지 않는다면, 우리가 기도하는 집에 함께 모일 이유가 어디 있겠습니까?

교회의 이름으로 함께 모인다는 것은 우리가 공동의 기도를 하고, 회중 전체를 위해 기도해야 한다는 것을 의미합니다. 자기 자신을 위해 사소한 이것저것을 구하고, 하나님이 미워하시는 이기적인 기도 외에 아무것도 없을 때, 그런 기도가 어떻게 이웃에게 도움을 주는, 선한, 하나님이 받으실 만한 '교회의 기도'가 될 수 있으며, 그것을 두고 어찌 거룩한 날 모인 회중이 하는 일이라고 할 수 있겠습니까? … 교회를 반대하는 모든 일에 대항하여 싸우는 가장 힘센 일은 교회의 기도입니다. 땅 위에 세워진 교회가 할 수 있는 가장 큰 일입니다. 이 일보다 더 큰 일을 할 수 있는 건 아무것도 없습니다. 이것을 성령은 잘 알고 있습니다. 하지만 우리는 이런 기도를 자꾸 외면하고 막아 버립니다. 저는 여러분을 교회 건축에 기쁘게 참여시킬 수도 있고, 많은 재산을 수도원이나 교회에 바치게 할 수도 있고, 함께 노래하고 책을 읽으며 유익하게 만들 수도 있고, 이것저것 예배 시간을 만들어 다 참여하라고 할 수도 있습니다. 이런 일들은 우리를 기쁘게 만듭니다.

하지만 이런 일을 하면서 우리의 의무를 다한 것으로 착각하지 마십시오. 이런 일을 하면서 과시하느라 우리가 정작 해야 할 교회의 기도는 잊히고, 효력 있고 열매가 풍성한 교회의 기도는 죽어 버리고 맙니다. 기도가 시들해지면 성령이 하시려는 일을 이룰 수 없고, 저항의 힘을 가질 수 없게 됩니다. 그러나 우리가 함께 기도한다면, 비록 우리의 기도 장소가 움막이나 누추한 오두막이라 해도 우리를 대적하는 이들은 기도 없는 대성당보다 이곳을 훨씬 더 두려워하게 될 것입니다. 우리가 모이는 건물과 환경이 중요한 게 아닙니다. 우리가 하나님 앞에 드리는 진정한 교회의 기도, 오직 이 기도만이 중요합니다.[66]

하나 더 살펴보자. 우리는 "예수님의 이름으로 기도했습니다" 라고 기도하고 "아멘"으로 응답하는 것을 자연스럽게 여긴다. 그렇지 않으면 제대로 된 기도인지 아닌지 헷갈린다. 하지만 기도의 결문(結文)은 그것 말고도 여러 방식이 존재한다. 결문 없이도 기도는 가능하다. 그러나 공예배에서 기도의 결문은 크게 성부께 드리는 기도, 성자께 드리는 기도, 짧은 결문, 이렇게 세 가지 방식이 있다. 가장 일반적인 "예수님 이름으로 기도했습니다"(가톨릭에서는 "우리 주 그리스도를 통해 비나이다")는 짧은 결문이다.

대부분은 기도의 중재자인 예수 그리스도를 통해 성부께 기도하지만, 성자께 드리는 기도도 있다. 예를 들어 "주님께서는 성부와 성령과 함께 한 분 하나님으로 영원히 살아 계시며 다스리십니다", 또는 "성자께서는 영원히 살아 계시며 다스리십니다" 같은 결문이다. 성자께 드리는 기도는 교회력과 절기의 주제, 또는 순서의 의미에 따라 집례자가 선택한다. 콜렉타 기도에서는 원칙적으로 성부께 드리는 기도를 사용한다. "성부와 성령과 함께 한

---

66. Martin Luther, "Treatise on Good Works", in *Works of Martin Luther*, Adolph Spaeth, L.D. Reed, Henry Eyster Jacobs, et Al., Trans. & Eds. (Philadelphia: A. J. Holman Company, 1915), Vol.1., 233-235.

분 하나님으로 영원히 살아 계셔서 다스리시는 우리 주 예수 그리스도의 이름으로 기도합니다."

집례자의 기도가 끝나면, 회중은 "아멘"으로 화답한다. 이때 아멘은 콜렉타 기도에 모두 한마음 한뜻이 되었다는 일종의 공동 서명이다.

예배의 역사를 추적하다 보면, 생각지 못한 독특한 것들을 만날 때가 있다. 한 가지 물어 보자. 대표 기도는 기도문을 작성해서 하는 것이 좋을까, 아니면 그냥 말로만 하는 게 좋을까? 대표 기도 때 창세기부터 요한계시록까지 아는 것 모르는 것 모두 읊어 대는 사람이 있는가 하면, 자기 마음에 안 드는 교인과 목사를 훈계하는 기회로 대표 기도 시간을 이용하는 사람도 있다. 대개 준비된 기도문 없이 하는 경우인데, 그렇다고 기도문 없이 하는 기도가 무조건 문제가 있다는 뜻은 아니다. 글 없이 하는 대표 기도의 장점도 있다. 이 기도에는 '자유'가 있고, 마음을 '날 것 그대로' 담을 수 있어서 회중들이 이해하고 공감하기 편하다. 이에 비해 기도문을 사용하는 대표 기도는 딱딱하고 뭔가 불편하다. 자유를 제한당하는 느낌도 든다. 물론 장점도 있다. 정제된 단어와 문장으로 기도하고 예배 전체 맥락을 포괄할 수 있다. 전례 예배에는 기도문 사용이 어울리지만, 그렇다고 율법적으로 제한된 요구 사항은 아니다. 상황에 맞게 유연하게 대처하면 된다. 둘 중 하나만 해답이라고 할 수 없는 이유를 역사에서 찾을 수 있다. 초기 교회 예배에서 대표 기도는 매우 자유로운 형식이었다. 하지만 제국 종교가 되는 4세기 이후, 예배의 대표 기도는 그 공동체를 대표하는 성직자(감독/주교)의 감독 아래 진행되는 기도문 형식으로 바뀌었다.[67] 중요한 것은 대표 기도라는 이름에 걸맞게 공동체와 세상을 중보하려는 마음이 있느냐 없느냐지, 기도문이 있느냐 없느냐가 아니다.

말씀의 예배

성서 봉독

말씀과 성례전이라는 두 개의 기둥으로 예배를 설명할 때 말씀의 전례에서 가장 중요한 건 성서 봉독과 설교다. 말씀의 빛은 신앙의 신비를 드러낸다. 따라서 공예배에서 말씀을 선포하는 시간에는 설교자의 만담이나 개인기가 들어설 자리가 없다. 그날그날 변하는 목사의 감정에 따라 뽑기식으로 본문을 선택해서도 안 된다.

예배에서 선포되는 말씀은 언제나 교회의 본질인 복음, 즉 하나님이 우리에게 전하신 구원의 기쁜 소식에 집중되어야 한다. 이런 이유로 전례 교회에서 공예배의 성서 봉독과 설교는 반드시 복음서 본문을 중심으로 구성된다. 교회력을 사용하는 오늘날 교회에서는 시편과 함께 세 본문(구약-서간-복음서)을 읽지만, 성서 봉독에는 다양한 전통이 있다. 서시리아 계열 예배에서는 회당 관습을 그대로 수용해서 율법서와 예언서에서 하나씩 읽은 다음,

67. Friedrich Kalb, "Liturgie I", in *TRE* 21 (1991), 360.

신약의 서간문과 복음서, 총 네 개의 본문을 읽었다. 야고보 전례에서는 구약과 신약에서 각각 세 개씩, 총 여섯 개 본문을 읽었다. 구약을 읽고 신약을 읽는 전통은 동방 교회에서 시작했지만, 오늘날 교회력을 사용하는 교회에서 부활 절기에 구약 대신 사도행전을 봉독하는 건 서방 교회 전통인 갈리아 예전(4-8세기)에서 유래했다. 지금의 교회력 성서 본문처럼 '연속 읽기'가 그때부터 있었는지는 알 수 없다. 다만, 오랜 시간에 걸쳐 다듬어졌을 것으로 추정한다.[68]

성서 본문 앞뒤에 기도나 찬송이 연속적으로 따라붙는 비잔틴 계열 예배에서 성서 봉독은 독립된 순서로 보기 어렵다. 이에 비해 로마 전례가 주류가 된 서방 교회에서는 말씀 봉독 순서가 도드라지게 분리되어 있다. 독특한 건 서방 교회 예배에서 시편의 위치다. 성서 봉독에 시편을 포함하지 않지만, 시편은 성서 봉독 시간에 나머지 세 본문과 함께 낭독되거나 노래로 불린다. 예배 때 시편에 가락을 붙여 사용한 건 기독교 초기부터지만, 보통은 입당송으로 사용되는 게 일반적이었다. 로마 계열 예전에서 시편이 성서 봉독과 연결된 건 동방 교회보다 늦은 시기인 6세기 즈음이다.[69]

---

68. 다음 책과 비교해 보라. Robert Benedetto, *The New Westminster Dictionary of Church History* (Westminster: John Knox Press, 2008), 384; Josef Andreas Jungmann, *Messe im Gottesvolk: Ein Nachkonziliarer Durchblick Durch Missarum Sollemnia* (Herder, 1970), 48.

69. Josef Andreas Jungmann, *Missarum Sollemnia. Eine genetische Erklärung der römischen Messe*. Band 1, 5. Auflage (Wien: Herder Verlag 1962), 543ff.

원래 1세기만 해도 예배가 시작되면 시편 가사로 만든 입당 찬송을 부르거나 교독으로 읽은 다음, 그날 주어진 성서 말씀을 봉독했는데, 이 흔적이 아직도 비잔틴 전통인 크리소스토무스 예전에 그대로 남아 있다. 이를 헬라어로 '프로키메논(*prokeimenon*)'이라고 한다. '제시한 것', '앞에 놓인 것'이란 뜻으로 그날 주어진 성서 본문을 읽기 전 봉독자와 회중, 또는 성가대가 응답식으로 나누는 시편의 두세 구절을 가리키는 예배 순서다. 고대로부터 프로키메논 순서에 교창하는 시편에는 매우 특별한 의미가 담겨 있었다. 초기 교회에서도 그랬지만, 시편은 구약의 예언인 동시에 그리스도를 담고 있는 '계시 안의 특별한 계시'로 이해되었다. 히포의 주교 아우구스티누스나 개혁자 루터에게도 시편은 하나님의 하나님 되심을 드러내며 그리스도를 가리키는 예언의 찬송이었다.[70] 시편을 통해 그리스도의 몸인 교회는 그리스도 안에서 노래하고 기도하며 함께 운다. 그래서 아우구스티누스의 말대로 교회는 시편을 통해 하나의 목소리로 연합된다. 신자를 하나로 묶는 프로키메논의 시편은 예배 공동체를 말씀의 성례로 인도하여 불완전한 세상의 지식이 아닌 온전한 진리에 귀를 기울이게 한다. 말씀에 귀를 순하게 하는 시편의 순서가 끝나면, 이제 비로소 그날 예배에 주어진 말씀, 즉 교회력 성구가 봉독된다. 시편(프로키메논)-구약-서간-복음서로 이어지던 고대의 순서에는 시간이 지나면서 시편과 복음서 사이에 몇 가지 순서가 들어왔다. 모두

---

70. *WA* 31/I, 370ff.

기독교가 로마의 종교로 공인된 이후 예배가 점차 화려해지면서부터 생겨난 일이다.[71]

글로만 보면 이해가 안 가겠지만, 유럽의 오래된 교회에 가 보면, 회중석 중간 오른쪽이나 왼쪽 벽에 계단을 타고 올라가는 설교대가 있다. 이걸 '독서대' 또는 암보(*Ambo*)라고 하는데, 영어로는 강대(Pulpit)라고도 부른다. 암보는 마이크가 없던 시대에 회중에게 봉독자의 음성이 가장 효과적으로 전달되는 위치에 있었다. 헬라어 암본(ἄμβων)을 음역한 이 단어에는 '높은 자리'라는 뜻이 담겨 있다. 이름대로 교회의 암보는 사실 성서 봉독이나 설교와 상관이 없고, 원래 귀족이나 황제를 위한 VIP 특별석으로 만들어진 자리였다. 그러다가 하나님의 집에 귀족을 높이는 자리만 있는 게 민망했는지, 5세기경에는 슬그머니 다른 한쪽에 또 하나의 암보를 만들어 교회 안에 두 개의 암보가 마련되는 진풍경이 벌어지기도 했다. 그러다가 제국 안에서 교회의 힘이 막강해지자 하나의 암보만 남게 되는데, 그것이 바로 '설교대' 또는 복음서를 봉독하는 '독서대'다. 2-3세기만 하더라도 복음서를 또박또박 잘 읽어 주는 것이 곧 설교였다가 나중에 성서 본문을 해석하고 가르치는 시간이 되었다. 결국, 알고 보면 성서 봉독이든 설교든 같은 자리에서 하게 되는데, 그래서 암보를 설교대라고 부를 수도

71. 독일 루터교회에서는 고대 프로키메논의 전통에 따라 시편 후 성서 봉독을 진행하지만, 미국 루터교회와 한국 루터교회에서는 서방 교회 전통을 따른다. 그러나 중앙루터교회는 성서 봉독 앞에 시편 교독을 배치하여 프로키메논과 같은 방식으로 예배를 진행한다.

있고 복음서를 낭독하는 독서대라고 부를 수도 있다.

6세기로 돌아가자. 시간이 지나면서 예배의 자유는 예배서 안에 글자로 갇히기 시작했고 그 방법도 점차 세밀해지면서 예배가 경건한 듯 화려하게 변해 갔다. 6세기 어느 일요일 아침 로마 시내 한 교회에 들어가 보자.

예배 시간에 늦었는지 입당송부터 영광송, 모음 기도까지 벌써 다 끝났다. 이제 말씀의 예전이 시작된다. 말씀 봉독 순서가 되자 봉독자가 구약의 말씀을 낭독한다. 저 뒤편에서 잘 훈련받은 솔리스트가 두툼하지만 고풍스럽게 장식된 예식서를 들고 나와 멋진 목소리로 시편 두 소절에 가락을 붙여 노래한다. 이제 성가대 차례다. 초기 기독교에서 봉독자와 회중이 시편을 나누어 교독하고 노래하던 프로키메논 순서가 이제 여기로 옮겨져 투박한 음성의 회중 대신 훈련받은 전문 독창자가 노래한다. 독창자가 선창하자 이어 다음 두 소절의 시편을 전문 성가대가 하늘의 천사처럼 이어 부른다. 독창자와 성가대의 교창이 교회당을 아름답게 채울 때, 봉독자는 천천히 암보로 올라간다. 그러나 바로 끝까지 올라가지 않는다. 봉독자가 첫 번째 계단에 올라서면 노래가 멈춘다. 잠시 고요한 정적이 흐르면, 그때 봉독자가 두 번째 성서 본문(사도 서간)을 낭랑한 목소리로 낭독한다. 성서 봉독이 끝나면 성가대에서 다시 시편 가사로 된 찬송을 부른다. 계단에 있을 때 부른다고 해서 이 찬송을 층계송이라고 한다.[72] 노래가 계속되는 동

72. 한국 천주교에서는 선창자의 시편 노래에 이어 모인 사람들이 후렴으로 응답송을 부른다고 하여 '화답송'이라고도 한다.

안 봉독자는 아주 천천히 계단을 올라 독서대 앞에 복음서를 펼치고 낭독을 준비한다. 잠시 정적이 흐르고 성가대에서 알렐루야 찬송이 퍼지면, 그때 복음서를 봉독하고, 다 끝나면 모든 회중이 함께 찬미가로 복음을 환호한다.

말씀 봉독은 어떻게 하는가

예배에는 다양한 모양의 봉사자가 필요하다. 설교자, 성가대, 대표 기도만 중요한 봉사가 아니다. 모든 봉사자가 다 중요하겠지만, 지금부터 하는 이야기는 '말씀 봉독'에 관한 것이다. 예배 시간에 잠깐 나왔다가 성경 한 구절 읽고 사라지는 순서라서 그 중요성을 간과하기 쉽다. 심지어 임기응변으로 메워도 상관없는 줄 아는 사람도 있다. 그러나 세례받은 모든 그리스도인은 '왕 같은 제사장이며 동시에 예언자'라는 성경의 가르침은 말씀 봉독이 절대 소홀히 여길 수 없는 중요한 직무란 점을 상기시킨다. 따라서 봉독자는 설교자와 마찬가지로 언제나 하나님의 '말씀을 맡아 전하는' 예언자(預言者)자로서 자기 역할을 바르게 수행해야 한다.

여기에서 예언은 미래의 일을 미리 말하는 예언(豫言)이 아니라, 말씀을 맡아 전하는 예언(預言)이다. 그러니 오해하지 말길 바란다. 성경에서 사용되는 예언은 늘 이런 방식이다. 은행에 돈을 맡기는 예금(預金)을 생각하면 될 듯하다. 가끔 성경에 나오는 예언자와 예언의 직무를 무속인의 신탁이나 영매 같은 것으로 오해하는 이들이 있는데 절대 그렇지 않다. 물론, 구약과 신약에는 직접 계시를 받아 말씀을 전하는 이들도 있지만, 기본적으로 성경에서 언급하는 예언은 말씀을 위탁받아 전하는 대리인의 성격을 갖는다. 그러니 말씀 봉독은 예언자의 직무에 속한다.

예배에서 말씀 봉독자로 세워진다는 것은 그리스도의 예언자직에 참여한다는 뜻이다. 그렇게 세워진 봉독자는 하나님과 회중 사이에서 말씀을 전하는 섬김과 봉사의 역할을 위탁받은 사람이다. 예언은 말씀에 의한 봉사직이므로 이 직무를 올바로 수행하기 위해서 봉독자로 지명된 교인은 말씀이 회중에게 온전히 전달되도록 기도로 준비하는 동시에 주어진 본문을 묵상하고 낭독하는 연습을 해야 한다. 반드시 교역자만 말씀 봉독자일 필요는 없다. 보통, 전례 교회에서 복음서 낭독은 그날 말씀을 전하는 설교자에게 우선권이 있지만, 그렇다고 고정된 원칙은 아니다. 가능하면 봉독의 책임을 교인들이 함께 나누는 것이 바람직하다.

성서 봉독자로 지명된 사람은 영적인 면과 기술적인 면에서 준비되어야 한다. 영적인 준비란 기도와 묵상을 뜻한다. 기도는 모든 교회의 직무를 수행하기에 앞서 우선 요구되는 사항이다. 그러므로 봉독자로 지정된 사람은 기도로 준비하면서, 봉독하는 본문의 앞뒤 문맥은 어떠한지, 그 본문을 통해 하나님이 자신과 교회를 향해 무엇을 말씀하고자 하시는지 일주일간 성령의 도움을 구해야 한다. 기술적인 준비란 봉독 시 발성법부터 음향 장비까지 외적인 것을 모두 아우른다. 따라서 봉독자는 일주일간 준비하고, 예배 시간 전에 미리 나와 기도하고, 주어진 본문을 미리 낭독하는 연습을 하면서 자신에게 맡겨진 예언의 직무를 잘 수행할 수 있도록 적극적으로 임해야 한다.

봉독 순서가 되면, 봉독자는 낭독할 자리에 선 다음, 성경을 펴고 성경의 제목을 읽는다. 보통 "오늘 (구약의) 말씀은 창세기 1장

1절부터 10절까지입니다"라고 하는데, 그보다는 "창세기의 말씀입니다"라고 짧게 말하는 것이 좋다. 본문의 장과 구절을 밝히지 않는 것을 이상하게 여길 수 있지만, 이유가 있다. 공식적인 예전의 성경 봉독은 하나님께서 봉독자를 통해 말씀하시는 것을 새롭게 듣는 시간이기에, 말씀을 듣는 대신 책에 나온 성경 구절을 눈으로 따라 읽는 것은 난청 때문에 책이라는 보조 수단이 필요한 경우 외에는 가능한 한 피해야 한다. 이런 이유로 교회력을 사용하는 교회에서는 하나님의 말씀을 제대로 '듣기' 위해 봉독자 뿐만 아니라 회중들도 그날의 성경 본문을 미리 읽어 올 필요가 있다. 봉독자는 회중이 조용해지면 낭독을 시작하여 급하지 않게 읽어 내려가야 한다. 정확한 발음으로 구절마다 정확히 끊어 읽고, 누가 어떤 마음으로 듣더라도 이해하고 생각할 수 있는 객관적인 봉독이 되도록 노력해야 한다.

매우 전례적인 예배를 고수하는 몇몇 교회에 가 보면, 성서 봉독의 톤과 리듬이 일반적이지 않고 매우 낯설 수 있다. 일명 '렉토토노(*lecto tono*)'라는 서양 봉독법의 영향인데, 본문의 의미와 내용, 억양과 구절을 완전히 무시하고 일정한 톤으로 읽는 방법이다. 이런 읽기가 가장 객관적인 봉독법이라고 해서 그리 읽고 가르치기도 한다. 이런 봉독법을 무조건 옳다고 할 수는 없다. 그러나 지나치게 억양을 강조하거나 연극하듯 심하게 음색까지 바꾸어 읽는 봉독법은 전례 예배의 봉독법에 알맞다고 할 수 없다. 본문의 어감과 의미를 어느 정도 살리되, 봉독자의 주관적인 감정으로 흐르지 않도록 냉정하고 차분하게 읽어야 한다. 그렇게 읽으려면 반드시 봉독자가 본문의 내용이 무엇인지 정확하게 이해하는 단계가 필요하다.

일반적인 개신교의 경우에는 말씀 봉독이 끝나면, 봉독자가 성경을 덮고 원래의 자리로 돌아가면서 봉독의 직무가 끝난다. 그러나 가톨릭교회에서는 말씀 봉독이 끝나면, 봉독자가 "주님의 말씀입니다"라고 말한 다음 성경에 인사하고, 주례 사제를 향해 인사하면서 봉독의 직무가 끝났음을 알린다. 그리고 자리로 돌아간다. 어떤 식으로 하든 상관은 없다. 반복해서 강조했듯이, 예배의 형식에 정통이란 존재하지 않는다. 다만 잊지 말아야 할 것은 무엇을 하더라도 의미를 이해하고, 설명할 수 있어야 하며, 진지하게 수행해야 한다는 점이다. 말씀 봉독의 직무는 하나님으로부터 위탁받은 말씀을 회중에게 전달하는 예언자의 직무에 속하므로 준비 역시 그에 걸맞아야 한다.

복음서 봉독

구약 전공자들이 들으면 서운하겠지만, 다른 독서에 비해 복음서 봉독은 아무리 강조해도 지나치지 않다. 어쩌면 지금보다 5-6세기 교인들은 더 했던 것 같다. 당시 예배의 전통을 보존하고 있는 정교회에서는 복음서를 아예 한 권의 책으로 만들어 예배에 사용한다. 진귀한 보석과 금은 장식이 화려하게 붙어 있고, 예배 때 이 복음서를 들고 행진하기도 한다. 그 정도로 복음서를 귀하게 여긴다.

예배 의식이 점차 정착되던 5세기 이후에는 봉독자를 따로 정했다. 다른 본문은 일반 독서자(*Lektor*)가 낭독해도 상관없지만, 복음서만큼은 공식적으로 구별된 예배 봉사자(*διάκονος*)가 봉독했다. 한국 개신교회에서는 '집사'라고 너무 가볍게 부르지만, 디아콘(deacon)은 교회의 영적 직무를 감당하는 포괄적인 직책을 뜻한다. 예를 들어, 디아콘은 말씀과 성찬에서 특별한 임무를 수행하는데, 정교회와 성공회, 가톨릭에서는 '보제' 또는 '부제'라고 부르고 사제의 직무를 돕는 담당자로 이해한다. 고대 교회 관습에서 복음서는 이처럼 구별된 예배 봉사자가 조심스레 받들어 읽었다. 안수받은 사제와 감독/주교만 복음서 봉독을 할 수 있는 건 동서양 모든 교회에서 동일했다.

4세기에 이미 독서대에 올라가기 전 분향하거나 성수를 뿌리는 예식도 있었고,[73] 복음서를 읽기 전 촛불을 켜서 복음의 빛을 상징하기도 했다.[74] 이 외에도 동방 교회에서는 첫 번째 성서 봉독이 끝나고 복음서 봉독을 하기 위해 예배 봉사자가 복음서를 높이 들고 교회당 내부를 한 바퀴 도는 '복음서 행진'[75]도 있었다. 6세기 서방 갈리아 계열 예배에서도 이와 유사하게 복음서를 들고 행진하곤 했는데, 이때 행진은 죽음을 이기신 그리스도를 상징했다. 지금은 이런 행진을 에큐메니컬 예배에나 가야 볼 수 있지만, 그런 행진이 사라진 오늘의 전례 예배에는 〈알렐루야〉와 〈주께 영광 돌리세Gloria tibi, Domine〉[76]라는 복음 환호 찬송이 대신 남

---

73. Josef Andreas Jungmann, *Missarum Sollemnia*. Band 1., 5. Auflage (Wien: Herder Verlag 1962), 570.

74. Eusebius Sophronius Hieronymus, *Contra Vigilantium* (400), c.7.

75. 소입당(μικρὰ εἴσοδος) 이라고도 한다.

76. 한국 루터교회: "주께 영광 돌리세." 대한성공회: "주님께 영광 드립니다." 한국 천주교회: "주님, 영광 받으소서."

았다. 이 짧은 찬송은 온 회중이 그리스도께서 그 자리에 함께 계심을 확신하며 부르는 찬송이다. 복음서 봉독이 끝나면 회중은 "주께 찬양 드리세"라고 감사하며 화답송을 부른다.[77]

특이한 점은 회중의 자세다. 성서 봉독 때 모두 앉아서 듣는 게 일반적이지만, 아주 이른 시기인 4세기부터 복음서 봉독 만큼은 온 회중이 일어나 듣는 것이 원칙이었다. 복음서 말씀을 듣는 시간을 하나님 앞에 서 있는 두렵고 경이로운 시간으로 여긴 것이다. 여기에 더해 9세기 서방 교회에서는 사제가 복음서를 읽기 전 "이것은 [마태/마가/누가/요한]이 전하는 거룩한 복음입니다"라고 말하고, 이마-가슴-왼쪽 어깨-오른쪽 어깨로 이어지는 십자 표시를 온 회중이 함께 하기 시작했다.[78] 이 십자 표시는 얼마 지나지 않아 복음서 봉독 직전 사제와 신자들이 성경, 이마, 입술, 가슴에 십자 표시를 하는 방식으로 발전했다. 천주교회 미사에서 이 모습을 지금도 볼 수 있다.

같은 서방 교회 전통인 루터교회에서는 고대 전례를 귀히 떠받드는 극히 일부를 제외하고는 이런 식의 십자 표시가 거의 사라졌다. 해도 되고 안 해도 상관없지만, 그저 오래되고 멋져 보인다는 이유만으로 생각 없이 따라가는 건 문제가 있다. 최소한 그 유

---

77. 라틴어 원문은 "*Laus tibi, Christe*"다. 한국 천주교회: "그리스도님 찬미합니다." 대한성공회: "그리스도를 찬미합니다." 한국 루터교회: "주께 찬양 드리세."

78. 정교회와 루터교회는 이마-가슴-오른쪽 어깨-왼쪽 어깨 순이다. 집례자가 회중을 바라보고 하는 경우 회중을 위해 이마-가슴-왼쪽 어깨-오른쪽 어깨' 순으로 바뀔 수 있다.

래와 의미에 대해 교회의 역사와 신학에 따라 깊이 돌아봐야 한다. 만일 루터교회에서 집례자와 회중이 십자 표시를 하고 있다면, 그건 세례의 기억을 되살리는 행위가 틀림없다. 루터교회에서 세례는 언제나 변함없는 구원의 약속이며 파선한 인간이 되돌아갈 뗏목이고, 십자 표시를 통한 세례의 기억은 자기 자신을 넘어 모든 창조 세계의 구원을 위해 돌아가신 그리스도와 연합하겠다는 신앙 고백이다.

성서 봉독은 의심할 여지 없이 성서 말씀을 정확히 전하고 이해시키는 데 목적이 있다. 그래서 봉독자는 하나님의 말씀을 읽기 전 경건한 마음으로 기도하며 연습한 다음 천천히 정확한 발음으로 읽어야 한다. 간혹 교회를 구원의 방주로 이해하면서 교회 구조를 설명하기도 하는데, 성서 말씀을 읽고 설교하는 암보의 위치는 배의 선장이 키를 잡고 항해하는 조타실에 비유된다. 그만큼 성서 봉독이 중요하다. 목사의 설교만 중요한 게 절대 아니다!

앞서 봉독의 목적을 "정확히 전하고 이해시키는 데 있다"고 말했다. 여기에서 한 가지 생각해 보자. 중세 서방 교회에서는 민중이 사용하는 대중 언어 대신 사람들이 알아듣지도 못할 라틴어로만 예배가 진행되었다. 중세 라틴어 문맹률은 상상을 초월할 정도로 높았다. 심지어 라틴어로 미사를 집례해야 할 사제조차 라틴어를 모르고 앵무새처럼 흉내만 내는 예도 비일비재했다. 루터가 종교 개혁을 하면서 자국어인 독일어 성서를 펴낸 이유가 여기에 있다. 하나님의 말씀이 정확히 전해지고 이해되고 있는가? 이것이 개혁자가 품은 의문이었고, 이 문제를 해결하기 위해 행동에 옮긴 것이 종교 개혁이다.

그럼 당시 교회 신학자들은 이런 고민을 한 번도 하지 않았을까? 요세프 융만 같은 저명한 가톨릭 학자는 "일상 언어와 거기서 멀어진 교회 언어 사이에서 중세 신학자들이 고민했고, 성서의 거룩한 말씀이 훼손되는 걸 두려워하면서 라틴어 성경 보존을 결정했다"[79]고 설명하지만, 역사를 더듬어 보면 이 설명이 그리 설득력 있게 들리지 않는다. 5세기 초 히에로니무스가 라틴어로 번역하여 보급한 성경의 이름이 불가타(*Vulgata*)인데, 역설적이게도 그 뜻은 '서민'이란 뜻이다. 당시만 해도 라틴어 성경은 헬라어로 기록된 성경을 일반인이 읽을 수 없어서 만든 '서민용' 성경이었다. 히에로니무스의 라틴어 성경이 처음부터 교회에서 권위를 인정받은 건 아니다. 처음에는 교회 안에서 정착하기 어려웠다. 이미 자리 잡고 있던 그리스어 번역본인 칠십인역과 내용도 달랐고 전통적으로 읽던 본문과 달라서, 오히려 라틴어 성경의 권위가 도전을 받았다. 실제로 아우구스티누스 같은 지도자는 불가타 성경이 비잔틴 교회와 라틴 교회를 갈라지게 할까 두려워했을 정도다.

라틴어 성경이 교회에서 유일무이한 권위를 얻은 건 8세기 신성 로마 제국이 들어서면서부터다. 카롤루스 1세 마그누스는 자신의 제국이 옛 로마의 명성을 이어받는 적통이 되길 원했고, 제국의 이름뿐 아니라 법과 행정, 교육, 종교 등 모든 분야에서 로

---

79. Josef Andreas Jungmann, *Messe im Gottesvolk. Ein nachkonziliarer Durchblick durch Missarum Sollemnia* (Freiburg-Basel-Wien, Herder, 1970), 51.

마의 색으로 바뀌길 바랐다. 예배도 로마식으로 통일하는 마당에 옛 로마 냄새가 물씬 풍기는 라틴어 역본인 불가타가 소환된 건 당연한 일이었다. 그 후로 약 7백 년간 라틴어 성경은 누구도 침범할 수 없는 하나님의 비밀스러운 성역으로 옮겨져 라틴어를 모르는 서민들은 무슨 말인지도 모르고 가르치는 대로 그저 순종해야 했다.

이 당시 자국어로 성서를 옮기는 건 제국에 반기를 드는 일이자 죽음을 자초하는 일이었다. 존 위클리프(John Wycliffe) 같은 사람이 대표적이다. 서민용 성경이었던 불가타가 신비화되어 원래 주인인 서민들이 접근할 수 없게 된 것이 중세의 상황이었다. 루터의 개혁은 이 비밀의 책에 주인들이 접근할 수 있게 물꼬를 튼 사건이다. 그러나 로마 가톨릭은 트리엔트 공의회를 거쳐 1570년 라틴어 성서의 권위를 재차 확인하기에 이른다. 종교 개혁에 대한 반작용이었다.

설교

'예배'에 관해 말할 기회가 있을 때마다 힘주어 강조하지만, 하늘에서 뚝 떨어진 '정통 예배'라는 것은 없다. 지금 우리가 정통이라고 강조하는 신학, 예배, 교리 같은 것들은 언제나 역사와 문화라는 삶의 자리에서 배태되어 나왔다. 그러니 지금 '진리'라는 이름으로 손안에 고이 포개 놓은 것들도 미래에는 변할 수 있다는 걸 겸허히 인정해야 한다. 우리는 모두 '시대의 자녀'다. 이 한계를 인정해야 한다.

교회는 '복음이 순수하게 선포되고 성례전이 바르게 집행되는 성도의 공동체'로 정의된다. 이 문장 안에 예배를 지탱하는 두 축이 있다. 복음(말씀)과 성례전! 이 기본 공식은 거의 모든 기독교가 인정하는 예배의 근간이다. 물론, 복음이 무엇인지, 성례전이 무엇인지에 대한 해석의 차이는 분명히 존재한다. 이 차이 때문에 치고받고 싸우고 교회가 갈라졌다. 그게 그렇게 죽고 살 일인가 싶지만, 이런 일을 주도한 이들이 교의학을 다루는 조직신학자들인 것만은 분명하다.

문제는 앞서 언급한 대로 설교 중심의 교회는 이 공식(말씀과 성례전)을 적용하기 어렵다는 사실이다. 그러면 성례전을 기껏해야 일 년에 한두 번 또는 네 번 정도 하는 교회의 예배는 이상한 예배인가? 설교 중심의 예배는 도대체 어디서 나온 것일까? 우선 이것부터 확실히 짚고 넘어 가자. 전례를 강조하는 교회든 아니든, 우리가 참여하는 예배 의식 순서에는 역사가 숨어 있다. 그리고 역사가 흐르면서 지금의 것은 언제나 수정과 보완, 생성과 소멸을 거듭한다.

예를 들어, 전례를 강조하는 어떤 교회 예배에 참석해 보면, 예배 시작 또는 중간에 종을 치는 경우가 있다. 처음 보는 사람들에게는 굉장히 낯선 경험인데, 기도나 침묵을 위한 청아한 종소리가 회중을 경건하고 종교적인 분위기로 인도한다. 그래서 이렇게 작은 종을 치는 것에 여러 의미를 부여하곤 한다. 독일 루터교회나 성공회에서도 이렇게 종을 치는 것을 허용하곤 하는데, 예배의 시작을 알리는 신학적 의미로 설명한다. 그런데 한 번 생각해 보자. 예배의 시작을 알리거나 기도의 시작과 끝을 알리며 종교적 분위기를 조성하는 종소리가 원래부터 그렇게 거창한 상징적

·신학적 의미를 안고 시작했을까? 아니다. 실망할지 모르겠지만, 절대 그렇지 않다. 우선, 중세 말기까지만 해도 예배는 언제나 라틴어로 집례했다는 점을 상기해 보자. 문제는 라틴어를 알지 못하는 사람들의 비율이 상상을 초월할 정도로 높았다. 예배는 외국어로 진행하는데, 회중은 모두 자국어밖에 모르는 순수 토착민이다. 어떤 일이 벌어질까? 사제가 기도 순서가 되어 기도하자고 말해도 모두 눈을 뜨고 물끄러미 쳐다보기만 한다. 왜? 라틴어로 말했으니까. 어찌어찌해서 기도 시간이 끝났다. 그런데 신자들은 기도가 언제 끝났는지 몰라 여전히 눈을 감고 있다. 왜? 라틴어니까! 그런데도 예배 규칙상 자국어를 사용할 수 없고 오직 라틴어만 사용해야 한다. 참 난감한 문제 아닌가!

지금 생각하면 무척 우스운 상황 같지만, 중세 때는 아주 심각한 문제였다. 그래서 시작과 끝을 알리는 종을 치기 시작했다. 무슨 심오한 종교적 이유가 있어서 시작한 일이 아니다. 그저 라틴어를 모르는 회중에게 순서를 알려 주기 위해 시작했을 뿐이다. 처음에는 그렇게 시작했지만, 시간이 흐르면서 멋진 갑옷처럼 신학적 설명을 덧입힌 것뿐이다. 이와 연결 지어 설명할 수 있는 것이 바로 '설교 중심 예배'다. 간혹 어떤 사람은 설교 중심 예배가 16세기 종교 개혁자들이 교회의 본질로 여긴 독창적인 특성이라며 자랑하기도 한다. '하나님 말씀'이라는 내용이 형식보다 중요해서 과감히 설교 중심 예배를 시작했다고 말한다. 아니다. 몰라서 하는 소리다. 이전에 없던 것을 새롭게 만든 게 절대 아니다.

중세 시대 미사에는 프로나우스라는 아주 짧은 순서가 있었다. '앞에서'라는 뜻의 'Pro'와 '사원'이라는 뜻의 'naos'가 결합한 용어인 프로나우스(pronaus)는 원래 그리스 시대 신전 건축 용어였다. 정확하게는 신전 바로 앞 복도를 칭하는 말이다. 신전에 제의하러 온 사람들은 반드시 이 자리에서 사제들에게 제의 순서와 예절에 대한 설명을 듣고 신전 안으로 들어가야 했다. 그런데 이 용어가 중세 예배 용어로 사용된다. 정식 미사 순서에는 없던 것이지만, 유럽 대부분 지역에서는 이 순서가 예배 순서에 이미 들어가 있었다. 그럴 수밖에 없었다. 이유는 간단하다. 예배는 라틴어로 진행해야 하는데 회중들이 라틴어를 모르니 예배 중간에 자국어로 설명할 필요가 있었기 때문이다. 앞서 종 치는 것에 관해 말했지만, 종을 치더라도 왜 종을 치는지, 언제 종을 치는지 일러 주어야 할 것 아닌가!

처음에는 프로나우스가 아주 짧았다. 그런데 중세 후반기로 갈수록 점점 더 길어졌다.[80] 심지어 한 시간이 될 때도 있었으니 전체 미사 시간은 최소 두 배 이상 늘어났다. 프로나우스가 길어진 이유는 단순하다. 처음에는 아주 간략하게 순서만 공지하다가 나중에는 그날 할 라틴어 강론(설교)을 자국어로 재차 설명하기에 이르렀다. 그러다 예배 순서 공지와 자국어 설교에 기도, 봉헌 등등의 순서가 붙기 시작했다. 이렇게 미사가 길어지다 보니 독일 하이델베르크에서 카를스루에에 이르는 지역은 종교 개혁이 시작되기도 전인 15세기부터 아예 프로나우스만 따로 떼어 낸 예배가 성행했을 정도다.

---

80. Jürgen Bärsch, *Kleine Geschichte des christlichen Gottesdienstes* (Regensburg: Verlag Friedrich Pustet, 2015), 2.Aufl.(2017), 96-97.

게다가 이런 예배 형식을 부추긴 것은 중세 말 수도원의 난립과 관련이 있다. 그중에서도 탁발 수도회는 이 예배 형식이 자리 잡는 데 큰 공헌을 했다. 물론, 처음부터 이런 예배를 만들려고 의도했던 건 아니고 지극히 상식적인 이유 때문이었다. 탁발하러 나갈 때 성찬을 준비해서 나갈 수는 없었다. 그러니 맨손으로 탁발할 수밖에 없었고, 그때 먹을 것이나 헌금을 내어 주는 일반 신자들은 탁발 수도승이 복을 비는 하늘의 소리를 들려주길 바랐다. 탁발승들이 할 수 있는 것이 바로 설교였다. 이 설교에 죄의 고백과 용서, 십계명, 주기도, 사도들의 신앙 고백, 시편 낭독, 축복 기도 등이 따라붙었다.

일종의 매뉴얼이 만들어진 것인데, 요즘으로 치면 교인 심방 가서 예배드린다고 생각하면 이해하기 쉽다. 이렇게 설교 중심의 예배는 언제 어디서나 간편하게 할 수 있다는 장점이 있었고, 복잡한 미사보다 민중들 속에 파고들기가 훨씬 쉬웠다. 예배의 새로운 장르가 이렇게 탄생했다. 프로나우스는 종교 개혁 이전부터 있었다. 이것이 후에 울리히 츠빙글리(Ulrich Zwingli)에게서 시작되었다고 알려진 설교 중심 예배, '말씀의 예배'의 유래다. 이 예배 형식은 츠빙글리가 나타나기 이전에 시작되었고, 심지어 가톨릭 예배의 형식을 수용했다고 알려진 루터파 내부에서도 설교 중심 예배가 아주 많은 지역에 퍼져 있었다. 중세 미사에서 시작된 프로나우스, 탁발 수도승들의 탁발 행위와 달라진 점이 있다면, 성찬 없이 진행되는 예배에 새로운 신학적 의미가 더해졌다는 것뿐이다.

여기에서 루터의 공헌이 무엇인지 따져 볼 필요가 있다. 루터는 분명히 츠빙글리와는 다른 노선에 서 있다. 16세기 이전부터 자국어 설교와 예배가 여기저기 있었다는 건 주지의 사실이다. 그러나 그 예배와 설교가 당시 교회에서 합법적 지위를 인정받지 못했다는 점을 기억해야 한다. 루터가 시도했던 예배 개혁의 핵심이 여기 있다. 루터는 공예배로서 인정받지 못하던 자국어 설교를 공예배의 가장 중요한 순서로 과감히 받아들였다. 그에게 설교는 성만찬과 같은 무게와 가치를 지닌 하나님의 복음이었다. 루터의 예배에서 '말씀과 성찬'은 하나님의 은총을 실재화하는 두 기둥이다. 이를 다른 말로 하면, 예배는 선포된 말씀(설교)과 보이는 말씀(성찬)으로 이루어졌다. 반면, 비전례 교회에서는 설교 중심의 예배를 진행하면서 이렇게 설명한다. "선포된 말씀과 보이는 말씀(성찬)은 본질적으로 같다. 둘 다 같은 하나님의 말씀이기 때문이다."

여러분은 어떻게 생각하는가? 전례 교회 예배가 정통인가, 아니면 비전례 교회 예배가 정통인가? 예배의 역사와 신학을 공부하는 목적은 정통과 이단을 구분하여 타자를 혐오하고 배제하는 데 있지 않다. 오히려 내가 누구인지, 지금 우리가 어디에 서 있는지 정확히 파악해서 나와 타자를 이해하고 포용하는 데 있다.

성찬의 예배

성찬례의 기원과 변화

성찬례의 기원은 멀게는 출애굽을 기념하는 유월절 식사까지 거슬러 올라가지만, 기독교 예배에 미친 직접적인 출발은 십자가에 달리기 전 제자들과 마지막 식사를 나누던 저녁 식탁으로 소급된다. 보통 '성목요일'이라고 부르는 이 날은 유대인의 유월절 축제와 연결되어 있는데, 예수께서는 제자들과 함께 식탁을 나누고 그들의 발을 씻겨 주신 것으로 알려져 있다. 신약성경 저자들 역시 모두 이런 맥락에서 성만찬을 언급한다. 성만찬에 대한 가장 오래된 성경의 기록은 서기 50년경에 기록된 바울의 고린도전서 11장 23-26절이고, 얼마 지나지 않아 복음서에도 기록된다(마 26:17-29; 막 14:12-26; 눅 22:14-20; 요 13:1-30).

초대교회 공동체에서 함께 모여 나누던 식사 교제가 시간이 지나면서 형식을 갖추며 예배로 변했다. 물론, 예배라고 해서 오늘날과 같은 예배를 상상하면 곤란하다. 당시 예배는 아주 흔한 음식인 빵과 포도주를 나누며 예수 사건을 회상하고 삶의 자세를 다지는 식탁 교제에 인사, 기도, 격려 같은 일상적인 순서가 자리 잡은 매우 원시적인 형태였다. 그러다 기독교의 제국화 과정을 거쳐 중세에 접어들면서 특별한 예식으로 굳어졌다.

'보이는 말씀'인 성찬례에서 절정은 '성찬 제정사'다. 이 순서를 통해 교회 공동체는 하나님의 구원 사역을 감사하고 기억하며 찬송한다. 흔히들 성찬 제정사가 성서 기록 그대로일 것으로 생각하지만 그렇지 않다. 사복음서 모두 최후의 만찬 기사가 나오지만, 비교해 보면 약간씩 차이가 있다. 이것으로 보아 1세기 교회에서 성찬을 나눌 때 고정된 본문은 없었던 것이 확실하다. 그저 주님의 말씀과 그 현장을 기억하며 함께 감사를 나누는 데 초점이 맞춰져 있었다. 성찬 제정사 고정문이 없었다는 걸 바꿔 말하면, 집례자가 자유롭게 창작했다는 추측도 가능하다.[81] 초기 로마 전문이나 히폴리투스의《사도전승》만 보더라도 고린도전서를 포함해서 복음서에 나오는 성찬 제정사와 약간씩 차이가 난다. 하지만 큰 틀에서 보자면 그 정신은 모두 일치한다.

진부한 이야기일지 모르지만, 성찬에 관한 이해는 매우 다양하다. 신학자와 공부 좀 한다는 진지한 목회자들이 어려운 철학 용어를 들먹이며 성찬에 엄청난 의미를 부여하지만, 과연 처음부터 그랬을까? 고대인들은 성찬의 떡과 포도주를 죄에 대한 해독제인 동시에 불사의 명약으로 이해했다. 예수는 하나님의 아들이고, 하나님의 아들은 죽지 않은 '신'이기에 그의 살과 피를 받는 것은 "신이 가진 불사의 능력을 얻는다"는 뜻이었기 때문이다. 실제로 만병통치약으로 생각해서 교회에 몰래 들어와 성별된 떡을 훔쳐 가는 일도 생겼다.[82] 이처럼 일반인들은 성찬을 받는 것을 '신자들이 그리스도의 형상을 닮아 가는 것'이라는 추상적인 의미보다 '신(神)처럼 되어가는 것'으로 받아들이곤 했다.

게다가 1347년 흑사병이 유럽 전역에 몰아친 이래로, 사제들도 교육받지 못하고 서품받는 일이 흔해졌고, 이런 상황은 성찬에 대한 미신적 이해를 부추기는 계기가 되었다. 제대로 교육을 받지 못했으니 당연히 성경에 무지할 수밖에 없고, 그런 사제들이 교육받지 못한 평민들을 가르쳐야 하는 상황이 중세 말 교

---

81. Bruno Kleinheyer, *Erneuerung des Hochgebetes* (Regensburg: Friedrich Pustet, 1969), 72-77.

82. 마르틴 루터는 1522년 설교에서 이와 같은 사실을 암시한 바 있다.

회의 현실이었다. 이런 상황에서는 성경을 거룩한 책으로 규정한 다음, 평신도의 접근을 차단하고(라틴어 성경 지상주의), 성찬을 마법 같은 신비로 가르치고 통제하는 게 가장 편하고 쉬웠을 것이다. 오죽하면, 서양에서 마술사가 마술을 부릴 때 쓰는 간교한 말장난(hocus-pocus)이 원래 중세 기독교의 성찬 예식에서 나왔을까 싶다. 성찬대에 선 사제가 빵을 들고 라틴어로 "*Hoc est corpus meum*(this is my body)"이라고 중얼거리면, 빵이 그리스도의 몸으로 변한다고 하니, 사람들은 그 말을 귀에 들리는 대로 '호커스 포커스'라고 알아들었고, 이를 마술을 부리는 마법 주문 정도로 이해했다.

그렇다고 처음부터 일반인이 성경과 진리에 접근하지 못하게 차단하거나 토론을 막았던 것은 아니다. 10세기경 성찬과 관련하여 그리스도의 임재 방식을 격렬하게 논의하던 때가 있었다. 그러다가 1215년 제4차 라테란 공의회에서 떡과 잔 중 '평신도에게는 떡만 주는 것'으로 결정했다. 하지만 교회 현장은 이보다 더 심각하게 돌아갔다. 사제들은 일반 신자가 성찬 때 떡을 받는 것조차 위험하다고 생각했다. 어떤 학자들에 따르면, 사제들이 회중을 대신해서 받았다고도 한다. 이렇게 교회에서 회중은 구경꾼으로 전락하고 말았다. 이것이 종교 개혁이 일어나기 전 교회의 상황이었다. 상황이 이렇다 보니 교회에서는 사제와 평신도 할 것 없이 성찬 시간에 사제가 떡을 들어 올리면(성체 거양)[83], 그 떡을 바라보는 것만으로 충분하다고 생각하기에 이르렀다. 당시 신앙(학)으로는 "미사에 참석하기만 하면 늙지 않고, 그날에는 급사하지 않고, 집이나 곳간이 벼락 맞지 않고, 병이 나을 것"[84]으로 믿었고, "성찬 빵만 쳐다봐도 산모는 순산하고, 여행객은 안전하게 목적지에 도착하고, 먹고 마시는 사람은 소화가 잘될 것"[85]이라고 믿을 정도였다. 사제가 떡을 높이 들어 올리지 않아서 뒷자리까지 보이지 않으면, "더 높이 들어 올려요!"라고 신자들이 소리쳤다는 기록까지 남아 있을 정도다. 여기에 더욱 문제가 된 것은 중세 연옥 사상과 맞물려 교회 안에서 개인 미사 때 돈을 받기 시작했다는 점이다. 당시 개인 미사의 종류는 크게 두 가지였는데, 하나는 귀족들이 자기 집 안에 작은 예배실(경당)을 화려하게 만든 다음, 사제를 불러 철저히 자기 자신과 가족의 복을 비는 예배 행위였고, 다른 하나는 교회당 내부에 묻힌 세력가들의 무덤 앞에서 사제가 매일 미사하는 행위였다. 이 두 가지 개인 미사는 교회를 운영하는 데 없어서는 안 될 최고의 수입원이었다. 앞서 언급했듯이, 교회는 이제 성례전도 철저히 돈벌이 수단으로 만들어 버렸다. 종교 개혁가들이 그 폐해를 적나라하게 지적하자, 로마

---

83. 다음 책과 비교해 보라. 이홍기, 《미사전례》, 248-249. "사제가 축성된 성체와 성혈을 들어 올려 보이면 교우들이 경배하는 관습은 중세 후기에 도입되었다. 정확한 시기는 모르지만 초세기 말엽이나 중세 초기 이래 제대가 벽에 붙어 있고 사제가 교우들을 등지고 미사를 드리게 되면서 교우들은 제대에서 진행되는 일을 제대로 볼 수가 없었다. 1210년경 빠리의 주교는 자주 영성체를 못 하는 대신 눈으로나마 축성된 빵의 모습으로 현존하시는 주님을 보고 경배하려는 교우들의 열망에 부응코자 축성 후에 성체를 높이 들어 교우들에게 보여 주라는 지시를 사제들에게 내렸다. 이렇게 시작된 성체 거양과 경배는 그 후 급속도로 전파되어 13세기에는 성혈이 담긴 성작 거양과 경배에도 도입되었다. 그러나 이 예식은 비오 5세의 《로마 미사 경본》에 비로소 예규로 정착되었다."

84. Eamen Duffy, *The Stripping of the Altars* (Yale University Press, 1992), 100.

85. 위의 책, 100.

교회는 1570년 트리엔트 공의회를 통해 성례전을 이용한 돈벌이를 공식적으로 금지했다.

16세기 루터의 종교 개혁이 강조했던 바는 성경의 말씀에 제시된 그리스도의 말씀, 특히 성찬을 제정하신 그리스도의 말씀은 어떤 식으로도 훼손되어서는 안 되며, 타협할 여지가 없다는 것이다.[86] 이 원칙에 따라 종교 개혁자들은 "떡과 잔을 받으라"는 예수의 말씀 그대로 떡과 잔, 두 가지를 모두 회중에게 나눠 주는 양형성찬(떡과 잔을 나누는 성찬)을 실행했다. 그렇게 신자들은 성찬 구경꾼에서 참여자로 바뀌었다. 당시에는 이 점을 개신교회의 가장 큰 특징으로 받아들여서 종교 개혁 기념 예배에는 반드시 모든 신자에게 양형성찬을 하도록 권고했을 정도다. 그리고 성찬례에서 중요한 것은 마술적 변화의 과정이나 신비한 효능이 아니라 그 안에 선포되는 그리스도의 말씀이고, 사제의 권위나 거룩하고 경건한 예배 형식이 아니라 그리스도의 말씀에 대한 믿음이라 강조했다. 루터의 말을 들어보자.

> 모든 예배와 성례전에서 가장 중요하고 위대한 부분은 하나님의 말씀과 그분의 약속입니다. 말씀과 약속 없는 성례전은 죽은 것이며 전혀 쓸모없다는 걸 명심해야 합니다. 이는 영혼 없는 몸, 포도주 없는 술통, 돈 없는 지갑, 칼 없는 칼집, 영 없는 문자, 내용 없는 형식이나 마찬가지입니다. 우리가 하나님의 말씀과

---

86. 루터의 종교 개혁 3대 논문 중 하나인 《교회의 바벨론 포로》에서 이 문제를 다룬다.

> 약속이 없는 성찬례를 집행하거나, 그런 예배에 참례하는 것, 그리고 눈앞에서 거룩한 모양새로 들어 올려지는 떡과 잔에만 홀려 있다면, 그건 예배를 엉뚱하게 오용하는 겁니다. 주님의 말씀과 약속이 빠진 성례전이란 보석 없는 빈 보석 상자를 지키는 것처럼 바보 같은 짓입니다.[87]

루터가 이렇게 말씀과 약속을 강조한 배경에는 16세기 성찬을 오용하던 교회의 현실이 있었다. "보기만 해도, 참석하기만 해도, 은혜의 효과가 있다"고 가르치는 교회, 배운 게 없으니 신비하고 마술 같은 이야기와 만담과 무용담으로 가득 채운 설교, 돈만 내면 싸구려 은총과 축복을 남발하는 성직자, 사제의 영적 권위가 계급으로 강조되고 거기에 군말 없이 순종하는 신자들. 이 모습이 개혁해야 했던 당시 교회의 모습이었다. 성찬 에피소드는 오늘날의 교회 예배와 신앙을 돌아보게 한다. '오직 말씀, 오직 믿음, 오직 은혜로'를 외치는 오늘날의 교회는 얼마나 다를까! 아직도 교회에 가기만 해도, 늙지 않고 벼락 맞지 않고 그날에는 급사하지도 않고 산모는 순산하고 소화도 잘된다고 믿고 있는가? 그렇다면 우리는 아직 '프로테스탄트', '개신교회'라는 이름을 붙일 수 없다.

---

87. Martin Luther, "Ein Sermon von dem neuen Testament, das ist von der heiligen Messe" (1520. 7), in *WA* 6, 363.

성찬 감사 기도

성찬례에 대한 언급은 《디다케》와 《제1 변증서》에서도 찾을 수 있지만, 성찬 감사 기도문의 원형이 완벽하게 제시되는 문헌은 3세기 자료인 히폴리투스의 《사도전승》이다. 집례자인 감독은 교인들이 가져와 제단에 올린 봉헌물(빵과 포도주)에 손을 올려 감사의 기도를 드린다. 통상, 이 감사 기도에 상응하는 헬라어 원어(εὐχαριστία)를 살려 성찬례 전체를 가리켜 유카리스티아(*eucharistia*)라고 부른다. 이런 이유로, '성만찬'이라는 명칭 대신 '감사 성찬례'라고도 한다. 이름에서 알 수 있듯 성만찬에서는 '감사'가 핵심이다. 바꾸어 말하면, 감사의 기쁨이 없거나 우울감과 비장함으로 가득한 성찬례는 본래의 의미에서 벗어났다고 할 수 있다. 성찬은 감사와 기쁨이 가득한 감격의 시간이다.

성찬례 도입부는 성찬 감사 기도로 시작하는데, 최후 만찬 때 주님이 빵과 잔을 손에 들고 하늘을 향해 감사하신 기도에 기원을 두고 있다. 예수의 이 기도 역시 하늘에서 뚝 떨어진 게 아니다. 유월절 축제 때 가족이 모이면, 가장이 빵과 잔을 들고 하나님께 식사 감사 기도를 하는 것이 유대인의 관습인데, 제자들과 함께 나눈 주님의 마지막 만찬 기도가 바로 이것과 연결되어 있다. 신약 성서에서 명시적으로 언급된 구절은 사도 바울이 약 50년대 중반에 기록한 서신으로 알려진 고린도전서 11장 23-26절과 70년경에 기록된 마가복음 14장 22-25절, 80년대에 기록된 마태복음 26장 26-29절과 누가복음 22장 19-20절에 실린 만찬 기사다. 네 구절 모두 현장을 그대로 담아냈다기보다는 1세기 교회 공동체에서 진행하던 성찬례를 배경으로 각 성서 기록자의 해설을 덧붙인 것이다.[88] 이런 차이에도 불구하고 근본 메시지는 같다.

초기 교회에서는 유대인들이 사용하는 명칭 대신 '찬양 기도'라는 뜻의 '율로기아(*eulogia*)' 또는 감사 기도라는 뜻의 '유카리스티아'라고 했다가, 유카리스티아라는 용어가 성만찬 전체를 뜻하는 말로 자리 잡았다. 동방 교회에서 아나포라(*Anaphora*, 올려 드림)라고 부르는 서방 교회의 성찬 감사 기도를 영어로 옮긴 것이 'Great Thanksgiving', 즉 '성찬 대 감사 기도'다. 이 기도는 유대인의 식사 감사 기도와 형식은 비슷하지만,[89] 내용은 분명한 차이가 있다.

현재 전례 교회가 사용하는 성찬 감사 기도의 원형은 《사도전승》에서 찾을 수 있는데, 모두 다섯 가지 요소로 구성된다.

1. 성부에게 성자의 구원 사역을 감사드리는 기도
2. 성찬 제정에 관한 말씀
3. 주님의 죽음과 부활에 대한 기념
4. 성령 임재 간구
5. 영광송

---

88. 다음 자료를 참조하라. Heinz Schürmann, *Der Abendmahlsbericht Lukas 22, 7-38 als Gottesdienstordnung-Gemeindeordnung-Lebensordnung* (Leipzig: St. Benno-Verlag, 1955).

89. Michael Berenbaum, Fred Skolnik, "Grace after Meals", *Encyclopaedia Judaica*. 2nd ed. Vol. 8. (Detroit: Macmillan Reference USA, 2007), 22-23. 예를 들어, 삼중 대화 마지막 구절의 유래는 3세기 히폴리투스의 《사도전승》을 거쳐 유대인의 식탁 예절까지 거슬러 올라간다.

이 다섯 요소는 동·서방 교회가 함께 사용하는 성찬례의 전형적인 뼈대다. 이에 덧붙여 교회마다 특별한 기도를 넣기도 한다. 예를 들어, 천주교에서는 교황과 주교를 위한 기도, 산 자와 죽은 자를 위한 기도 등이 덧붙는다. 초기부터 있던 '성령 임재 간구'의 경우, 동방 교회와 달리 서방 교회에서는 중세 이후 사라졌으나 루터가 이를 복원시켰고, 현대 가톨릭에서도 제2차 바티칸 공의회 이후로 이 기도를 복원했다.

《사도전승》이나 유스티누스의 《제1 변증서》를 참조해 보면, 1세기 교회에서는 이 기도가 현대 전례 교회에서처럼 틀에 박힌 기도문이 아니라 형식에 얽매이지 않는 집례자의 자유 기도였다는 걸 알 수 있다. 하지만 시간이 지나면서 이 중요한 기도를 매번 고치는 데 부담을 느꼈고, 이 때문에 고정적인 규범 기도 형태로 굳어졌다. 동·서방 교회 모두 감사 기도 때 자유롭게 기도할 수 있는 권한이 있다고 말은 하지만, 이 말은 사실상 거의 효력이 없다. 성찬 감사 기도의 도입부인 세 구절의 대화문(삼중 대화)과 이어지는 몇 개의 기도와 순서는 아예 의식문으로 고정되었고, 이어지는 기도 역시 일선에서 바로 사용할 수 있도록 절기와 축일에 맞춘 다양한 규범 기도가 마련되었다.

암시한 대로, 전례 교회 예배 의식문이 항상 똑같은 문장만 반복하는 건 아니다. 키리에, 대영광송, 사도신조, 거룩송, 성찬 감사 기도 같은 순서는 변하지 않는다. 이를 통상문(*Ordinarium*)이라 부른다. 이와 달리 절기나 축일에 따라 선택적으로 변하는 기도문이나 입당송, 찬송 같은 것은 고유문(*Proprium*)이라고 칭한다.

서방 교회에서는 성찬 예문의 도입부인 감사 기도(삼중 대화)부터 감사송(주님은 선하시니 감사드리세/ 그의 사랑이 영원하시도다)까지를 '감사의 전문', 또는 '로마 전문'이라고 하거나 아예 줄여서 '전문(*Canon*)'이라고 부른다. 8세기 《젤라시오 성사집》에서 유래한 이 말은 '카논'이라는 명칭대로 '변함없는 권위'를 뜻하기에 변할 수 없는 규범적인 기도라는 의미도 담고 있다. 다만, 누가 어디서 이런 전문을 만들었는지는 알려지지 않았고, 교회가 제도권에 편입되던 4세기 이후 고정된 성찬 전문이 나타났다는 정도만 확실하다. 현재 사용하는 성찬 의식문의 뼈대는 7세기 중엽 교황 그레고리오 때 거의 완성되어 시대와 문화에 따라 미세하게 변했다.

각 교회의 신학에 따라 성찬례 이해가 다양하듯, 저마다의 신학에 따라 성찬례 시작 순서에 대한 설명도 다양하다. 천주교에서는 봉헌이 성체 성사를 준비하는 첫 순서이고, 성공회에서는 평화의 인사-봉헌-성찬 기도가 성찬의 도입이지만, 루터교회에서는 설교-봉헌-교회의 기도까지 말씀의 전례로 이해하고, 성찬 감사 기도의 '삼중 대화'를 성찬례의 시작으로 본다.

대화

성찬의 예배가 시작되면, "모두 일어나 성찬례를 시작하겠습니다"라는 집례자의 말과 함께 회중은 모두 자리에서 일어선다. 그리고 집례자와 회중의 대화가 시작된다. 세 단락으로 된 이 대화 형식 때문에 '삼중 대화'라고도 하는데, 3세기 《사도전승》에 나오는 내용 그대로 온전히 전해지고 있다. 전례 교회마다 약간씩 차이가 나는 건 번역상의 문제일 뿐이다.

첫 번째 구절은 집례자의 장엄한 축복 선언이다. "주님께서 여

정교회	천주교
사제: 우리 주 예수 그리스도의 은총과 하느님 아버지의 사랑과 성령의 친교가 여러분 모두와 함께 있으리이다. 성가대: 또한 사제에게도 사제: 마음을 드높입시다. 성가대: 우리 마음, 주님 향해 드높이나이다. 사제: 주님께 감사드립시다. 성가대: 감사드림이 당연하고 마땅하나이다.	집례자: 주께서 여러분과 함께 회중: 또한 당신의 영과 함께 집례자: 마음을 드높이 회중: 우리는 주님께 마음을 향하고 있습니다. 집례자: 주님께 감사합시다. 회중: 마땅하고 옳은 일입니다.
루터회	**성공회**
집례자: 주님께서 여러분과 함께하시길 바랍니다. 회중: 주님의 종과도 함께하시길 바랍니다. 집례자: 여러분의 마음을 주님께 드리기를 바랍니다. 회중: 우리의 마음을 주님께 드리나이다. 집례자: 우리 주 하나님께 감사드리세. 회중: 이것이 마땅하고 유익하나이다.	집례자: 주님께서 여러분과 함께 회중: 또한 사제와 함께하소서. 집례자: 마음을 드높이 회중: 주님께 올립니다. 집례자: 우리 주 하느님께 감사합시다. 회중: 마땅하고 옳은 일입니다.

러분과 함께하시길 바랍니다." 이 문장은 예외 없이 모든 성찬 전례문에 담겨 있다. 성찬의 의미가 바로 주님이 함께하시는 은총의 사건이라는 것이 하나님의 대리자를 통해 선포된다. 이 선언은 오늘날 사도의 축도로 알려진 양식("주 예수 그리스도의 은혜와 하나님의 사랑과 성령의 교통하심이…")과 같은 뜻을 담고 있다. 교회란 그리스도 안에 모인 공동체고, 그분과 연합한 한 몸이라는 사실이 여기

에 담겨 있다.

삼중 대화를 가만히 살펴보면, 논리적인 연결이 쉽지 않다. 그럴 수밖에 없는 이유는 이 세 개의 짧은 대화는 일상적인 대화가 아니라 성찬례 전체 내용을 한데 아우르는 기능을 하기 때문이다. 내용을 음미해 보라. 주님께서 "우리와 함께하신다"는 임마누엘의 선언, 우리 마음을 올려 드리는 일, 그리고 이 모든 것이 신자 공동체가 준행할 마땅한 일이라는 신앙과 감사의 고백이 삼중 대화에 압축되어 있다. 삼중 대화 이후에 이어지는 모든 성찬례 순서는 이 의미를 확장한다.

한 가지 짚고 넘어갈 것이 있다. 성찬례 분위기에 관한 문제다. 여러분 교회의 성찬례 분위기는 어떤가? 진지, 비장, 우울, 슬픔, 통곡, 쓰라림? 언뜻 생각하기에, 주님의 살과 피를 나눈다고 하니 십자가 죽음의 고통을 떠올리며 그 고통에 나도 동참해야 할 것 같아서 슬프지도 않은데 억지로 비장한 분위기를 연출하고, 목소리와 표정까지 상갓집 분위기로 바꿔야 할 것 같다. 그러나 그럴 필요 없다. 교회의 성찬례는 죽음의 기억과 아픔에서 멈추지 않는다. 거기서 한참 더 나아간다. 초기 교회에서 성찬례를 유카리스티아(감사)라고 이름했던 것을 기억할 필요가 있다. 성찬례 명칭이 '감사'라는 것에서 알 수 있듯, 성찬은 모든 성도에게 감사의 감격과 기쁨이 충만한 시간이다. 생각해 보라. 감사와 기쁨이 가득한 사람이 얼굴에 잔뜩 인상을 쓰고 목소리를 까는 경우가 있던가? 슬픈 음악과 어두운 조명으로 슬픔을 조장할 필요가 없다. 그런 인위적인 슬픔의 분위기야말로 성찬의 의미를 퇴색시키는 엉뚱한 덮개일 뿐이다.

마음을 드높이

사람들이 교회 예배에 나오는 이유는 뭘까? 답은 제각각 다르겠지만, 예배에 간절하게 참여하는 사람들의 공통된 답이 있다. 예배 안에서 하나님을 가까이 만나고 싶은 것이다. 하나님은 우리를 만나기 위해 땅으로 내려오셨지만, 땅에 사는 우리 역시 그분을 만나기 위해 우리의 마음을 하늘로 들어 올리면서 예배의 감동은 더욱 깊어진다. 이렇게 우리의 마음을 위로 올리는 것을 고양(高揚)이라고 한다.

전례 교회 성찬 예식 초입에서 빠지지 않고 나오는 집례자의 초대 말이 이것이다. "여러분의 마음을 주님께 드리기를 바랍니다." 그러면 회중은 이렇게 답한다. "우리의 마음을 주님께 (높여) 드립니다." 예배 의식문에 나온 라틴어 원문은 "*sursum corda*"로 "마음을 드높이"라는 뜻이다.

그리스도의 살과 피를 나누기 위해 '우리의 마음을 주님께 드높이는 일'은 중요하다. 분주하고 산란한 개개인의 마음을 하나로 모으는 걸 넘어, 닫히고 나뉜 마음을 하나로 모아 한 분 하나님께 높이 드는 순간을 성찬의 대화에 이렇게 담아 놓은 것이다. 이 화답을 통해 우리는 일상의 염려와 아픔, 그리고 우리를 둘러싼 모든 진부한 것을 한데 모아 드높여 올려 드린다. 우리의 모습 그대로, 우리의 불안, 염려, 아픔, 시련, 죄의 모습 그대로 올려 드린다. 목적지는 십자가를 통해 우리를 품으시고 살려 주신 사랑의 주님, 자신의 생명을 우리에게 주신 그리스도시다.

우리가 나누는 성찬은 죽을 수밖에 없는 나에게 영생의 살과 피를 주시며, 하나님의 사랑과 용서로 품어 주시는 은혜의 초대장이다. 교회는 죄인을 만드는 곳이 아니라 용서하는 곳이고, 저주하는 곳이 아니라 사랑과 생명을 나누어 주며 위로하고 회복시키는 은총의 자리다. 오늘 우리를 진지하게 돌아보면 우리에게도 회개해야 할 죄의 목록이 너무 선명하고 그득하다. 나의 교만과 악독, 내가 속한 교회와 교단, 사회와 국가의 부패와 불의. 실로암 망대에서 죽은 사람들을 비아냥거리다가 너희들도 그와 똑같이 죽을 것이라는 운명을 우리도 똑같이 짊어지고 있다(눅 13:4-5 참조). 그러나 성찬의 식탁을 준비하신 주님은 죽음을 피할 수 없는 우리를 당신 품으로 초대하신다. 품고 용서하고 살리고 회복시키기 위해 말씀과 성찬의 자리로 우리를 부르신다.

서언

삼중 대화가 끝나면 서언이 시작된다. 정교회에서는 아나포라(*Αναφορά*)의 일부로 설명하고, 천주교에서는 '감사송'이라고도 부르고, 대한성공회에서는 '절기에 따른 특송'이라고 부르는 이 순서는 성부 하나님께 교회 공동체의 감사를 올리는 기도다. 서언의 기능은 하나님을 향한 찬미인 동시에 회중을 향한 선포이므로, 상황에 따라 자유롭게 길어지기도 하고 짧아지기도 했다. 그래서 초기에는 서언(*Praefatio*)이 곧 설교(*Praedicatio*)의 역할을 했다. 공식적인 전례가 자리 잡으면서 이 순서는 유대인의 식사 감사 기도나 동방 교회의 아나포라처럼 설교와 구분되는 길고 장엄한 기도로 변하기도 했고, 4세기 후반 서방 교회 로마 전례처럼 변하지 않는 부분(통상문)과 변하는 부분(고유문)의 기도문 형식으로 간략해지기도 했다. 시간이 흐르면서 변화는 자연스럽게 찾아온

천주교	루터교	성공회
[통상문] 거룩하신 아버지, 사랑하시는 성자 예수 그리스도를 통하여 언제나 어디서나 아버지께 감사함이 참으로 마땅하고 옳은 일이며 저희 도리요 구원의 길이옵니다.	[통상문] 거룩하시고 전능하신 하나님, 우리가 주의 사랑하시는 아들 예수 그리스도의 이름으로 언제, 어디서나 주께 감사함이 참으로 마땅하고 유익한 일입니다.	[통상문] 전능하신 하느님, 우리 주 예수 그리스도를 통하여 아버지께 언제 어디서나 감사와 찬양을 드림은 참으로 옳은 일이며 우리의 기쁨입니다.
[고유문] 예식에 맞는 감사송이 이어진다.	[고유문] 절기에 따른 서언 기도문이 이어진다.	[고유문] 절기에 따른 특송이 이어진다.
[통상문] 그러므로 저희는 모든 천사와 성인과 함께 아버지의 영광을 찬양하나이다.	[통상문] 그러므로 우리는 주의 영광을 찬미하며 노래하기를….	[통상문] 그러므로 우리는 하늘의 모든 천사와 성도들과 함께 주님의 거룩하고 영광스러운 이름을 소리높여 찬양하나이다.

다. 6세기 《레오 성사집Sacramentarium Leonianum》에 고유문 기도만 267개가 수록된 것으로 보아 거의 매일 특정한 기도문이 있었던 것 같다. 문제는 기도문 내용이 부실해져서 기도 정신과 맞지 않는 윤리적 훈화와 전설 같은 것도 점점 많아졌다는 점이다. 이런 현실을 인지하고 8-9세기에는 특정 절기에 맞는 단 일곱 개의 고유문 기도만 남겼지만, 천주교회에서는 16세기 트리엔트 공의회와 20세기 제2차 바티칸 공의회를 거치면서 82개의 기도문으로 확장했다. 한국 루터교회에서는 오직 대림, 성탄, 주현, 사순, 부활, 성령강림절의 고유문 기도만 채택했고, 성령강림절 이후 주일

에는 고유문 서언을 사용하지 않는다.

서언의 처음과 끝부분은 변하지 않는 통상문인데, 마지막 구절은 하나님의 구원을 찬송하는 거룩송으로 자연스럽게 이어진다. 성찬의 찬송과 감사 기도는 히브리서 12장 22-23절을 연상시키듯 땅의 신자들만의 환호가 아니라 천상의 존재들까지 이 찬양에 동참하는 장엄한 찬송과 감사의 기도다. 그러니 이 서언은 단순히 예배 집례자 혼자만의 기도라 할 수 없고, 하늘과 땅 모든 곳에 울림이 있는 웅장한 감사 기도이며, 그리스도가 몰고 올 종말을 기다리는 신자들의 소망을 노래하는 기도다.

거룩송

집례자의 서언 기도가 끝나면 회중 전체가 이렇게 찬송한다.

거룩, 거룩, 거룩, 전능의 주 하나님,
주의 영광이 온누리에 가득하나이다
호산나, 호산나 높은 곳에 호산나
찬양받으소서, 주의 이름으로 오시는 이여
호산나, 호산나 높은 곳에 호산나

거룩송이 예배 찬송에 사용되었다는 가장 오래된 증빙 자료는 3세기 동시리아 전례 중 하나인 '아다이와 마리의 전례(Liturgy of Addai and Mari)'이지만,[90] 거룩송이 성찬 감사 기도인 서언과 연결되어 사용된 시기는 380년경의 《사도헌장》[91]으로 소급되며, 이와 비슷한 시기에 예루살렘, 안디옥, 이집트의 동방 교회 계열 예배 의식서 곳곳에서 이 찬송이 발견된다. 정교회에서 '개선 찬송'이라고 부르기도 하는 거룩송은 아무리 늦어도 4세기 말 동방 교회 예배에서 애창되다가 후에 서방 교회까지 전파된 것으로 보인다. 4-5세기 서방 교회 예배에서 거룩송은 흔치 않았지만, 400년경 암브로시우스의 위작으로 알려진 〈성령의 작은 책Libellus de spiritu sancto〉에서 그 흔적을 찾을 수 있다. 오늘날 전례 교회 거룩송에는 늘 호산나 찬송이 따라붙는데, 이렇게 거룩송에 마태복음 21장 9절에 나오는 호산나를 붙여 예배 찬송으로 사용한 인물은 아를의 카이사리오(Caesario)로 알려져 있다.[92]

'거룩'이란 단어가 세 번 반복되기 때문에 삼성창이라고도 불리는 거룩송은 정교회, 천주교, 루터교, 성공회, 감리교 공예배에서 빠지지 않고, 가사는 라틴어 원문에서 미세한 차이만 있을 뿐이다. 거룩송은 고정된 예배 통상문에 해당한다. 이 찬송은 이사야 6장 3절 천사들의 찬송과 시편 118편 25절 이하에 등장하는

---

90. Andrew Louth, "Sanctus", Teil 2: Christlich, In *TRE*, Bd. 30, 27; 다음 자료와 비교해 보라. 그레고리오스, 《성 요한 크리소스토모스의 신성한 성찬 예배》, 16. 아토스 성산의 사제 그레고리오스는 1세기 말 로마 교황 클레멘스 1세가 고린도 교회에 보낸 첫 번째 서신을 들어 "첫 세기 마지막 몇 년 동안 승리의 삼성송이 성찬 예배에 추가되었다"고 설명하지만, 인용한 클레멘스 1세의 글에는 근거가 불분명하다.

91. 시리아 지역 교회에서 발견된 여덟 편의 작자 미상의 문서 모음집이다. 예배, 교회 조직과 더불어 교회 교리가 담겨 있고, 로마의 클레멘스가 열두 사도의 글을 모아 만들었다는 전승이 전해진다.

92. Pius Maurer, *Sanctus-Deutungen in Werken der griechischen Patristik, Liturgica Oenipontana*, Bd. 4. (Wien/Berlin/Münster, 2011), 15.

메시아를 향한 인사말, 그리고 마태복음 21장 9절에 나오는 예수의 예루살렘 입성을 떠올리게 한다. 삼성창이 유대교에서 유래한 것인지는 불분명하지만, 3세기 이전에 이미 교회 예배에서 사용된 것으로 추정된다.[93] 일반적으로 가장 오래된 기독교 찬송을 〈테데움〉으로 꼽는데, 여기에 거룩송의 흔적이 남아 있는 것으로 보아 그와 비슷한 시기에 삼성송이 전례 찬송에 들어온 것으로 보인다. 이와 더불어, 거룩송이 전례 찬송으로 사용되었다는 건 1세기 교회에서 찬송에 성서 구절을 사용했다는 방증이다.

'거룩'을 세 번 외치며 찬송하는 이 성가는 하늘과 땅이 하나 됨을 노래하는 공동체의 찬송이다. 가사는 신자들의 신앙 고백으로 온 우주가 주님의 나라를 대망하며 영광을 돌린다. 이사야가 보았던 환상대로 하나님의 보좌를 둘러선 천사들이 부른 이 찬송은 하나님을 향한 영광송인 동시에 종말의 예언이다. 하늘의 영광이 이 땅에 임할 때 이 찬송은 하늘과 땅에서 동시에 울려 퍼질 것이고, 그 감동적인 메아리가 그리스도의 재림을 기다리는 신자들을 휘감을 것이다. 갈라졌던 땅과 하늘이 주의 이름으로 오시는 승리자 그리스도를 통해 하나 되듯 이 찬송을 찬미하는 교회는 갈라진 세상이 그리스도의 임재 안에서 하나 됨을 노래한다.

---

93. Anton Baumstark, "Trishagion und Queduscha", *Jahrbücher für Liturgiewissenschaft* 3 (1923) 18–32.

감사와 성령 임재 간구

집례자: 하늘과 땅의 주인이신 하나님, 하나님께 영광을 돌리나이다. 하나님은 이 세상을 사랑하셔서 외아들을 보내시고 그를 믿는 자마다 멸망하지 않고 영생을 얻게 하셨습니다. 예수 그리스도를 통해 우리에게 구원을 예비해 주신 하나님께 감사드리나이다. 이제 성령을 우리의 마음속에 보내주셔서 거룩한 성찬 가운데 오시는 주님을 살아 있는 믿음으로 영접할 수 있게 하옵소서.

회중: 아멘. 주 예수여 오시옵소서.

서방 교회 전통에서는 거의 모든 전례 교회가 서언부터 거룩송까지 그 순서를 차이 없이 사용하는 데 반해, 거룩송 다음부터 성찬 제정의 말씀까지는 각 교회의 신학에 따라 다양한 방식으로 순서가 첨삭된다. 천주교 미사에서는 거룩송과 제정사 사이에 예물 수령 청원, 산 자를 위한 전구, 성인 기념, 집회를 위한 청원을 넣었고, 루터의 전통을 따르는 개신교 계열에서는 감사와 성령 임재 간구로 진행되고, 성공회에서는 여기에 '신앙의 신비'까지 첨가된다.

이에 비해 루터교회가 로마 전문에 나오는 감사 기도문을 사용하지 않고 3세기 《사도전승》에 수록된 감사 기도문을 사용하는 점은 주목할 만하다.[94] 성공회나 천주교의 성찬 감사 기도문과 비교해서 읽어 보면 조금 다른 뉘앙스를 발견할 수 있다. 로마 전문에는 '성령 임재 간구'가 없지만(참고로 제2차 바티칸 공의회 이후 로마 가톨릭에서도 이 기도를 성찬례에 포함했다), 동방 교회는 《사도전승》[95]에 명시된 대로 '성령 임재 간구'를 성찬례에서 매우 중요한 항목으로 보존했다.

그렇다면, 로마 전문에 없는 성령 임재 간구는 애초에 어떤 의미로 예배에서 사용되었을까? 우선, 이 대목은 정교회 교회론부터 이해해야 할 것 같다. 정교회는 교회를 다양한 방법으로 설명하는데, 우리에게 매우 낯선 것 중 하나가 성찬 제단을 그리스도를 낳은 마리아의 태(胎)로 이해하는 대목이다. 5세기 교회를 뜨겁게 달궜던 테오토코스(*Θεοτόκος*) 논쟁을 떠올리면 도움이 될 것 같다. 핵심은 마리아가 하나님을 낳은 어머니인가 아닌가였는데, 당시 교회는 마리아가 하나님의 어머니임을 거부하는 네스토리우스파를 431년 에베소 공의회에서 이단으로 정죄했다. 공의회의 결정에 따라 동·서방 교회는 교회를 '어머니'로 부르는 데 익숙하고, 이에 따라 유럽어에서는 '교회'라는 단어의 성(性)을 여성으로 분류한다.

한국 개신교에서는 '성모 마리아'라는 용어가 나올 때마다 화들짝 놀라지만, 그 내용을 들여다보면 그리 놀랄 일도 아니다. 5세기 논쟁의 핵심은 마리아의 신분에 맞춰진 게 아니었다. 당시에는 마리아의 신분에 별 관심도 없었고, 그저 미천한 신분의 상징인 마리아에게 임한 하나님의 은총에 관심이 있었을 뿐이다. '테오토코스'라는 이름에는 하나님이 이루시는 경륜의 모든 신비

---

94. 다음 책과 비교해 보라. 히뽈리뚜스, 《사도전승》, 85-89.

95. 위의 책, 89.

가 포함되어 있다. 물론, 나중에 이 논점이 이상한 데로 흘러가 문제가 되지만, 여하튼 테오토코스 논쟁이 가열찼던 당시에는 그리스도가 '참 인간인 동시에 참 신'이라는 데 논점이 맞춰져 있어서 그분의 신성을 폄하하는 이들을 막아 세울 필요가 있었다. 이에 대한 해결책으로 에베소 공의회(431)와 칼케돈 공의회(451)는 테오토코스가 정통 교리라는 것을 재차 확정하기에 이른다.

누군가는 이게 말장난 아니냐고 하겠지만, 이 교리는 말로 끝나지 않고 신앙의 압축인 교회의 예배에도 영향을 미쳤다. 교회가 그리스도의 몸이라는 점은 동·서방 교회가 모두 동의한다. 동방 교회는 여기에 덧붙여 테오토코스 교리를 좀 더 구체적으로 예배와 연결해서 설명한다. 예를 들어, 성찬 예배를 준비하는 캐로스 예식[96]에서 대사제는 입당을 위해 동쪽으로 난 교회 문을 넘어가야 한다. 동쪽은 어둠이 물러가고 해가 솟는 그리스도의 방향이다. 예배의 시작을 알리는 입당 찬송과 함께 사제가 동쪽 문을 넘어 끝까지 행진하면 그곳에 성찬이 마련된 제대가 있다. 이곳은 그리스도의 몸이 모셔진 마리아의 태(胎)다. 그리고 사제가 입당을 위해 서서 기다리는 교회의 동쪽 문은 누구도 넘어가지 않은 동정의 문, 즉 마리아의 몸의 입구이며, 우리의 구원을 위해 오신 그리스도를 위해 성령만이 넘어설 수 있는 문이다. 그 문 끝, 그리스도가 자리 잡은 성찬대 깊은 곳(동쪽)에서 의의 태양, 하나님의 자비의 빛이 떠오른다.[97]

---

96. 그레고리오스, 《성 요한 크리소스토모스의 신성한 성찬 예배》, 47f.

여기에서 왜 동방 교회가 성찬례에서 성령 임재 간구를 중요한 순서로 여겼는지가 드러난다. 동정의 마리아가 그리스도를 수태하는 데 필요한 건 오직 성령의 임재였듯, 예배에 마련된 떡과 잔이 생생한 그리스도의 살과 피가 되기 위해서는 성령의 임재가 반드시 필요하다. 그러므로 성령 임재 간구는 "주의 여종이오니 말씀대로 내게 이루어지이다"(눅 1:38)라고 했던 마리아를 향한 하나님의 응답이다. 이로써 위로자 성령은 마리아같이 무력한 신자들 위에, 준비된 떡과 잔 위에, 기도하는 교회 위에 내려오신다. 집례자의 간절한 성령 임재 간구에 회중은 "아멘, 주 예수여 오시옵소서"(*Maranata*)로 응답한다. 고린도전서 16장 22절에 단 한 번 사용된 '마라나타'는 본래 아람어였던 것을 헬라어로 표기한 말이다. 1세기 말 교회 자료인《디다케》에도 나오는 이 외침은 교회가 종말을 기다리는 신앙의 감탄사로 사용된다.

루터교회는 동방 교회와 조금 다른 맥락에서 성령 임재 간구를 수용한다. 세례받은 그리스도인은 그리스도의 몸이며 성전이다. 말씀이 창조한 교회 공동체는 성령의 거룩한 성전이다. 이 살아 있는 성전은 복음이 순수하게 선포되고 성례전이 바르게 집례 되는 거룩한 성도의 모임이다.[98] 말씀에 임하시는 성령은 사도행전에서 교회를 세운 것처럼 성도의 모임을 참된 교회로 세워 주신다.

성찬 예문만 놓고 보면, 서방 교회에 속해 있는 루터교회의 성

---

97. 그레고리오스, 앞의 책, 56-58.

98.《아우크스부르크 신앙 고백서》(1530), 제7조.

찬 감사 기도는 동방 교회와 닮아 있다. 여기에 개신교의 시작인 루터교회의 성격이 얼핏 드러난다. 루터교회는 '전통'이라는 이름으로 무작정 관습을 따르기보다 '프로테스탄트'라는 이름에 걸맞게 오늘 이 자리에서 무엇이 적절한지 고민하고 적용하는 태도를 취한다. 늘 하는 말이지만, 루터파에게 '정통'이라는 용어는 그리 어울리는 말이 아니다.

성찬 제정사와 나눔

기독교 내에서 성찬 이해와 성찬례 방법만큼 격한 논쟁을 일으킨 사안이 또 있을까 싶다. 세례가 교회 공동체로 들어가는 문이라고 한다면, 성찬은 모든 신앙의 본거지다. 성찬례를 통해 그리스도인들은 하늘과 땅, 그리고 사람의 거룩한 사귐을 얻는다. 이 사귐 가운데 믿음은 귀로 듣고, 눈으로 보며, 손으로 잡고, 입으로 맛볼 수 있다. 성찬은 보이지 않는 그리스도의 세계를 오감을 통해 감지할 수 있게 해 준다. 성찬의 유래는 주님이 잡히시기 전날 밤 제자들에게 베푼 최후의 만찬이다. 그 식탁은 가장 가까운 사람들, 새 나라의 식구들이 모인 새 가족 모임이며 사랑의 식탁이었다. 그러나 그렇게 가까운 사람들이 사랑과 우정을 한자리에서 나누던 만찬의 밤이 바로 배신의 밤이었다는 것도 구원사의 역설이다.

그리스도께서 제정하신 성찬이 기독교 정신에서 가장 고귀한 순간임에도 불구하고, 성찬은 늘 올바른 이해가 무엇인지, 적절한 성찬 집례가 무엇인지에 대한 반대와 논쟁, 그리고 화해와 해명이 있었다. 16세기를 돌이켜 보라. 중세 교회와 프로테스탄트가 서로 등을 돌리는 데도 성찬례에 대한 이해가 한몫했고, 개신교 내에서조차 성찬 문제는 서로를 갈라서게 하는 요인이었다(1529년 마르부르크 회의). 그러나 동시에 성찬은 서로 화해하고 손을 다잡는 계기가 되기도 한다. 1973년 로이엔베르크 회의를 통해 거의 5백 년 동안 눈길도 안 주던 개혁파와 루터파가 손을 잡은 것도 성찬에 대한 이해를 통해서였고, 교회 연합 행사 때마다 각 교회 신학보다 공동의 성찬을 이유로 한자리에 앉는 것도 성찬의 중요성 때문이다. 여전히 해결해야 할 문제도 있다. 교회 직제와 연결된 성찬 신학의 문제는 여전히 교회 일치 운동에서 넘어야 할 가장 큰 산이기도 하다.

자료

가장 오래된 성찬 본문은 고린도 교회 교인들에게 보낸 바울의 첫 번째 편지인데, 이 편지는 이미 교회 공동체 예배 생활에서 주의 만찬이 자연스러운 부분이었고, 동시에 다양한 해석이 존재했다는 점을 암시한다.[99] 바울은 그리스도의 떡과 잔을 각 교회와 신자들을 하나로 연결하는 고리로 공식화한다. 이 떡과 잔을 먹고 마시는 이들은 한 몸으로 연결되어 있기에, 서로에게 자기 집착과 무자비함으로 대하지 말고, 자기 몸을 대하듯 온유와 사랑으로 대하라고 가르친다.

---

99. "우리가 축복하는 바 축복의 잔은 그리스도의 피에 참여함이 아니며 우리가 떼는 떡은 그리스도의 몸에 참여함이 아니냐 떡이 하나요 많은 우리가 한 몸이니 이는 우리가 다 한 떡에 참여함이라"(고전 10:16-17).

이런 배경에서 바울은 자신의 경고를 공식화하면서 “그러므로 누구든지 주의 떡이나 잔을 합당하지 않게 먹고 마시는 자는 주의 몸과 피에 대하여 죄를 짓는 것이니라”(고전 11:27)라고 선언한다. 즉, 새로운 공동체인 교회 안에서 서로를 무시하는 행동이나, 그리스도가 본을 보이신 사랑의 법을 훼손하며 교회를 훼파하는 사람은 거룩한 주의 식탁에 앉을 자격이 없다는 뜻이다. 바울이 당시 교회에 강조한 메시지는 “빵과 포도주를 나누는 공동체는 그리스도가 보여 주신 대로 죽음을 넘어서는 해방과 자유, 화해의 기쁨을 서로 나누라”는 것이다. 쉽게 말해, 주님이 목숨값으로 죄인을 용서했으니, 너희도 용서하라는 것이다. “이것으로 나를 기념하라”(고전 11:24-25)는 말은 바로 이런 의미다. 화해와 용서를 위한 주의 만찬은 이 땅에 임할 하나님의 나라를 보여 주는 모형이며 씨앗이다.

성경에는 성찬과 관련된 다양한 묘사가 나오는데, 바울이 그리스도의 공동체를 ‘한 몸’(고전 12:12-14) 또는 ‘그리스도의 몸’(고전 12:27)으로 표현하는 대목은 특별하다. 교회가 그리스도의 몸이라는 말은 곧 성찬 공동체라는 뜻이다. 성찬을 통해 신자들은 그리스도의 삶에 참여하고 서로 소통하는 살아 있는 공동체가 된다(엡 4:1-16). 최후의 만찬이 정말 유월절 식사였는지는 논란거리지만, 유월절 식사가 이스라엘 백성이 종 되었던 곳에서 해방된 기쁨을 기념한다는 점에서 주님의 만찬도 유사한 방식의 의미를 도출할 수 있다. 주님이 베푸신 만찬은 죽음의 세력에서 해방되는 구원의 역사를 기억하게 한다. 예수께서는 이 식탁에서 포도주를 ‘내 피로 세운 새 언약’(고전 11:25; 눅 22:20)이라고 하셨는데, 이 말씀을 통해 하나님이 이스라엘과 맺은 언약이 아주 새로운 방식으로 모든 이에게 열려 있음을 선언하셨다.

복음서에도 주님의 만찬 보고가 모두 등장한다. 요한복음이 독자적인 형태로 세족식과 함께 소개하는 것을 제외하면, 사복음서는 각자 신학적 강조점에 따라 약간의 변형구를 소개한다(마 26:20-25; 막 14:17-21; 눅 22:14, 21-23; 요 13:21-30). 복음서가 바울이 쓴 고린도전서의 성찬 제정사와 차이가 있음에도 불구하고 모든 성서 구절이 죄 용서와 연결된다는 점은 통일성이 있다.

예수의 최후 만찬이 유월절 관습에 따른 것인지는 논란이 있지만, 초기 교회 공동체에서 주의 만찬이 그리스도의 부활 사건 이후 주일마다 정기적으로 행해졌다는 점은 논란의 여지가 없다. 다만, 정확히 언제인가는 특정하기 어렵고, 부활 이후 각 지역 교회 공동체에 급속히 전파되었다는 정도만 확실하게 말할 수 있다. 성찬례는 1-2세기 애찬과 구분할 수 없을 정도로 경계가 모호했지만, 차츰 유대교와 구분되는 종교 의식으로 자리 잡았다. 그러나 여기에도 문제가 있다. 성찬 제정사가 초기부터 새로운 전례 의식에 포함되었는지는 뚜렷하지 않다. 예를 들어, 이라크와 이란에 기반을 둔 동시리아 계통의 교회에서는 여전히 성찬 제정의 말씀이 포함되지 않은 성찬 감사 기도문을 사용하고 있다는 점이 그 증거다.[100] 이런 사실에도 불구하고 성찬은 교회가 세워지던 초기부터 다양한 지역의 다양한 교회를 그리스도 안에서 하

---

100. Anthony Gelston, *The Eucharistic Prayer of Addai and Mari* (Oxford: Clarendon Press, 1992), 48-55.

나로 묶는 가장 강력한 띠였다.

성찬에 주님이 어떤 방식으로 임재하는가는 신학자들의 논쟁거리지만, 그와 별개로 성찬이 거행되는 곳이면 어디서건 주님의 임재가 선포되고 고백되었다. 지역과 문화, 신학과 예배 형식의 차이에도 불구하고 이렇게 같은 메시지와 고백이 놀랍도록 빠르게 확산했다는 점은 정기적인 공예배에서 성찬이 예수의 뜻을 따르는 가장 중요한 통로였다는 설명 외에 달리 설명할 길이 없다. 성찬 속죄, 희생, 구원, 임재 등 다양한 주제를 연결할 수 있지만, 나는 다음과 같이 정리하고 싶다.

떡과 포도주가 그리스도의 살과 피라면, 성찬을 통해 하나님은 우리에게 가까이 오신다. 하나님이신 예수 그리스도가 신성한 모습(영)으로만 우리에게 오신 게 아니라 사람으로 우리에게 오신다. 하나님과 새로운 사귐은 눈에 보이지 않은 거룩한 영적 존재나 누구보다 뛰어난 모습으로만 오는 게 아니라, 우리 모습 그대로 우리 전체와 만나 주신다. 성찬에서 그분의 살과 피를 나눈다는 건 하나님이 우리 생각보다 훨씬 더 많은 사람에게 관심이 있고, 훨씬 더 가까이 오신다는 것을 보여 준다. 그분의 살과 피를 받은 우리는 그분의 생명과 깊이 연결되어 있다. 이것은 우리 내면에 그분의 생명이 꿈틀대고 있다는 사실을 의미한다. 우리의 생명은 늘 죽음 앞에서 흔들리고 약하다. 그러나 우리 안에, 우리 옆에, 우리 가운데 임한 주님의 성찬은 죽음을 제압하고, 그 자리에 생명을 선물로 제공한다. 주님의 성찬은 분명히 죄를 용서하며, 우리를 사랑의 끈으로 결박하여 하나님의 나라로 인도한다. 십자가에서 부활을 보여 주신 하나님이 그리스도를 믿는 모든 이에게 자유와 기쁨을 맛보게 하신다. 거기서 우리의 믿음은 더욱 강화될 것이다.

성찬 빈도

주의 날(행 1:10)에 주의 만찬을 거행하는 것(고전 11:20 참조)은 성서뿐 아니라 고대 교회에서 매우 당연한 일이었다. 그러나 중세에는 일 년에 한 번 정도로 횟수가 줄었고, 때에 따라서는 거룩한 성체 거양의 순간 떡을 바라보는 것만으로도 효과가 있다고 가르칠 정도였다. 루터와 다른 개혁자들은 이런 관습을 되돌리려고 노력했다. 하지만 그런 노력에도 불구하고 일부 개신교 지역 교회 주일 성찬례는 고작 일 년에 네 번 정도밖에 집행되지 않았다. 그것도 귀족이나 교회 내에서 특별한 소수를 위한 성찬이었다. 의도한 것은 아니라도 여기에는 칼뱅의 책임이 어느 정도 있다. 그는 빈번한 성찬이 남용될까 우려해서 연 4회 성찬례 규정을 만들었지만,[101] 현장에서 그의 선한 의도는 보기 좋게 왜곡되었다. 다행히 20세기 들어 교파를 막론하고 세계 교회가 성찬의 중요성을 재확인하면서 주일 성찬의 빈도는 갈수록 높아지고 있다.

빈도에 관한 분명한 원칙은 있다. 얼마나 자주 성찬을 해야 하는가에 대한 해답은 각 교회 공동체가 결정할 사안이라는 점이다. 이와 동시에, 성찬의 빈도는 목사가 단독으로 결정할 문제가 아니라 공동체가 함께 의논하고 소통하며 결정해야 한다는 점

---

101. *Ordonnance ecclésiastiques de* (1561), II, 2.

을 유념해야 한다. 전례 교회에서는 주일 예배마다 성찬례를 하는 게 보통이지만, 그걸 비전례 교회에 그대로 가져와야 할 이유는 없다. 앞서 말한 대로, 각 교회가 결정할 일이다. 요즘 분위기만 봐서는 주일마다 또는 달마다 집례하는 교회가 점차 늘고 있다. 이와 더불어 성찬 방법에도 같은 원칙이 적용된다. 어떤 교회는 공용 잔을 사용하고, 어떤 교회는 개인 잔을 사용한다. 또 어떤 교회는 줄지어 앞에 나와 수찬하고, 어떤 교회는 앉은 자리에서 수찬한다. 어떤 교회는 떡과 잔을 따로 받아 마시고, 어떤 교회는 떡을 받은 다음 그 떡을 포도주에 찍어 먹는다. 보는 관점에 따라 좋고 나쁘고의 차이를 말할 수 있겠지만, 그런 차이보다 더 중요한 것은 교회의 합의이고, 그 합의를 통해 성찬의 의미와 기쁨을 극대화할 수 있는가다.

주기도

어느 교회든 성찬례에서 다른 건 다 빼먹어도 빠뜨리지 말아야 할 기본 순서가 있다. 성찬 제정의 말씀, 주기도, 분찬, 주님께 감사. 이 네 가지 요소는 성찬례를 구성하는 가장 중요한 요소인데, 그중에서 주기도는 예수 그리스도께서 제자들에게 가르치신 가장 일반적인 기도로 모든 교파 예배에서 사용하는 기도문이다. 짧은 본문(눅 11:2-4)과 긴 본문(마 6:9-13)이 성경에 나오는데, 신약학자 라이너 리스너(Rainer Riesner)에 따르면, 누가복음의 짧은 본문은 예수께서 제자들에게 가르친 원형에 가깝고, 마태복음의 긴 본문은 잡히시기 전날 밤 주님이 드렸던 겟세마네 기도(눅 22:42)와 대제사장의 기도(요 17:15)를 교회 예배에 맞게 혼합하여 확장

한 기도문이다.[102]

예배 때는 통상 긴 본문인 마태복음 6장을 사용한다. 주기도가 성경 외에 등장하는 가장 오래된 자료인 《디다케》는 하루 세 번 기도하는 유대인의 관습과 유사하게 주기도를 하루 세 번 드리라고 권한다. 물론, 《디다케》에서 권하는 주기도는 공예배가 아니라 개인의 기도 생활에 대한 권면이다. 종교 개혁자 마르틴 루터도 《소교리문답》에서 아침저녁으로 주기도를 드리라고 신자들에게 권고한다.

주기도에 대한 해석은 다양한데,[103] 테르툴리아누스, 오리게네스, 키프리아누스 같은 굵직한 교부들이 다 한 번 다루었을 정도로 고대 교회에서도 매우 중요하게 취급되었다. 이들은 주기도를 그리스도의 복음을 요약한 것으로 해석하는 동시에 세례 예식에서 가장 중요한 요소로 꼽았다. 4세기 시리아 교회의 규범과 예배에 관한 8개의 자료 모음집인 《사도헌장》에 이 사실이 명시되어 있다. 지금은 예배에 참석한 모든 사람이 주기도문을 암송하지만, 1세기에는 세례받은 신자만 드릴 수 있는 기도였다. 주기도문을 자세히 보면, 여러 개의 간구가 이어진 것을 볼 수 있는데, 교부들은 각각의 간구를 단순히 신자의 일상생활에 필요한 것으로 이해하지 않고 성찬례와 연결해서 이해했다. 주기도에 나오는 '아

---

102. Rainer Riesner, *Jesus als Lehrer. Eine Untersuchung zum Ursprung der Evangelien-Überlieferung* (WUNT II, Bd. 7). (Tübingen: Mohr Siebeck, 1981), 446.

103. 초기 교부들의 해석과 주기도의 역사에 관해서는 다음 자료를 참조하라. Manfred Seitz, "Vaterunser III.", *Theologische Realenzyklopädie* (TRE). Bd. 34 (Berlin/New York: de Gruyter, 2002), 516-527.

버지'라는 표현이 오직 가족 관계에서만 가능한 호칭이니 세례로 하나님의 가족이 된 사람만 식탁에 앉아 서로를 부를 수 있다고 생각했을 것이다. 실제로 키릴로스는 주기도에 나오는 '일용할 양식'을 당연하게 성찬 떡과 연결해서 이해했다.[104]

이와 더불어 고대 교회에서는 '우리'라는 주기도문의 표현이 예배에 적합하다고 보고 '우리 죄를 용서하시고'라는 표현을 성찬 받기 전에 올리는 매우 훌륭한 간구로 인식했다.[105] 이렇게 이른 시기부터 동·서방 교회가 모두 주기도를 성찬례를 위한 중요한 기도문으로 받아들이면서, 성찬 감사 기도가 다 끝난 다음에 주기도를 드렸다. 서방 교회에서 주기도문이 예배 순서에 고정된 건 6세기 교황 그레고리오 1세 때다. 당시만 하더라도 사제 혼자만의 기도였고, 회중은 "다만 악에서 구하옵소서"라는 말만 함께 바쳤다. 그 후 8세기 카롤루스 1세 마그누스가 자신의 제국 내에 있는 모든 백성에게 주기도를 암송하라고 명령하면서 주기도를 암송하지 못 하는 사람은 유아 세례 때 아이의 후견인이 될 수 없었다. 이로써 교회에서 주기도는 기본이 되었다. 현대 로마 가톨릭교회에서는 장엄 미사와 함께 신자들이 성무일과에 따른 아침과 저녁 기도회에서 매일 주기도를 드리도록 규정했고, 신자들의 경건 생활을 위한 묵주 기도에도 주기도가 포함되어 있다.

루터교회를 비롯한 개신교회에서도 주기도문은 예배와 신앙생

---

104. Cyrill von Jerusalem, *Mystagigicae catecheses/ Mystagogieschen Katechesen*, Ed. Georg Röwekamp (Freiburg: Herder, 1992), 50, v.15.

105. 다음을 참조하라. *TRE*, 34, 509.

활에 빠질 수 없는 요소로 꼽히는데, 한국 개신교에서 종종 예배 말미에 축도 대신 주기도로 끝내는 유래는 정확히 알려지지 않았다. 혹시 안수받은 목사만 축도할 수 있다는 고정관념, 또는 주일 예배는 대(大)예배이니 그런 중요한 예배 때만 축도하고 나머지는 덜 중요하니 대충 주기도로 마무리하자는 어설픈 생각에서 비롯된 건 아닐까 싶다.

다시 돌아가자. 원형에 가깝다고 하는 누가복음의 주기도는 구조상 다섯 간구로 구성되어 있다. 그래서 아주 이른 시기인 2-3세기, 대개의 동·서방 전례에서는 다섯 간구에 영광송이 이어지는 형태로 진행된다. 6세기 콘스탄티노플 전례와 로마 전례에서 처음 네 간구는 모두 사제가 혼자 드리고, 마지막 다섯째 간구인 "다만 악에서 구하소서"만 회중이 응창하게 했다. 이어 사제는 자율적인 기도(부속 기도, *Embolismus*)를 덧붙인 다음 모든 회중이 영광송으로 "대개 나라와 권세와 영광이 아버지께 영원히 있사옵니다"를 한목소리로 고백한 후 환호송인 "아멘"으로 주기도를 마친다. 이를 통해 교회 공동체는 자신들이 속한 교회가 영원히 하나님의 것이며 그분께 모든 신뢰를 두고 있다는 고백과 찬미를 하늘에 올렸다[4개의 간구(사제)-부속 기도(사제)-영광송(회중)-다 함께 환호(아멘)]. 마지막 영광송, "주의 나라와 영광이 영원히 있습니다"는 1세기 말《디다케》에 나오지만, 1-2세기 마태복음 필사본 중 몇 개에는 이 영광송이 나오지 않는다. 특히, 중세 로마 교회의 경전으로 받아들인 라틴어 성경과 초기 로마 전례에도 이 영광송이 나오지 않기 때문에, 로마 가톨릭에서는 1960년대 전례 개혁이 있기 전까지 주기도문의 영광송을 사용하지 않았다.

이에 비해 에라스뮈스의 《헬라어 성서》(1516)를 바탕으로 번역한 마르틴 루터의 《독일어 신약 성서》(1522)에는 이 부분이 들어가 있었고, 주류 세계 교회가 이 번역본을 채택하여 사용하기 시작하자 드디어 로마 가톨릭도 1965년 전례 개혁에서 영광송을 받아들이기로 했다.

전례 교회 예배에서 주기도는 예배를 마무리하는 기도가 아니라, 교인들이 성찬을 나누기 전 하나님의 뜻에 순종하며 교회 공동체의 현실을 돌아보며 하늘 양식을 간청하는 기도다. 이 기도를 통해 교회는 참회, 자선, 봉사라는 경건의 모든 과제를 주의 식탁 앞에서 철저히 점검한다.

평화의 인사

집례자: 주님의 평화가 함께하시길 바랍니다.

회중: 주님의 종과도 함께하시기를 바랍니다.

주기도가 끝난 후 나누는 인사를 글로만 읽으면 예배 시작 인사처럼 보인다. 하지만 이 순서는 예배 시작 인사나 성찬 감사 기도에 나오는 도입구와 전혀 다른 '평화의 인사'다. 평화의 인사는 원칙적으로 집례자와 회중이 나누는 기도가 아니라 성찬을 나누기 전 형제와 화해하고 하나 되기 위해 나누는 인사다. 일반적으로 주위에 가까이 있는 신자들에게 목례를 하거나 악수 또는 포옹을 하면서 그리스도의 평화를 전한다. 그러나 더 깊은 의미에서 보자면, 산상 설교에서 하나님께 제물을 바치기 전 형제와 화해하라(마 5:23-24)는 예수의 명령, 그리고 부활하신 주님이 제자들을 찾아가 평화의 인사를 전했던 성구(눅 24:36; 요 20:19, 21, 26)에서 그 유래를 찾을 수 있다.

예수의 가르침에 따라 교회는 초기부터 평화의 인사를 예배 순서에 받아들였다. 2세기 자료인 유스티누스의《제1 변증서》에 따르면, 신자들은 말씀의 전례를 마감하는 '교회의 기도'를 드린 후 서로에게 입을 맞추고 떡과 잔을 나누었다. 그러니 평화의 인사는 정확히 말하면 '평화의 입맞춤'이었다. 그러다 보니 초기 교회사에서 기독교인은 성적으로 문란하다는 오해와 험담을 받는 주된 원인이 되기도 했다. 이와 관련하여 테르툴리아누스는 당시 상황을 이렇게 전한다.

> 어느 남편이 자기 아내가 이 거리 저 거리를 지나 외간 남자들의 집, 특히 가난하고 초라하기 짝이 없는 사람들의 집에 방문하는 것을 허락하겠습니까? 자기 아내를 야간 집회에 빼앗기는 걸 참아 낼 남편이 어디 있겠습니까? 부활절 전야 예배에 참여한다고 밤새 집을 비우는 아내를 아무 걱정 없이 감내할 남편이 어디 있을까요? 사람들이 비난하는 식탁에 참여하는 것을 의심하기는커녕 묵과할 남편이 어디 있을까요? 어느 남편이 자기 아내를 감옥으로 몰래 보내 곧 사형당할 사람들에게 입을 맞추도록 허락하겠습니까?[106]

106. 다음 책에서 재인용했다. 알렌 크라이더,《회심의 변질》, 48-49.

3세기 교회에서 평화의 입맞춤은 남녀 구분이 없었고, 옥에 갇힌 형제들을 찾아가서도 공동체의 인장으로 사용했지만, 입교하지 않은 세례 예비자들은 아직 거룩하지 않다고 여겨 허락하지 않았다. 그렇다고 평화의 인사가 꼭 입맞춤으로 통일되었던 건 아니다. 동시리아 전례에서는 입술 대신 서로의 손가락을 대기도 했고, 로마 전례에서는 오직 사제들끼리만 입을 맞추는 것으로 제한했다가, 13세기 중반 영국에서는 소위 오스쿨라토리움(*osculatorium*)이라고 불리는 가로세로 약 15-30센티미터 크기의 '평화 그림판'에 입을 맞추는 관습이 생겼다. 이 관습은 점차 유럽 전체에 퍼지기도 했는데, 교황 비오 5세는 평화의 입맞춤을 미사 고정 순서에 넣기도 했다.[107]

어떤 예식이든 마찬가지겠지만, 평화의 인사도 문화와 교회의 상황에 따라 다양한 변형이 있었다. 이런 변형에도 불구하고 이 인사에는 "우리는 그리스도 안에서 서로 하나 된 가족입니다. 이제 당신의 몸을 우리 안에 모실 준비가 되었습니다"라는 중요한 의미가 담겨 있다. 이 마음으로 서로 바라보고 서로 손을 잡고 서로 포옹하며 그리스도의 온기를 나누는 시간, 이와 더불어 이웃과 화해하고 일치를 소망하는 시간이 평화의 인사다.

---

107. Josef Andreas Jungmann, *Missarum Sollemnia II*. (Vienna-Freiburg-Basel: Herder, 1962), 399-413.

하나님의 어린양

세상 죄를 지고 가는 하나님의 어린양, 우리를 불쌍히 여기소서.
세상 죄를 지고 가는 하나님의 어린양, 우리를 불쌍히 여기소서.
세상 죄를 지고 가는 하나님의 어린양, 우리에게 평화를 주소서.
아멘.

기독교 초기부터 예수 그리스도를 '하나님의 어린양'으로 부르는 건 상당히 널리 퍼져 있었다. 출애굽과 관련된 유월절 사건에서도 어린양은 구원의 상징으로 제시되고(출 12장), 선지자 이사야가 부른 네 번째 '종의 노래'에도 등장한다(사 52:13 이하). 신약에서는 더욱 직접적이다. 세례 요한은 세례받으려고 걸어 나오는 예수를 가리켜 "보라 세상 죄를 지고 가는 하나님의 어린 양이로다"(요 1:29)라고 선언한다. 최후의 만찬을 유대인의 절기와 연결해 보면, 예수의 십자가 처형은 유월절 어린양이 도살되는 날에 맞춰 진행된다. 사도 바울은 그의 서신에서 예수를 '유월절 양'(고전 5:7)이라고 부르고, 요한계시록에서는 어린양이 그리스도의 상징으로서 종말의 때 가장 높은 위치에서 전권을 행사한다(계 5:6 이하). 어린양은 전통적으로 생명과 순결의 상징인데, 그리스도인들은 무고한 하나님의 아들이 인간의 죄를 위해 희생되신 유비로 이해했다. 이 희생을 통해 그리스도는 타락한 피조물과 하나님을 화해하는 중재자, 죄와 죽음을 이긴 최종 승리자로 드러난다. 이 화해는 예수를 구주로 믿고 세례받은 신자들이 주의 만찬을 함께 나눌 때 실현된다.

로마 가톨릭교회에서는 교황 세르지오 1세 시대에 주기도문에 이어 부르는 연도(連禱)로 이 찬송이 미사에 도입되었다. 그런데 그 과정이 참 재미있다. 692년 비잔틴 제국의 황제 유스티니아노스 2세는 콘스탄티노플에 동로마 제국 출신 227명을 소집한 다음 제국의 궁전 건물인 트룰로에서 공의회를 진행한다. 이때 오랫동안 논쟁이 되었던 여러 교리를 다루는데, 결정 사항 중 하나가 바로 그리스도를 '하나님의 어린양'으로 상징하는 일체의 행위를 금지하는 것이었다.[108] 이런 공의회 결정에 서방 교회 교황 세르지오 1세는 정면으로 반대하고 오히려 그동안 고정 순서가 아니었던 〈하나님의 어린양〉 찬송을 미사 통상문에 넣었다. 트룰로 공의회 덕분에 서방 교회 예배에는 이 찬송이 자리를 잡았고, 반대로 동방 교회 예배에서는 이 순서의 흔적을 찾아볼 수 없게 된 것이다.

교황 세르지오 1세는 〈하나님의 어린양〉 찬양을 독창자나 일부 성가대가 아니라 회중 전체가 부르도록 지시했다. 순서상 평화의 인사가 끝나면 이 찬송이 시작되는데, 사제가 신자들의 수에 맞게 떡을 쪼개는 동안 회중들이 이 찬송을 불렀다.[109] 지금은

---

108. Piero Marini, "Die Konzilsakten des Zweiten Konzils von Nizäa – des Siebten Ökumenischen Konzils. Ikonographie und Liturgie. II. Der Bilderstreit". Herausgegeben vom Heiligen Stuhl, Amt für die liturgischen Feiern des Papstes (2005. 2. 5).

109. 다음 책과 비교해 보라. 마르틴 루터, 《루터전집 53: 예식과 찬송》, 나형석 옮김 (컨콜디아사, 2017), 32-33. 루터는 떡을 쪼개는 예식과 잔에 떡을 넣어 섞는 등 성서적이지 않은 부가적 상징 행위를 폐기해야 할 대상으로 보았다.

딱 세 번만 반복하도록 구성되어 있지만, 당시만 해도 사제가 그만하라고 신호할 때까지 계속 불러야 했다. 그러다가 성체를 쪼개는 동안 부르던 원래의 기능이 사라지고 독자적인 예식으로 따로 떨어지게 되어, 회중 대신 독창자나 성가대의 성가로 변하거나 떡 쪼갬과 전혀 상관없이 부르기도 했다.

일반적으로, 루터교회에서는 회중이 이 찬양을 부를 때 집례자와 성찬 봉사자들이 먼저 성찬을 나눈다. 그다음 회중이 떡과 잔을 나눈다. 이때 "이것은 당신을 위한 주님의 몸입니다", "이것은 당신을 위한 주님의 피입니다"라는 말과 함께 떡과 잔을 배찬한다. 집례자와 수찬자 사이에 놓인 떡과 잔은 서로 다른 성도들을 하나로 중재하는 그리스도의 몸이다. 우리는 모든 것이 다르지만, 우리를 한 식탁으로 불러 주신 그리스도는 우리를 하나로 묶으시고, 우리의 밥이 되신 그리스도 덕에 우리는 세상의 밥이 될 힘을 얻는다.

분찬

성찬 받을 때 자리에 앉아서 받아야 할까, 아니면 앞으로 나와서 받아야 할까? 한국 개신교회에서는 일명 '잔 돌리기' 방식이 일반적이다. 성찬 감사 기도와 성찬 제정의 말씀이 끝나면, 성찬위원들이 앞에 나와 떡과 포도주를 받고 이걸 회중석으로 가져간다. 신자들은 자기 차례가 오면 앉은 자리에서 그대로 떡과 잔을 하나씩 집어 먹는다. 그걸로 성찬은 끝난다. 편하고 간단하며 진행도 신속하다. 시간도 절약된다. 그러나 루터교회를 비롯한 전례교회 교인들에게는 이런 분찬 방식이 무척 당혹스럽다. 전례 교회에서는 집례 단상(가톨릭에서는 '제대칸') 앞으로 신자들이 나와 수찬하는 방식을 오랫동안 고수해 왔기 때문이다. 그러면 왜 회중석이 아니라 앞으로 나와서 수찬하는 것일까? 마르틴 루터의 설명이 도움이 될 것 같다.

> 수찬자는 (성찬에) 참여하는 자나 참여하지 않는 자 모두의 시선에 공개적으로 노출되고 인식되어야 합니다. 성찬을 받는 신자들의 삶이 보다 잘 드러나고 검증되며 평가되게 하려는 것입니다. 성만찬에 참여한다는 것은 저들이 하나님과 천사 그리고 사람들 앞에서 스스로 그리스도인이라는 것을 자인하는 고백의 일부입니다.[110]

루터의 말대로라면 수찬자는 회중석이 아니라 회중과 구분되는 장소로 걸어 나와야 한다. 이것은 생명의 양식이 되시는 그리스도 앞으로 나아오는 한 개인의 '신앙 고백'인 동시에, 사람 속에서 선한 삶을 살아 내야 한다는 그리스도인의 '사회적 책임을 선언'하는 행위다. 이런 이유라면 앉아서 받기보다 일어나 앞으로 나오는 게 좋지 않을까?

어떤 이가 내게 이렇게 물었다.

> 두 가지 질문이 있습니다. 1) 이번에 제가 다니는 교회에서도 성

110. 마르틴 루터, 《루터전집 53: 예식과 찬송》, 40.

도들이 성찬을 받기 위해 떡과 잔이 있는 곳으로 나오는 방식으로 수찬 방식을 변경했습니다. 그런데 거동이 불편한 분들은 어려워하시더라고요. 연로하신 분들이나 장애우 등 거동이 불편한 분들에 대해서는 어떻게 해야 할까요? 2) 수찬 방식에 관련한 질문은 아니나 세례를 받지 않은 새 신자가 분위기에 휩쓸려 수찬하러 나오면 어떻게 해야 할지, 성찬이 진행되는 가운데 나오시면 안 된다고 막아야 하는지 고민이었습니다. 좋은 방법이 있을까요?

첫 번째는 간단한 문제다. 집례자가 회중석으로 직접 가면 된다. 수찬 행렬이 다 끝나면, 집례자가 회중석을 향해 돌아보며 반드시 확인해야 한다. 거동이 불편한 사람을 위해 직접 그 자리를 찾아가서 눈높이를 맞추고 분찬하라. 집례자가 알아채지 못할 경우를 대비해서 예배 위원들은 항상 누가 불편해서 나오지 못했는지 알아 두었다가 분찬이 끝날 때 집례자에게 알려 주어야 한다.

두 번째는 교회마다 다르다. 보통 교단 신학이나 교회 상황에 좌우된다. 먹고 세례를 받는 것인지, 아니면 세례받고 먹는 것인지에 대한 문제는 매우 오래된 신학 논쟁 중 하나다. 루터교회만 하더라도 둘이 팽팽히 맞선다. 루터 본인은 "은혜가 갈급한 사람이면 누구나 다 주님의 만찬에 초대되었다"라고 가르친다. 열린 성찬이다. 그러나 2세대 개혁가인 필리프 멜란히톤(Philipp Melanchthon)은 '오직 세례받은 사람'으로만 제한한다. 아무에게나 성찬을 주었을 때 교회 내 혼란이 야기되었기 때문이다. 초대교회 때는 (일반적으로) 세례받은 자만 준 것으로 알려져 있다. 우리

교회는 성찬 받고 싶어 나오는 이들에게 모두 준다. 막지 않는다. 그런데 수찬 정지를 받은 사람이 목사가 어쩌나 보려고 악한 마음으로 나올 수 있다. 그렇다 하더라도 나는 기꺼이 준다. 심판은 주님의 몫이기 때문이다. 만일 그 사람이 주의 몸을 분별하지 못하고 먹는다면 그는 저주를 제 입으로 먹는 꼴이 된다. 그러니 그냥 준다.

성찬 후 기도

온 회중이 떡과 잔을 나눈 후 수찬이 끝난 신자들은 각자 자리에서 침묵하며 감사의 기도를 올린다. 배찬이 끝난 집례자는 성배와 성작을 모두 정리한 후 회중에게 "다 같이 일어나 기도합시다"라고 한 다음 팔 벌려 아래와 같이 기도한다.

> 우리가 함께 나눈 그리스도의 이 몸과 피가 여러분을 진실한 믿음 가운데서 영원한 생명에까지 강건케 하며 보존하시기를 원합니다. 아멘.

일명 '영성체 기도'라고도 불리는 이 기도는 '오늘의 기도'처럼 집례자의 기도인데, 이미 4세기부터 성찬례의 고정 요소로 자리 잡았다. 성찬 후 기도는 《사도전승》에서 보듯, 성찬례에 대한 감사 기도일 뿐 아니라 앞으로의 생활을 위한 간청과 축복 선언이기도 하다.[111] 그래서 기도 말미에 집례자는 십자 표시로 기도를 마감할 수 있다.

1세대 종교 개혁가 츠빙글리는 1523년 미사 예식에 대한 신랄한 비판과 함께 예배 의식 수정본으로 《미사 전문 비판De canone missae epicheiresis》을 발간했다. 이 의식서에서 그는 떡과 잔을 나누며 〈시므온의 노래Nunc Dimittis〉를 함께 부른 후 '성찬 후 기도'로 모든 예식을 마무리하자고 제안했다. 한국 루터교회는 성찬 후 기도에 이어 1523년 츠빙글리가 제안한 〈시므온의 노래〉를 가락에 맞춰 온 회중이 찬송한다. 시므온의 찬가(눅 2:21-40)는 구원의 날을 기다리며 평생 성전을 지키던 시므온이 아기 예수를 만나 그 감격을 노래한 찬송이다. 성찬례를 마친 신도들은 성찬의 기쁨을 이 찬송에 얹어 하나님께 감사드리며 찬미한다. 루터교회 예배에 〈시므온의 노래〉가 들어온 시기를 특정하긴 어렵지만, 18세기 독일일 가능성이 크다. 이 시기 독일은 개혁파와 루터파가 혼재되어 있었다. 아직도 독일 서부 일부에는 개혁파와 루터파의 예배와 신앙 고백을 공동으로 받아들인 교회가 남아 있고, 성례전의 논리 순서로 보아 성찬 후 〈시므온의 노래〉로 감사하며 찬송하는 모습은 매우 자연스럽다. 감사 찬송인 〈시므온의 노래〉가 끝나면 집례자와 회중이 이렇게 '감사의 대화'를 나눈다.

집례자: 주님은 선하시니 그에게 감사드리세.
회중: 그의 사랑이 영원하시도다.

감사의 대화가 끝나면 집례자가 이렇게 기도한다.

---

111. Josef Andreas Jungmann, *Missarum Sollemnia II*. (Vienna-Freiburg-Basel: Herder, 1962), 520-527.

전능하신 하나님 아버지, 이 성찬의 은사로써 우리를 새롭게 하여 주심을 감사드립니다. 기도하옵기는, 이 은사를 통해 우리를 더욱 강건케 하사 주님을 향한 믿음과 이웃을 향한 사랑 가운데 살게 하옵소서. 유일하신 성부와 성령과 함께 영원히 살아 계셔서 다스리시는 우리 주 예수 그리스도의 이름으로 기도합니다. 아멘.

이 기도는 성찬 후 기도의 연장이다. 천주교나 성공회에는 이런 식으로 성찬 후 기도가 연장되는 경우가 없고 이런 기도문도 없다. 이 기도문의 출처는 루터의 1526년 논문 〈독일어 미사와 예배 순서〉라서[112] 오직 루터교회 예배 의식서에만 나온다. 루터는 그 논문에서 이 기도를 축도 앞에 놓고, '모음 기도'라고 부르는데, 일반적으로 모음 기도를 말씀의 전례를 시작하는 도입 기도로 생각하던 시대에 마무리 순서로 사용한 건 매우 독특한 해석이다.

복의 선언

일반적으로 '축도', '강복'이라고 부르는 이 순서는 개신교에서 여러모로 이야깃거리가 많다. 한쪽에서는 '찌어다파'와 '합니다파'가 싸우고, 다른 한쪽에서는 목사와 장로가 서로 자기가 하겠다고 싸운다. 어느 쪽이 이길까?

---

112. *WA* 19, 102; 마르틴 루터, 《루터전집 53: 예식과 찬송》, 105.

우선 이 문제부터 살펴보자. 목사가 아니어도 축도할 수 있을까? 한국 교회에서 장로와 목사들이 기 싸움을 하듯 종종 논쟁하곤 하는데, 죽고 사는 문제 아니니 형편에 따라 하면 될 일이다. 단, 전례 교회의 예배 역사에 국한해서 말하자면, 축도(祝禱) 또는 강복(降福)이라고 불리는 예배 끝의 '복의 선언'은 주례자, 즉 예배 집례자의 의무에 속한다. 좀 더 엄밀히 말하면, 축도는 목사라고 해서 다 할 수 있는 것도 아니고, 예배 시간에 담임 목사와 절친한 목사, 아니면 유명한 목사가 앉아 있는 게 보여서 굉장히 예의 바른 척 추켜세우며 맡길 수 있는 순서도 아니다.

예배 끝에 하는 '복의 선언'은 원칙적으로 예배 초입의 '오늘의 기도'와 마찬가지로 주례자에게 권한이 있다. 예외는 있다. 해당 교단의 지도자인 감독/주교/총회장이 예배에 참석했을 때는 집례자보다 그에게 우선권이 있다. 왜 이런 말을 하는지 역사를 살펴보자.

거의 모든 기독교 예식이 그렇지만, 공예배 끝에 회중을 위해 복을 비는 축도의 유래도 유대인의 예식에서 비롯되었다. 예식 마감 기도 역시 유대인의 오랜 풍습이었다. 기독교 예배의 축도에 가장 직접적인 끈이 된 건 회당 예식으로 추정된다. 한국 교인들은 '축도'라고 하면 "우리 주 예수 그리스도의 은혜와…"로 시작하는 바울 사도의 축도(고후 13:13; 롬 15:5-6; 엡 6:23-24; 살전 5:23; 살후 3:16, 18; 히 13:20-21)부터 떠올리겠지만, 교회 예배 역사에서는 유대교 회당 예식 끝에 회당장이나 예식을 집례한 주례자가 하던 아론의 축도(민 6:24-26)가 더 익숙하다.

성서를 제외하고 기독교 예배 역사에서 가장 오래된 축도는 갈리아 전례에서 확인된다. 단, 갈리아 전례에서 축도는 회중을 위한 주례자의 강복(降福)이 맞지만, 예배 끝에 하는 게 아니라 성찬례를 준비하기 위해 퇴장하는 성찬 봉사자들을 위한 축복의 시간이었다.[113] 아를의 카이사리오의 글에서도 성찬 받지 않고 퇴장하는 신자를 위해 강복했다는 기록이 확인되지만,[114] 이런 갈리아식 축도는 얼마 되지 않아 자취를 감추었다.

예배 끝에 공식적인 순서로 자리 잡은 건 중세 후기부터다. 그 전에는 미사(영성체)가 다 끝나고 주교가 퇴장하면서 이 사람 저 사람 축복 기도해 주던 게 다였다. 그런데 교회마다 주교가 있는 것도 아니고, 어쩌다 주교가 예배에 참석했다 해도 성도 한 사람 한 사람 붙잡고 일일이 축도해 줄 수도 없는 노릇이었다. 문제는 성직자의 기도 한 번 받아 보려고 애타는 성도들이 예배마다 가득했다는 점이다. 이를 어떻게 해결했을까?

어찌 보면, 예나 지금이나 다르지 않은 것 같다. 축도만 끝나면 쏜살같이 사라지는 신자들을 보면, 그래도 최소한 축도의 중요성은 알고 있다는 증거가 아닐까 싶다. 주교의 수는 제한적이고, 미사의 성찬례가 끝나면 떡과 포도주를 올렸던 성작과 성반을 닦고 마무리를 해야 하는 사제, 그리고 성직자의 축복 기도를 기대하며 예배 후에 기다리는 교인들. 이 사이에서 교회는 하나의 해결

---

113. Josef Andreas Jungmann, *Messe im Gottesvolk. Ein nachkonziliarer Durchblick durch Missarum Sollemnia* (Freiburg-Basel-Wien, Herder, 1970), 84.

114. Cäsarius von Arles, Sermons, in *Corpus Christianorum Series Latina*, vol. 103, Ed. German Morin (Turnhout: Brepols, 1953), 294.

책을 내놓았는데, 예배 끝에 공동체 전체를 위한 '복의 선언', 소위 우리가 좋아하는 축도 또는 강복 순서가 바로 그것이다.

9세기 신성 로마 제국의 카롤루스 1세 마그누스의 제국 통합 정책에 힘입어 영토 안에 있는 교회들은 수정·보완된 로마 전례 안으로 하나씩 편입되기 시작했는데, 예배 끝 순서에 예배 마감 축도가 이때 자리 잡았다. 앞서 언급한 대로, 주교가 예배 후 기다리는 신자들에게 일일이 복을 빌며 기도해 주던 것에서 교회 축일이나 기념 예배 끝 순서에 주교가 축도하는 것으로 바뀌었다가 지금은 축도가 정식 순서로 자리 잡았다. 중세 축도가 오늘의 것과 다른 점이라면, 제사장의 축도로 알려진 아론의 축도(민 6:22-26)를 사용할 경우 각 문장의 앞 구절은 집례자가, 끝 구절은 회중이 나누었다는 점이다. 예를 들면 이런 식이다.

집례자: 주 하나님께서 여러분에게 복을

회중: 주시고,

집례자: 여러분을 지키시기를

회중: 원하며

집례자: 주께서 그 얼굴을 여러분에게 비치사 은혜 베푸시기를

회중: 원하며

집례자: 주께서 그 얼굴을 여러분에게 향하여 드사

회중: 평강 주시기를 원합니다. 아멘.

이처럼 회중과 함께 응창 형식으로 나누던 아론의 축도는 중세 시대 일반적인 축도로 자리 잡았다. 하지만 직제의 위계를 교회

론의 핵심으로 이해하던 중세 교회에서 축도의 우선권은 언제나 주교에게 있었고, 주교가 없을 때만 집례 사제가 축도권을 행사했다. 강복의 형식은 아론의 축도가 가장 오래되었지만, 꼭 그것만 있었던 건 아니다. 중세 시대 매우 다양한 강복 기원문이 미사에 사용되고 있었다는 걸 8세기 하드리아노의 《그레고리오 성사집》만 보더라도 쉽게 확인할 수 있다.

예배 역사만 놓고 보면, 소위 '축도권'은 성직 위계를 따를 수밖에 없다. 하지만 여기에서 간과하고 있는 게 하나 있는데, 각 교회의 교회관에 따라 이 기준은 바뀔 수 있다는 점이다. 정교회와 가톨릭 신학에서는 교회론의 핵심을 직제에 두기 때문에 주교와 사제의 축도권은 양보할 수 없는 일이다. 하지만 '교회가 서고 넘어지는 기준'을 칭의론으로 설명하면서 만인제사장직을 가르치는 루터교회에서는 그런 위계적 축도권을 고집하지 않는다. 물론, 이 땅의 교회 현실에서 조화와 질서라는 측면에서 보면, 교회 공동체로부터 말씀과 성례전의 직무를 위임받은 목사가 축도하는 게 일반적이긴 하지만, 그렇다고 굳어 있는 율법 조문처럼 꼭 그래야 하는 건 아니다. 목사의 직분이 공동체의 합의와 인정 아래 세워졌기 때문에, 교회의 합의나 해당 교회 목회자의 적법한 위임이 있다면, 평신도가 축도할 수 있는 길도 열려 있다. 루터교회만 그런 것일까? 현실은 어떨지 모르겠지만, 교회의 계급적 위계질서를 거부하고 그리스도 안에서 평등한 공동체를 지향하는 개신교회라면 어디라도 동의할 것이다. 한번 곰곰이 돌아보길 바란다.

이와 더불어 축도의 끝말을 명령형(찌어다)으로 하느냐, 청유형

(원합니다)으로 하느냐도 또 다른 논란거리다. 전례 교회에서 통용되는 아론의 축도든, 한국 교회에서 통용되는 사도의 축도든, 모두 같은 원칙으로 설명할 수 있다. 원론적으로 강복(降福)은 복의 선언이고, 복을 내리는 주체는 하나님이시다. 집례자는 하나님의 대언자로서 하나님의 복을 회중에게 선언하는 직무를 위임받았다. 위임받은 자가 자기가 복을 내려 주는 것처럼 마음대로 바꿀 수 없다. 그래서 강복의 종결은 성서 말씀 그대로 따라야 맞다. 그런데 바로 이 지점에서 문제가 발생한다. 축도가 기록된 성서 구절을 명령과 청유 어느 쪽으로도 해석할 수 있기 때문이다. 그래서 번역은 반역이라고 했던가? 명령이든 청유든 각자 자신 있게 복을 선언하되, 그 복의 근원이 걸걸한 목소리로 팔 벌려 축도하는 담임 목사가 아니라, 조용히 사람을 통해 일하시는 하나님이라는 사실을 깊이, 그리고 겸손하게 새긴다면, 명령형이든 청유형이든, 그것으로 충분하다.

파송

복의 선언이 끝나면 루터교회 예배 집례자는 손을 펼쳐 성도들을 일상의 자리로 파송하며 이렇게 말한다. "이제는 평안히 가십시오. 그리고 주님을 섬기십시오." 회중은 집례자를 향해 목례하며 이렇게 응답한다. "하나님께 감사드리세." 이제 파송 찬송과 함께 촛불 점화자-예배 봉사자-집례자 순으로 퇴장한다.

로마 가톨릭 미사 통상문은 네 개의 파견사를 제공한다. "미사가 끝났으니 가서 복음을 전합시다/ 주님과 함께 가서 복음을 전합시다/ 평화로이 가서 주님을 찬양하며 삽시다/ 미사가 끝났으니 평화로이 가십시오." 사제는 네 개의 파견사 중 자유로이 하나를 선택하고, 회중은 "하느님 감사합니다"로 응답한다. 성공회에서는 "나가서 주님의 복음을 전합시다/ 나가서 주님의 평화를 이룹시다/ 나가서 주님의 사랑을 나눕시다" 중 하나를 집례자가 선택하고, 회중은 "그리스도의 이름으로. 아멘"으로 응답한다.

고대 교회에는 각 지역과 문화의 특성만큼 다양한 전례가 있었고, 그만큼 파송사도 다양했다.[115] 하지만 루터교회든 천주교회든 성공회든 고대 교회든, 파송사의 공통분모는 하나님과 함께하는 예배가 이것으로 끝난 게 아니라 일상 속에서 진짜 예배가 시작된다는 데 있다. 예배는 말씀과 성찬이라는 은총의 도구로 쉼을 얻은 다음, 우리가 각자 삶의 자리로 돌아가 그리스도의 사람으로 충실히 살아가는 데 그 목표가 있다. 따라서 파송 순서는 단순히 예배의 끝을 알리는 장식품이 아니다. 오히려 이제 시작되는 일상의 예배에 복음의 감격을 안고 첫걸음을 내딛는 시간이다. 중앙루터교회 주일 공동 예배에서는 이 시간 모두 자리에서 일어나 입당 때처럼 찬송한다. 첫 입당이 말씀과 성찬이 있는 교회당으로 향하는 입당이었다면, 파송은 하나님을 발견할 수 있는

---

115. 예를 들면 다음과 같다. 암브로시오 전례: "*Procedamus in pace*"(우리가 평화롭게 나아갑시다), "*In nomine Christi*"(그리스도의 이름으로). 모자라비 전례: "*Solemnia completa sunt in nomine DNI C: votum nostrum sit acceptum cum pace*"(우리 주 예수 그리스도의 이름으로 끝났습니다. 우리의 기도가 평화롭게 받아들여지기를 바랍니다), "*Deo gratias*"(하나님께 감사드립니다). 아퀼레이아 전례: "*Viam pacis*의 *Ite benedicti et electi: pro vobis Deo Patri hostia missa est*"(축복을 받고 평화의 길을 택하십시오. 당신을 위해 희생자가 아버지 하나님께 보내졌습니다).

일상으로 향하는 입당이다.

다음은 루터의 종교 개혁 3대 논문 중 하나인 〈그리스도인의 자유〉에 나오는 구절이다.

> 그리스도인은 자기 안에 갇혀 살지 않습니다. 믿음은 분명히 우리를 하늘로 들어 올립니다. 그러나 그 자리에 머물지 않습니다. 사랑은 거기서 내려오게 만들고, 나 자신을 통과해 이웃 안으로 들어가게 합니다. 왜냐하면, 하나님은 사랑이시기에 (하늘이 아니라) 내 이웃 안에서 사시기 때문입니다. 이것이 그리스도가 요한복음 1장에서 말씀하신 내용입니다. … 신앙의 자유란 방종을 뜻하지 않습니다. 그리스도인의 자유란 모든 죄와 율법을 넘어 이웃을 사랑하고 섬기는 자유를 말합니다. … 그리스도인이라면 이 자유를 철저히 사용해야 합니다.[116]

우리에게 예배란 무엇일까? 이 질문은 교회 역사가 이어지는 동안 계속될 것이고, 그 답을 구하는 노력도 계속될 것이다. 하지만 이런 질문과 답을 찾는 모든 노력 속에 변하지 않는 한 가지 진리가 있다면, "그리스도인의 삶이 곧 예배다"라는 명제일 것이다.

---

116. Martin Luther, "Tractatus de liberate christiana"(1520), in *WA* 7, 69f.

부록 1

디다케: 열두 사도의 가르침

열두 사도를 거쳐 백성들에게 베푸신 주님의 가르침

제1부 두 가지 길(1–6장)

1.

두 가지 길이 있습니다. 생명의 길과 죽음의 길, 이 둘의 차이가 큽니다.

생명의 길은 당신을 창조하신 하나님과 이웃을 당신 자신처럼 사랑하는 길입니다. 당신이 하기 싫은 일은 어떤 것도 다른 이에게 요구하지 마십시오.

이 구절의 뜻은 이렇습니다. 당신을 저주하는 사람을 축복하고, 원수를 위해 기도하며, 당신을 박해하는 이를 위해 금식해야 합니다. 친한 사람만 사랑한다면 그게 무슨 은혜 베푸는 일입니까! 이방인도 그렇게 하지 않습니까? 당신을 미워하는 자를 사랑하십시오. 그러면 원수가 생기지 않을 것입니다.

육체의 욕망을 멀리하십시오. 누가 당신의 오른쪽 뺨을 치면 다른 쪽도 돌려 대십시오. 그때 당신이 온전하게 됩니다. 누가 천 걸음 가라고 하면 그와 함께 이천 걸음을 가십시오. 누가 겉옷을 빼앗거든 속옷도 주십시오. 누가 당신 것을 가져가면 돌려 달라고 하지 마십시오.

또한, 이런 일도 명심하십시오. 달라는 대로 모든 이에게 다 내어주되, 돌려 달라고 하지 마십시오. 아버지께서는 당신의 선물이 모든 사람에게 주어지기를 원하시기 때문입니다.

복되도다, 계명에 순종하여 내어 주는 사람이여.

그대는 죄가 없도다.

불행하도다, 받기만 하는 사람이여.[1]

그러나 (궁핍하여) 받을 필요가 있어 받는 자는 죄가 없도다.

그러나 필요 없는데 받은 사람은

왜, 무슨 목적으로 받았는지 셈을 하게 될 것이며,

감옥에 갇혀, 자신이 행한 일에 대해 조사받고

마지막 고드란트[2]를 갚기까지 나오지 못할 것이다.

이런 말씀이 있습니다. "누구에게 줄 것인가 확실해질 때까지 당신 손에서 땀 나게 하십시오."[3]

2.

그다음 명심해야 할 계명입니다.

"살인하지 말라. 간음하지 말라. 남색하지 말라. 음행하지 말라. 도둑질하지 말라. 마술하지 말라. 독을 섞지 말라.[4] 아이를 낙태하

---

1. 라틴어 역. "불행하여라, 갖고 있으면서 속임수로 받는 이들이여! 불행하여라, 충분히 갖고 있으면서도 받는 사람들이여. 심판 날 주 하나님께서 그대들에게 그것을 왜 받았는지 반드시 셈을 하실 것이라."
2. 로마 화폐의 최소 단위 동전으로 로마 은전 데나리온의 64분의 1에 해당하며, 누가복음 12장 59절에서는 '렙돈'이라고 부른다.
3. 아무에게나 자선을 베풀지 말고, 도움이 절실한 사람을 찾아내어 자선하라는 뜻이다. 자선 대상을 신중히 물색하라는 뜻이다.

여 살인하지 말고, 갓난아이를 죽이지도 말라. 이웃의 소유를 탐내지 말라. 거짓 맹세하지 말라.[5] 거짓말로 증언하지 말라. 욕하지 말라. 악을 기억하지 말라. 두 마음을 가지거나 한 입으로 두말하지 말라."

이것들은 모두 죽음의 올가미입니다. 당신은 거짓을 말하거나 헛된 말을 하지 말고, 말을 하면 실천하여 완성해야 합니다. 당신은 탐욕자, 강탈자, 위선자가 되지 말고, 모질거나 건방지지 말아야 합니다.

당신은 이웃을 향해 악한 마음을 품지 말아야 합니다. 아무도 미워하지 말고, 오히려 그들을 타이르고, 기도하며, 그들을 당신 목숨보다 더 사랑해야 합니다.

3.

나의 아들이여, 모든 악과 그 비슷한 것까지도 모두 피해야 합니다. 분노하지 마십시오. 분노는 살인으로 이끌기 때문입니다. 피가 끓는 감정의 사람이 되지 말며, 다투지 말고, 흥분하지 말아야 합니다. 살인은 여기에서 시작되기 때문입니다.

나의 아들이여, 정욕에 불타는 자가 되지 마십시오. 정욕은 음행으로 이끌기 때문입니다. 음담패설을 하지 말고, 음흉한 눈빛도 던지지 말아야 합니다. 간음이 여기에서 시작되기 때문입니다.

나의 아들이여, 점쟁이를 따르지 마십시오. 점치는 일이 우상

---

4. 요술하지 마시오.

5. 할 마음도 없으면서 하겠다고 하지 마시오.

숭배로 이끌기 때문입니다. 주술을 하지 말고, 점성술을 하지 말고, 일체의 미신 행위를 버리고, 그런 것에는 눈길도 주지 말고 듣지도 마십시오. 우상숭배가 여기에서 시작되기 때문입니다.

나의 아들이여, 거짓말쟁이가 되지 마십시오. 거짓말이 도둑질로 이끌기 때문입니다. 돈을 좋아하지 말고 허영에 들뜨지 말아야 합니다. 도둑질이 여기에서 시작되기 때문입니다.

나의 아들이여, 불평하지 말아야 합니다. 불평은 중상모략으로 이끌기 때문입니다. 거만하지 말고 악한 마음을 버리십시오. 중상모략이 여기에서 시작되기 때문입니다.

부드러워야 합니다. 온유한 사람은 땅을 상속받게 될 것입니다. 잘 참고 자비로우며 사악한 마음을 멀리하고, 조용하고 착해야 합니다. 들은 말씀에 대해 늘 경외심을 가지십시오. 자만하지 말고, 예의 없이 굴거나 거만한 영혼이 되지 않도록 조심하십시오. 영혼이 교만한 사람과 사귀지 말고, 의로운 사람, 겸손한 사람과 교제해야 합니다. 하나님 없이 그 어떤 일도 불가능하다는 것을 명심하고, 당신에게 닥치는 모든 일을 하나님의 선한 일로 받아들이십시오.

4.

나의 아들이여, 하나님의 말씀을 들려주는 사람을 기억하고, 그를 주님처럼 존경하고 언제나 좋은 것으로 대접해야 합니다. 주님의 권위와 주권이 흘러나오는 그곳에 주님이 계시기 때문입니다. 그러므로 날마다 거룩한 그들의 얼굴을 찾아 그의 입에서 나오는 말씀을 의지하십시오. 분란을 일으키지 말고, 다투는 자를 화해시켜야 합니다. 범법을 꾸짖고 심판할 때는 얼굴을 고려하지 말고 올바름을 따라 움직여야 합니다. 하나님의 뜻에 따라 하는 일이라면, 될지 안 될지 의심하지 말고 단호히 행해야 합니다.

얻기 위해 손을 벌리지 말고, 주기 위해 오므리십시오. 당신 손에 수익이 생기면, 당신 죄를 갚기 위해 나눠 주십시오.[6] 주는 것을 망설이지 말며, 주면서 불평하지 말아야 합니다. 후하게 보상해 주시는 분이 누구신지 곧 알게 될 것입니다. 궁핍한 자를 지나치지 말며, 모든 것을 형제들과 함께 나누십시오. 그런 다음 그것을 당신 것이라고 우기지 마십시오. 나눠 주면서 영원히 사라지지 않는 것을 받았는데, 그깟 사라지는 것쯤이야 신경 쓸 일 아닙니다.

자녀들을 가까이하여 어릴 적부터 하나님에 대한 두려움을 가르치십시오. 주인 된 사람이여, 이것을 당신의 남종과 여종에게도 엄하게 가르쳐야 합니다. 우리 모두 같은 하나님 아래 있습니다. 위에 계시는 하나님을 업신여기지 않도록 하십시오. 성령으로 그의 자녀를 부르신 하나님은 우리의 얼굴을 보고 부르신 게 아닙니다. 하인들이여, 당신의 주인을 하나님으로 여기고, 존경과 두려움 가운데 주인에게 순종하십시오. 모든 위선과 주님이 기뻐하지 않는 모든 것을 미워해야 합니다. 주님의 계명들을 저버리지 말고, 보태거나 빼지 말고 전해 받은 것은 그대로 지켜야 합니다. 교회에서 당신의 범법들을 고백하십시오. 양심 없이 기도하거나

---

6. 자선으로 죄가 용서받는다는 사상은 토비 4:10; 12:9, 집회 3:30, 단 4:27, 벧전 4:8 등에 나와 있다.

내키지 않는 마음이라면 어떤 기도회나 모임에도 나가지 마십시오.[7] 이것이 생명의 길입니다.

5. (죽음의 길)

죽음의 길은 이렇습니다. 이 길은 악하고 저주로 가득 차 있습니다. 살인, 간음, 정욕, 음행, 도둑질 ,우상숭배, 마술, 요술, 강탈, 위증, 위선, 표리부동, 교활, 오만, 악행, 거만, 욕심, 음담패설, 질투, 불손, 교만, 자만, 겉넘음[8]이 바로 이것입니다. 선한 사람들을 모욕하는 자들, 진리를 미워하는 자들, 거짓을 사랑하는 자들, 정의의 가치를 모르는 자들[9], 선을 위한 의로운 심판에 가담하지 않는 자들, 선한 일 대신 악을 위해 밤샘하는 자들, 돈만 좇는 자들, 가난한 이를 불쌍히 여기지 않는 자들, 억눌린 사람들을 위해 애쓰지 않는 자들, 자신을 만드신 분을 외면하는 자들, 유아 살해자들, 하나님의 작품을 낙태시키는 자들, 억울한 자를 짓밟는 자들, 부자를 옹호하는 자들, 가난한 자를 불법으로 심판하는 자들, 이들은 온통 죄악에 물든 자들입니다. 자녀들이여, 이런 이들을 멀리하십시오.

---

7. 죄의식에 사로잡혀 기도하거나 억지로 기도하지 말며, 불편한 마음으로 교회 기도 모임과 예배에 참석하지 말라는 뜻이다.
8. 참으로 두려워해야 할 대상을 가리지 못함.
9. '정당한 급여 지불을 거부하는 자'로도 번역이 가능하다.

6. (두 가지 길의 맺음말)

이 가르침에서 탈선시키는 자가 있다면, 그 사람을 조심하십시오. 그런 사람이라면 이미 하나님을 떠난 사람입니다. 당신이 주님의 멍에를 다 질 수 있다면, 완전해질 것입니다. 그렇게 할 수 없다면, 할 수 있는 것부터 신경 쓰십시오. 음식에 대해서는 형편대로 하면 됩니다. 다만, 우상에게 바친 고기는 멀리하십시오. 그건 죽은 신들을 섬기는 제물이기 때문입니다.[10]

제2부 교회 예배(7–10장)

7. (세례)

여러분은 이렇게 세례 주십시오. 이 모든 것을 먼저 말하고 나서[11] 아버지와 아들과 성령의 이름으로 살아 있는 물로 세례 주십시오.[12] 만일 살아 있는 물이 없으면 다른 물로 세례를 주십시오.[13] 찬물로 할 수 없으면 더운물로 하십시오.[14] 둘 다 없으면 아버지

---

10. 할례와 율법에 자유로운 비유대계 그리스도인이라 해도 교회 내에서 유대계 그리스도인과 관계를 원만하게 하려면, 우상에게 바친 고기, 목매달아 죽인 짐승의 고기, 피를 먹지 말라는 금지 규정이 있다(행 15:20, 29). 요한계시록도 우상에게 바친 고기를 금지한다(계 2:14, 20). 바울은 이런 고기를 먹어도 된다고 말하면서도, 심약한 교우들의 걸림돌이 될 것 같으면 교회의 덕을 위해 삼가라고 가르친다(고전 8장).

11. "이 모든 것들을 먼저 말하고 나서"는 《디다케》 편집자가 두 가지 길(1b장)과 세례(7장)를 연결하면서 삽입한 가필일 것이다. 그 뜻인즉, 세례받을 사람에게 두 가지 길을 가르쳐 준 다음에 세례를 베풀라는 것이다. 곧, 세례 준비 교육 때 두 가지 길을 가르치라는 것이다. 나아가서 세례를 베푸는 사람이 세례를 베풀기 직전에 수세자 앞에서 두 가지 길을 암송했을지도 모른다.

와 아들과 성령의 이름으로 머리에 세 번 부으십시오. 세례 전에 집례자와 수세자는 미리 금식하십시오.[15] 할 수만 있다면 교인들도 모두 미리 금식하십시오. 수세자에게는 하루나 이틀 전에 금식하라고 명령하십시오.

8. (주간 금식과 주님의 기도)

여러분의 금식[16]은 위선자들의 금식과 달라야 합니다. 그들은 주간 둘째 날(월요일)과 다섯째 날(목요일)에 금식하니, 여러분은 주간 넷째 날(수요일)과 준비일(금요일)에 금식하십시오. 또 여러분은 위선자들처럼 기도하지 말고, 주께서 당신에게 복음으로 명하신 대로 기도하십시오.

---

12. '살아 있는 물'은 웅덩이에 고여 있는 썩은 물과 달리 강물이나 샘물처럼 움직이는 신선한 물이다. 피부병 환자를 정하게 할 때 생수(生水), 즉 '살아 있는 물'을 사용했다(레 14장). 기타 정결례를 행할 때도 살아 있는 물을 사용했다(민 19:17). 당시 세례는 머리 꼭대기까지 물속에 푹 잠그는 침례였다고 보는 견해도 있으나 그렇지 않을 가능성도 있다.
13. 살아 있는 물(강물이나 샘물)이 없으면 땅속에 저장해 둔 빗물이나 웅덩이에 고인 물 등 죽은 물로 침례를 베풀라는 말이다.
14. 겨울철에, 또는 병약자에게 따뜻한 물로 침례를 베풀라는 뜻으로 해석할 수 있다.
15. 세례를 베푸는 사람과 세례를 받는 사람은 세례 전에 반드시 금식해야 하고, 다른 교우들도 되도록 금식하라는 말이다. 초창기에는 수세자와 교우 둘이 함께 금식하는 관행이 있었으나 곧 사라지고 수세자 홀로 금식하는 관행으로 바뀌었다.
16. 구약 성경에서 명한 금식일은 일 년에 단 하루 속죄의 날(레 23:26-32; 16:29-31)인데 반해, 바리새인들은 월요일과 목요일에 금식했다(디다케 8.1). 유대인의 행위와 구분하길 바랐던 그리스도인들은 그들의 금식일을 매 수요일과 금요일로 바꿨다(디다케 8.1). 그리스도인들이 금요일을 금식일로 정한 까닭은 예수께서 금요일에 돌아가셨기 때문이다.

하늘에 계신 우리 아버지, 아버지의 이름이 거룩하게 되소서.

아버지의 나라가 임하소서.

아버지의 뜻이 하늘에서처럼 땅에서도 이루어지게 하소서.

일용할 빵을 오늘 우리에게 주시고,

우리가 우리에게 빚진 자들을 용서하는 대로,

우리에게도 우리 빚을 용서하시며,[17]

우리를 유혹에 빠지지 않게 하시고, 악에서 구하소서.

당신의 나라와 권세와 영광이 영원히 당신 것입니다.[18]

여러분은 이렇게 하루에 세 번 기도하십시오.[19]

9-10. (감사)[20]

감사(례)에 관해서,[21] 여러분은 이렇게 감사드리십시오.

---

17. 마태복음은 "우리가 우리에게 빚진 이들을 용서했듯이 우리에게도 우리 빚들을 용서하시며"라고 한다. 디다케는 '용서했듯이'(완료 과거) 대신 '용서하는 대로'(현재)라 하고, 복수형 '빚들' 대신 단수형 '빚'이라는 단어를 쓴다.

18. 주기도의 마지막 구절인 "당신의 나라와 권세와 영광이 영원히 당신 것입니다"는 일부 신약 성서 초기 사본에 나오지 않는다. 이런 이유로 서방 교회 예배의 기초가 되는 로마 전례에는 이 부분이 없었고, 이런 관례는 로마 가톨릭교회에서 제2차 바티칸 공의회 시기까지 이어졌다. 이에 비해 개신교 전통의 시작인 마르틴 루터는 1522년에 번역한 신약 성서에 이 부분을 넣었고, 개신교 전통에서는 그 이래로 주기도문을 영광송이 나오는 마지막 구절까지 사용한다. 로마 가톨릭교회에서는 1960년 중반부터 주기도의 영광송 부분을 받아들여 미사에 사용하고 있다.

19. 그리스도인들이 하루에 세 번 주님의 기도를 바치는 것은 유대인들이 하루에 세 번 기도하는 관행을 따른 것이다.

우선, 잔을 들고 이렇게 하십시오.

우리 아버지,
당신 종 예수를 통해 우리에게 알려 주신 대로
종 다윗의 거룩한 포도나무에 대해
우리는 당신께 감사드립니다.
당신께 영광이 영원히.

빵을 들고 이렇게 말하십시오.

우리 아버지,
당신 종 예수를 통해 우리에게 알려 주신 생명과 지식에 대해
우리는 당신께 감사드립니다.
당신께 영광이 영원히.
산과 들판에 흩어졌다가 이렇게 모여 하나의 빵이 된 것처럼,
당신 교회도 땅끝에서부터 당신 나라로 모여들게 하소서.
영광과 권능이 예수 그리스도로 말미암아
영원히 당신 것이기 때문입니다.

---

20. 여기 사용된 '유카리스티아'가 감사 성찬례를 가리키는지 공동 식사 때 하는 감사 기도를 뜻하는지 불분명하다. 유대인의 식사 예절과 연결해도 정확히 들어맞지는 않는다. 이에 관해서는 다음 책을 참조하라. 정양모 역주, 《디다케: 열두 사도들의 가르침》(분도출판사, 1993), 64-65.

21. 9-10장에서 '감사/감사(례)/감사 기도'로 번역된 '유카리스티아'는 교회의 공동 식사인 '애찬/만찬'과 예배 의식으로서의 '성만찬'을 동시에 의미할 수 있다.

주님의 이름으로 세례받은 이들이 아니면 아무도 여러분의 감사(례)에서 먹지도 마시지도 말아야 합니다. 주님께서도 이것에 대해 이렇게 말씀하셨습니다. "거룩한 것을 개들에게 주지 마시오."

만족히 먹은 후 이렇게 감사드리십시오.[22]

거룩하신 아버지,
당신께서는 당신의 종 예수를 통해 당신의 이름을 우리 마음에 머무르게 하셨습니다. 지금 우리는 우리에게 알려 주신 지식과 믿음과 불멸에 대해 감사드립니다.
당신께 영광이 영원히.
전능하신 주재자[23]시여,
당신은 당신의 이름으로 만물을 창조하시고,
사람들에게 양식과 음료를 주시며,
즐거이 당신께 감사드리도록 하셨습니다.
그리고 당신의 종을 통하여
우리에게 영적인 양식과 음료와 영생[24]을 베풀어 주셨습니다.
참으로 감사드리는 것은,

---

22. 유대인들이 회식할 때면 본식이 끝난 다음에 주빈 또는 가장이 입가심용 포도주 잔을 들고 식후 찬양 기도를 드린다. 디다케 교회에서는 이 찬양 기도를 본떠서 10,2-5의 감사 기도를 만든 것 같다. 이 감사 기도가 발전하여 성찬례 '서언'이 되었다.

23. '주재자(데스포테스)'는 지배자라는 뜻으로, 예수를 그렇게 부른다.

24. '영적 양식과 음료'는 예수의 몸인 빵과 예수의 피인 포도주를 뜻하며, 그것들을 먹고 마시는 그리스도인들은 영생을 얻는다는 뜻이다.

모든 능력이 당신께 속해 있기 때문입니다.
당신께 영광이 영원히.

주님, 당신 교회를 기억하시어 악에서 교회를 구하옵소서.
당신 사랑으로 교회를 완전케 하시고,
교회를 사방에서 모으소서.
당신의 나라로 거룩한 교회를 모으소서.
권능과 영광이 영원히 당신 것입니다.

은총은 오고 세상은 물러가라![25] 다윗의 하나님 호산나!
거룩한 자는 누구든지 오고,
거룩하지 못한 자는 회개하라, 마라나타!
아멘.

여러분은 설교자들[26]이 원하는 만큼 감사의 기도를 드리도록 허락하십시오.

---

25. "은총은 오고 세상은 물러가라!"는 환성은 새 세상의 은총은 오고 지금의 낡은 세상은 사라져 버리라는 임박한 종말 신앙에 대한 표현이다.

26. 《디다케》가 사용되던 당시 교회에는 두 부류의 지도자가 있었다. 첫 번째 부류는 성령의 영감을 받아 이 교회 저 교회로 다니면서 전도한 떠돌이 은사자들로, 더러는 한 지역 교회에 정착해 살기도 했다(13장). 두 번째 부류는 지역 교회에서 선출한 감독과 봉사자들이다(15장). 떠돌이 설교자들이나 신비한 능력을 지닌 영적 은사자들이 지역 교회의 감독들과 봉사자들보다 더 존경을 받아 교회에서 주도권을 가졌던 것 같다. 아무래도 떠돌이 은사자들은 성찬과 애찬의 때 고정된 형식에 구애받지 않고 열성을 다해 기도하며 은사를 자랑했을 것이다.

제3부 교회 규범(11–15장)

머리말

11.

만일 누가 앞서 말한 이 모든 것을 가르치러 여러분에게 온다면, 여러분은 그를 받아들이십시오. 그러나 만일 가르치는 사람 자신이 그의 가르침과 달리 살거나 그 가르침으로 교회를 분열시키고 있다면, 여러분은 그의 말을 듣지 마십시오. 그러나 주님의 의로움을 가르치며 선한 지식을 보태는 사람이라면, 여러분은 그를 주님처럼 섬기고 대접하십시오.

(떠돌이 사도와 설교자들 접대)

사도[27]와 설교자[28]에 관해서는 복음의 지침에 따라 이렇게 하십시오. 여러분에게 오는 모든 사도는 주님처럼 대접받아야 마땅합니다. 그가 참된 사도이고 참된 설교자라면 하루만 머무르려고 할 것입니다. 그렇지만 필요하다면, 이틀을 머물러도 됩니다. 만일 그가 먼저 사흘을 머물겠다고 하면 그는 거짓 사도, 거짓 설교자입니다. 그리고 그가 참된 사도라면, 떠날 때 다른 곳에 유숙할 때까지 필요한 빵 외에 다른 것은 받지 않을 것입니다. 그가 여러분에게 찾아와 돈을 요구한다면 그는 거짓 설교자입니다.

---

27. 여기서 '사도'는 스스로 주님의 파송을 받았다고 말하며 지역 교회에 들어와 가르치는 사람을 말한다.
28. 원문에는 '예언자'로 되어 있으나 1-2세기 예언자는 하나님의 말씀을 대언하는 설교자를 뜻했다.

여러분은 거룩한 하나님의 말씀을 전하는 설교자를 시험하거나 판단하지 마십시오. 여러분의 모든 죄가 용서받겠지만, 그런 죄는 용서받지 못합니다. 그러나 거룩하게 말하는 사람이라고 다 참된 설교자가 아닙니다. 주님의 모습이 그의 생활에서 나타나야 참 설교자입니다. 거짓인지 참인지는 삶의 태도로 밝혀질 것입니다. 예를 들어, 어떤 설교자가 만찬을 준비하라고 교회에 명령했다고 합시다. 그가 참된 설교자라면, 자기 배를 위해 먹지 않습니다. 만일 먹는다면 그는 거짓 설교자입니다. 어떤 설교자든지 자신이 가르치는 것들을 행하지 않는다면, 거짓 설교자입니다. 진실한 설교자는 지상에서 교회의 신비를 드러내기 위해 살고, 그에 대한 인정을 받게 될 것입니다. 다만, 이 점은 꼭 명심하십시오. 여러분에게는 교회의 신비에 따라 가르치는 설교자를 심판할 권한이 없습니다. 왜냐하면, 그에 대한 심판은 오직 하나님에게 달려 있기 때문입니다. 옛 예언자들이 이에 대한 본보기입니다.

그러므로 어떤 설교자가 나타나 거룩한 목소리로 "내가 받을 돈을 내놓으시오"라고 하거든 여러분은 그의 말을 듣지 마십시오. 하지만 어떤 설교자가 다른 빈궁한 이들을 위하여 달라고 하거든 아무도 그를 심판하지 말고 주님의 말씀이니 그대로 순종해야 합니다.

12. (손님 접대)

주의 이름으로 여러분에게 오는 모든 이를 받아들이십시오. 그런 다음, 여러분도 판단 능력이 있으니 그를 시험하여 옳은지 그른지 알아보십시오. 나그네거든 여러분이 할 수 있는 대로 힘을 다해 도우십시오. 그러나 그가 더 있고 싶다고 해도 여러분 곁에서 이틀이나 사흘 이상 머물지 말도록 해야 합니다. 그가 기술을 가진 장인으로서 여러분과 함께 거주하기를 원하면, 일해서 스스로 먹고살도록 도우십시오. 만일 그에게 장인 기술이 없다면 여러분의 판단에 따라 보살피되, 그리스도인인 여러분 가운데서 게으름 피우고 사는 일이 없도록 가르치고 권면하십시오. 그렇지 않고 그저 받아먹을 궁리만 한다면, 그는 그리스도를 팔아먹는 자[29]입니다. 여러분 가운데 이런 자들을 조심하십시오.

13. (붙박이 전임직 설교자와 교사들을 위한 대우)

여러분이 오랫동안 함께하고 싶은 설교자가 있다면, 그 사람은 여러분으로부터 먹을 자격이 있습니다. 교사도 마찬가지입니다. 일꾼이 먹을 자격이 있는 것과 같은 이치입니다. 당신 소유의 포도원과 곡식의 탈곡장, 소와 양 우리에서 소출이 생기면 반드시 만물을 거두어 당신의 설교자에게 모두 주십시오. 그들이 바로 여러분을 위한 제사장이기 때문입니다. 만일 여러분에게 하나님의 말씀을 전하는 설교자가 없다면, 그 만물을 가난한 이들에게 나눠 주십시오. 당신이 밀가루로 반죽을 쑬 때도 그 만물을 거두어 이 계명대로 하십시오. 포도주나 올리브 기름 그릇을 개봉

---

29. '그리스도를 팔아먹는 자(*christemporos*)'는 역사상 여기에 처음 나오는 복합 명사다. 아마도《디다케》편집자가 만든 신조어일 것이다. 신앙을 이득의 수단으로 생각하는 사람들 사이에는 분쟁이 있게 마련이라는 디모데전서 6장 5절의 경고가 연상된다.

할 때도 같은 방식으로 만물을 거두어 당신에게 말씀을 전해 주는 설교자들에게 드리십시오. 돈과 의복과 모든 재산과 재물 중에서도 당신의 만물을 거두어 진심을 담아 이 가르침에 순종하십시오.

14. (주일)

여러분은 주일마다 모여 빵을 나누고 감사드리십시오. 그러나 그 전에 여러분의 범법들을 고백하여 여러분의 예배가 거룩해지도록 해야 합니다. 자기 동료와 더불어 시빗거리를 가진 모든 사람은 화해할 때까지, 여러분의 예배가 더럽혀지지 않도록, 여러분의 모임에 함께하지 말아야 합니다. 이는 주께서 말씀하신 것입니다. 언제 어디서나 순전한 예배를 드려야 합니다. 주님의 말씀대로, 그분은 위대한 왕이며, 그의 이름은 백성들에게 더없이 놀랍기 때문입니다.

15. (감독들과 봉사자들의 선출과 형제 충고)

여러분은 교회를 위해 감독과 봉사자들을 선출하되 주님께 합당하고 온순하고, 돈을 좋아하지 않고, 진실하며, 교회에서 인정받는 사람을 선출하십시오. 그들이 여러분에게 설교자와 교사의 직무를 수행할 것이기 때문입니다. 여러분은 세움받은 사람들을 무시하지 마십시오. 그들은 여러분의 설교자이고 교사로서 여러분의 존경을 받을 사람들이기 때문입니다. 여러분은 서로 충고하되, 성내거나 분노 가운데 하지 말고, 복음에서 여러분이 배운 것처럼 평화 가운데 충고하십시오. 다른 이에게 잘못한 사람이 여러분 가운데 있다면, 그가 회개할 때까지 아무도 헛된 칭찬을 하지 마십시오.[30] 그가 여러분에게서 그런 말을 듣는 일이 없도록 하십시오. 여러분의 기도와 권고와 모든 행동은 우리 주님의 복음에 있는 대로 하십시오.

제4부 예수 재림(16장)

16.

여러분의 생활을 조심하십시오. 여러분의 등잔불은 꺼지지 않게 하고, 허리띠는 풀어지지 않게 하여 준비하십시오. 주님께서 오시는 시간을 우리가 모르기 때문입니다. 자주 모여 영혼에 요긴한 것들을 추구하십시오. 마지막 때에 완전하지 않으면 이제껏 지켜 온 믿음의 세월이 여러분에게 아무 소용없을 것입니다. 마지막 날에는 거짓 설교자들과 타락시키는 자들이 많아질 것이고, 양들이 늑대들로 바뀌며, 사랑이 미움으로 변할 것입니다. 범법이 자라 서로 미워하고 박해하며 배신하게 될 것입니다. 그때 세상을 유혹하는 자가 하나님의 아들인 것처럼 나타날 것입니다. 그는 표징들과 기적들을 행하며, 땅은 그의 손에 넘어가고, 태초로부터 없던 만행들을 저지를 것입니다. 그때 피조물인 인간들은 시련의 불 속에 던져질 것이며, 많은 이들이 걸려 넘어지고 멸망할 것입니다. 그러나 신앙 위에 굳건히 서 있는 사람들은 저주

---

30. 정양모가 옮긴 번역문에는 "그에게 말을 걸지 말라"고 되어 있다. 그 의미는 헛된 칭찬을 하지 말라는 뜻이다.

받은 그분에 의해 구원받을 것입니다. 그때 진리의 표징들이 나타날 것입니다. 첫째로 펼침의 표징이 하늘에 나타날 것이요, 다음에는 나팔소리의 표징이, 세 번째로 죽은 이들의 부활이 있을 것입니다. 그러나 모든 이들을 위한 부활이 아니라, 옛 말씀대로 "주님과 모든 성도가 그분과 함께 오실 것입니다." 그때 온 세상은 하늘에서 구름 타고 오시는 그분을 마침내 볼 것입니다.

부록 2

《루터전집 53: 예식과 찬송》 서문

아래 내용은 울리히 로이폴트가 편집한 《루터전집 53: 예식과 찬송》의 서문 일부다. 루터신학자이자 교회음악 이론가로서 최고의 권위를 지닌 울리히 로이폴트는 예배와 관련된 루터의 개혁이 어떤 것인지, 그 공헌과 한계를 분명하게 밝힌다.[1]

예배를 주제로 한 루터의 저술들은 그의 전체 저술 안에서 볼 때, 그리 분명치 않고 논쟁의 위치에 있다. 그의 주된 저술이 주석, 설교, 논쟁적인 것에 비해 예배 관련 저술은 별로 눈에 띄지 않고, 기껏해야 아주 짤막한 단편들밖에 없기 때문이다. 예배와 관련된 모든 저작물이 다 짧다. 〈독일어 미사와 예배 순서〉가 가장 긴 편인데 원본이라야 47페이지에 불과하고, 기껏해야 몇 장을 넘기지 않는다. 그러나 루터의 저술 중 그 어떤 것도 그의 이름으로 간행된 '예배 예식문'들 만큼 영향력을 가지고 거듭 출판

---

1. Ulich S. Leupold, "Introduction to Volum 53", *Luther's Works* (LW) 53: *Liturgy and Hymns* (Philadelphia: Fortress, 1965), xiii-xvii; 마르틴 루터, 《루터전집 53: 예식과 찬송》, 나형석 옮김 (컨콜디아사, 2017), xii-xvii.

된 문서는 없다. 이것들은 루터교회 예배 예식서 안에 담겨 현재까지 루터교 예배(변화는 있었지만)의 표준으로 기능해 왔다.

루터의 주요 관심이 예배 형식에 있지 않았다는 점은 명백하다. 이점을 감안할 때, 그가 예배에 영향을 미쳤다는 사실이 다소 놀랍다. 그의 관심은 전적으로 말씀의 선포(설교)와 가르침(교육)에 있었다. 그러나 개혁이 진행되면서 점차 미사(예배) 개혁이 종교개혁의 시험대로 바뀌어 갔다. 희생 제사로서의 미사 예식과 루터의 개신교 신학에서 바라본 예배 개념이 정면으로 배치되었기 때문이다. 종교 개혁 진영과 반(反)종교 개혁 진영이 누구인지 확인해 보려면 교회 안에서 희생 제사의 '미사'를 폐지하고 복음적인 의미로 예배를 변화시켰는지만 확인하면 되었다.

따라서 루터는 기존의 미사 예식문을 대체할 대안을 제공해야 했다. 당시 루터의 친구들과 추종자들은 예배 개혁에 주저함이 없었다. 루터가 이전부터 내려오던 예배 예식문을 가지고 예배를 집례하고 있을 때 카스파 칸츠(Kaspar Kantz)[2], 안드레아스 카를슈타트(Andreas Karlstadt)[3], 그리고 다른 개혁자들은 '이미' 새로운 것들을 만들어 사용하고 있었다. 그러나 루터는 충분한 검증 없이

---

2. 카스파 칸츠는 뇌르틀링겐의 개혁자로서 복음적 원리에 따라 주님의 만찬을 위한 독일어 예식문을 만들고 사용한 최초의 인물이다. 대표작으로는 1522년에 출간된《복음적 미사에 대하여Von der Evangelishen Mesz. Mit Christlichen Gebetten vor und nach der empfahung des Sacraments》가 있다.

3. 안드레아스 루돌프 보덴슈타인 폰 카를슈타트는 종교 개혁 초기 몇 년간 루터의 지지자였다(*LW* 31, 309-311). 그러나 비텐베르크 예배 개혁 문제를 계기로 루터와 갈등을 겪다 공식적으로 결별했다(*LW* 36, 129-132; *LW* 51, 69-100).

새로운 예식서를 출간하는 데 급급해 서로 경쟁하던 당대 유행의 선도자들과는 분명히 달랐다. 루터에게 가장 중요한 덕목은 일반 회중의 믿음과 경건에 대한 '목회적 관심'이었다. 그 때문에 그는 회중을 고려하지 않는 일방적 개혁을 조심스러워했고, 사람들의 인기를 끌어 보려는 선정적 예배를 거부했다.

그러나 회중이 자신의 개혁을 받아들일 준비가 되었다고 판단되면 힘과 열정을 다해 행동했다. 그가 디자인한 예배의 모든 틀은 동시대 예배 개혁자들의 것과 비교했을 때 보수적이면서 동시에 매우 독창적이었다. 모든 면에서 그가 완전했다고 주장하려는 것은 아니다. 당시 루터는 현학적 세목까지 다룰 시간도 없었고, 그럴 마음도 없었다. 그러니 그는 예배와 관련된 세세한 것들까지 들추어 불평하며 크게 떠들어 대지 않았다.

루터는 교회 절기에 따른 성경 읽기표 개정[4], 예배 시작 부분에 설교 순서 배치, 성찬대 뒤쪽으로 집례자 위치 이동 같은 파격적인 개혁안도 제안했지만, 교회 현장에서는 많은 것이 실현되지 못했다. 그러나 큰 틀에서 루터의 예배 개혁안을 볼 때 그가 개혁의 본질을 분명히 파악하고 있었고, 그것을 대담하고 효과적으로 표현하고 있었다는 사실을 확인할 수 있다. 루터의 예배 개혁은 이후 수 세기에 걸쳐 진행된 예배 개혁의 원형이 되었고, 그의 시대뿐 아니라 오늘날에도 타당한 원칙을 제공한다.

그렇다고 현대의 관찰자들이 예배 개혁에 임하던 루터의 마음

---

4. 성경 읽기표, 즉 '*de tempore*'는 당시 교회에서 절기와 축일마다 읽도록 정해 둔 성경 본문 목록을 가리키고, '*de sanctis*'는 그날 읽어야 할 성경 본문을 가리킨다.

을 그리 긍정적으로 받아들이기만 하는 것은 아니다. 너무 전통적인가 하면 반대로 너무 현대적이고 주관적으로 보이기 때문이다. 많은 현대 예배학자가 무시하는 듯한 어조로 루터가 예배 문제에 관한 한 '아마추어'라고 평가하는 이유가 여기에 있다. 어느 면에서 그 평가는 사실이다. 그러나 그것으로 루터의 예배론을 단정하면 곤란하다. 루터의 개혁은 '예배'에 있어서도 진행형이었으므로, 예배에 관한 그의 저술들은 개신교 예배론의 출발점으로 보는 게 옳다.

루터는 오늘날의 전례 교회와 비전례 교회에 속한 어떤 예배학자들보다 더 전통주의에 속한 인물일 수 있다. 예배학자란 원래 어느 전통에 속해 있든 늘 현재 구현되는 예배적 실천에 불만을 표해야 하는 직업이다. 게다가 이 두 전통의 예배학자들은 서로의 이상적 예배 형태에 절대 동의하지 않는다. 그러나 자신의 전통에 가장 보수적인 사람이라도 자기 전통 안에서 현재 실천하는 예배를 그대로 고수하려고 하지 않는다. 역설적이지만, 종종 이런 극단적 보수주의자들이 현재 예배에 대해 가장 비판적인 위치에 서곤 하는데, 이는 저들의 관심은 그저 오래된 것, 고대의 형태만 이상적인 것으로 옹호하기 때문이다. 그러나 땅속에 묻힌 고대 의식의 영광을 회복하자는 그런 이상은 전적으로 19세기 낭만주의적 발상에 불과하다.

따라서 루터의 예배론이 초기 교회 예배 이해가 부족한 '아마추어'라는 식의 비판은 옳지 않다. 루터뿐만 아니라 16세기 로마가톨릭 신학자들에게도 고대 교회 예배에 대한 이해는 매우 낯선 것이었다는 점을 오늘 우리는 환기할 필요가 있다.[5] 루터든 로마 미사 옹호자들이든, 당시 사람들에게는 16세기 당대 통용되던 것들 외에는 붙잡고 새로 시작할 만한 다른 예배 형식이 없었다. 두 진영 모두 중세 초기, 교부 혹은 사도 시대 예배 순서에 대해 심각하게 생각하지 않았다. 루터의 개혁은 당시 사용되던 예배 의식문을 단순하게 개정하는 선에서 그쳤다. 분명히 루터는 예배를 위한 연구 혹은 전체 예배 순서를 재구성하려고 시도하지 않았다. 단순히 이 점 때문에 루터의 예배 개혁 능력이 현대 학자들에게 과소평가되거나 냉소적으로 비치곤 한다. 동시에 분명한 것은 16세기 당시 예배를 완전히 새롭게 기획하려 했던 부류는 사실 열광주의자들뿐이었다는 사실이다.

그렇다고 해서 고대 형식을 보존하는 것이 예배의 유익을 담보할 수 있다고 여기는 누군가가 루터를 보수주의자로 칭송하며 박수를 보낸다면, 루터는 아마 크게 당황할 것이다. 루터에게는 모든 게 가능했고, 그만큼 자유로웠다. 즉, 외적인 것들(고대부터 이어진 예배 형식)은 그에게 중요한 것도 아니고 필수적인 것도 아니었다. 그런데 이런 외적인 것들에 대한 루터의 언급이 때때로 곡해되곤 한다. 합리주의자들은 루터를 순수하고 영적이며 지적인 종교의 주창자로 신봉해 왔다. 오래된 것일수록 최고라고 여기는 낭만주의자들과 고전주의자들은 외적인 형식과 눈에 보이는 예배 행위들이 예배를 돋보이게 한다고 생각하면서 루터의 예배 개혁을 비

---

5. 츠빙글리와 재세례파 같은 보다 급진적인 개혁자들은 새로운 예배 형식을 도입하려던 게 아니라 당대 예배 의식을 완전히 폐기하기 위해 사도 시대의 예문 회복을 추구했다. 그들은 당시 교회의 외적인 것은 모두 구습으로 치부했다.

판한다. 그러나 합리주의자나 고전 낭만주의자 모두 루터가 외적인 것 자체를 거부한 게 아니라는 사실은 간과한다. 열광주의자들과의 논쟁을 보면 그가 얼마나 외적인 말씀과 성례를 강조하고 있는지 잘 알 수 있다. 외적인 것에 대한 그의 비판은 외적 형식의 필연성을 강조하면서 그것에 거짓된 거룩성을 입혀 보려는 당대 교회의 율법주의를 겨냥한 것이었다. 그의 비판은 외적인 것 자체가 아니다. 교회 제도와 회중의 미신적 신앙 안에서 작동하고 있던 외적인 것의 오용에 관한 것이었다. 외적인 것이 신자들을 도울 수 없고, 비신자는 가로막아 하나님을 만날 수 없게 만드는 물신(物神)이 되었기 때문이다. 그런 이유로 루터는 외적인 것으로부터(from), 그리고 동시에 외적인 것 안에(in) 깃들어 있는 그리스도인의 자유를 강조한다. 그 자유란 그리스도인에게 외적인 것, 즉 예배의 형식을 사용할 수도 있고 사용하지 않을 수도 있으며, 필요하면 교회 공동체가 그 형식을 언제나 변형할 수 있는 자유를 뜻한다.

루터가 통찰한 그리스도인은 의인이면서 동시에 죄인이다. 그는 이와 같은 인간 이해를 놓치지 않는다. 또한, 그리스도인의 믿음이란 고정된 것이 아니라, 살아 꿈틀거리며 성장하며 분투하는 그 무엇이다. 따라서 그리스도인은 교회에서 예배가 제공하는 말씀 안에서 매일 양육되고 훈련될 필요가 있다. 그 목적은 단순히 예배에 참여한 신자 개인의 유익에만 있는 게 아니라 한 걸음 더 나간다. 교회 담장 넘어 이웃에게 유익을 제공하고, 제공해야만 하는 통로가 예배다.

무엇이든 할 수 있는 그리스도인의 자유, 그러나 동시에 교회를 찾아 나서는 신앙인을 향한 사랑에 근거해 루터는 예배 의식을 개혁하려고 했다. 몸의 고름 찬 곳은 가차 없이 제거하고, 정상인 부분은 보호하고 건강하게 만드는 훌륭한 의사처럼 루터는 전통 예배 안에 자리 잡은 타락한 부가물들은 제거하고, 생명력 있고 의미 있는 복음적 요소는 보존하고 강화했다.

예를 들어 보자. 루터가 '설교'라는 것을 새롭게 고안한 일은 없다. 그러나 설교가 매 예배의 정규 순서로 자리 잡게 했다는 점은 매우 특별하다. 루터가 독일어 회중 찬송이라는 범주를 새롭게 만든 것도 아니다. 자국어 찬송은 종교 개혁 훨씬 전부터 있었다. 교회의 대축일이나 순행과 순례가 있는 날이면, 교회는 자국어 찬송을 사용할 수 있도록 허락했다. 루터의 특별함이란, 그가 자국어 찬송과 회중 찬송을 교회 정규 예배 순서에 배치하면서 합법적이고 공식적인 지위를 부여했다는 점이다. 따라서 루터의 찬송들은 본질상 공예배적이다. 그의 찬송들은 교회 공동체 모두를 위해 교회 절기와 예배의 흐름에 상응하도록 만들어졌기 때문이다.

루터 이전에도 교구들은 예배 형식에 지역적 차이를 보여 왔다. 루터가 일종의 표준적인 예배 의식문의 틀을 제안한 것은 사실이지만, 그렇다고 루터파만을 위한 '공동 예배 의식문'이라는 통일된 의식을 강제하거나 만들려고 하지 않았다는 사실은 매우 중요하다. 루터는 각 지역 교회가 자신의 영역 내에서 다른 개교회와 예배 일치를 도모하도록 격려했다. 다른 지역에는 강요하지 않으면서 말이다.

주교좌성당과 수도회 교회의 정교한 예배들은 일반 마을이나 시골 교회처럼 소규모 교회의 예배와 상당한 차이가 있다는 현실적인 문제도 고려되어야 한다. 루터와 다른 개혁자들이 독일어를 예배에 도입했지만, 이런 차이는 여전히 유지되었을 뿐 아니라 더욱 뚜렷해졌다. 루터는 교회 일치, 학문성, 음악적 차원을 들어 라틴어가 교육되고 통용되는 곳(도시 주변 마을이나 아주 작은 시골 외에는)에는 라틴어 예배를 유지하도록 권했다. 루터의 독일어 예배는 시골의 가장 작은 교회에서 사용하도록 고안한 것이었다. 루터의 〈독일어 미사와 예배 순서〉를 비판하는 평가들의 상당수가 간과하고 있는 것이 바로 이 점이다. 사실 1523년 비텐베르크 교인들을 위해 만든 〈예배 해설서Formula missae et communionis〉를 조금 수정해서 독일어로 번역하는 게 루터에게는 훨씬 쉬웠을 것이다.

그러나 루터는 독일어 예배를 위한 물리적 환경이 라틴어 예배를 위한 것과 전혀 다르다는 것을 알고 있었다. 도시의 큰 교회와 달리 시골 작은 교회에는 예배 진행을 은혜롭게 도울 만한 찬양대가 없었다. 그런 시골과 도시의 작은 교회에서 드릴 수 있는 예배를 만들기 위해 루터는 일관되게 실용성을 염두에 두고 개혁 작업을 해 나갔다. '장식적 순서'를 모두 생략하고 본질적인 요소만 남겨 두었다. 회중은 집례자가 들을 수도, 이해할 수도 없는 라틴어 층계송을 혼자 속삭일 때보다 자신들이 참여할 수 있는 독일어 찬송을 부를 때 더 큰 유익을 얻을 것이 분명했다. 이런 현실 때문에 성가대의 신경송 혹은 속창 같은 라틴 성가 뒤에 내용상 관련 있는 독일어 찬송을 이어 부르는 관례가 이미 루터 이전부터 있었다. 종교 개혁자들이 한 일은 더 많은 찬송 가사를 소개하고, 전문적인 예배 성가의 자리에 자국어 회중 찬송을 배치함으로써 이러한 원리를 변형하고 확대한 것뿐이다.

실천적 측면에서 볼 때 루터가 제안하는 예배는 여러 방면에서 확실히 당대의 전통에 기대고 있다. 그와 동시에, 복음을 드러내지 못하고 가린다고 여겨지는 경우 옛 형식과 관례를 주저 없이 제거했다. 루터가 미사 통상문에 손을 대었을 때, 수많은 비판이 쏟아졌다. 그러나 그의 가차 없는 개혁 작업 덕분에 성례전의 제정사는 그 주변을 감싸며 악취를 풍기던 의식들로부터 자유로워졌고, 그 덕분에 비로소 복음의 말씀(제정사)이 성찬례 정중앙에 놓이게 되었다.

루터의 예배 저술들은 다양한 주제를 다룬다. 예배 개혁을 위한 일반 원칙과 그 실현을 위한 실천적 제안을 담은 주요 저술 외에 세례, 개인 고백, 결혼, 절기 예배에 따른 오늘의 기도와 교회의 기도들, 찬송과 예배용 성가, 찬송집과 다른 음악 선집에 부쳐진 서문들, 그리고 심지어 자신이 작곡한 짧은 모테트까지도 망라하고 있다. 루터의 예배 저술은 단지 해설문만 실린 게 아니다. 거기에는 음악도 담겨 있다. 루터는 자신이 쓴 것이든 음악가 친구들이나 조언자들이 쓴 것이든 찬트와 찬송 곡들을 매우 소중하게 여겼다.

부록 3

성찬 Q&A

성찬과 관련된 몇 가지 질문을 대화 형식으로 간략히 정리해 보았다.[1]

성찬례 형식은 교단마다 다른가?

성찬례를 진행하는 방식은 교단의 신학과 현장 상황에 따라 바뀔 수 있다. 재료인 떡과 포도주만 해도 그렇다. 떡과 포도주 외에 물이나 꿀을 함께 사용하던 적도 있었고, 지금은 떡과 포도주로 제한한다 해도 카스텔라, 제병, 누룩이 든 것과 안 든 것도 있고, 포도 주스와 백포도주를 사용하는 교회가 있을 정도다. 재료가 이렇게 다양한 이유는 성찬에서 중요한 것은 형식이 아니라 그 안에 담긴 그리스도의 '말씀'이기 때문이다. 언제나 변함없이 고정된 것은 성찬 때 선포되는 제정의 말씀이다. "… 이것은 내 몸이라. … 이것은 내 피라…." 최후의 만찬 때 선언하셨던 그리스도의 말씀만 있다면, 성찬식의 형식은 문화와 신학에 따라 언제나 변할 수 있는 문제다. 물론, 분명히 못 박아야 할 것도 있다. 어

---

1. 이 항목에 관한 질문과 답은 필자가 〈뉴스앤조이〉 2018년 3월 27일 자에 기고했던 "루터교회 목사가 이해하는 성찬"을 수정·보완했다.

떤 형식으로 진행되든, 어떤 재료를 사용하든, 성찬례에서는 주님의 말씀이 강조되어야 한다. 이와 더불어 거기서 일어나는 모든 제의 형식과 순서는 신자들에게 그 의미를 설명할 수 있어야 한다. 제아무리 멋진 예배 형식이라도 무슨 의미인지 신자들이 알지 못한다면, 겉치레에 불과하고 시간 낭비일 뿐이다.

루터교회에서 성찬을 중시하는 이유는 무엇인가?

루터교회에서 성찬을 중시하는 이유는 성찬을 '보이는 말씀'으로 이해하기 때문이다. 루터 신학에서는 예배를 하나님이 죄인들에게 차별 없이 베푸시는 은총의 사건으로 정의하고, 순전히 죄인을 위한 하나님의 행동이고 섬김이라고 설명한다. 루터는 예배를 고테스딘스트(Gottesdienst)라고 부르는데, 이런 생각은 16세기 중세 교회가 가르치던 것과 전혀 달랐다. 로마 가톨릭에서는 예배(미사)를 사람이 무언가를 준비해서 하늘로 올려 드리는 제사로 이해하지만, 루터는 그 반대로 설명한다. 인간이 하나님께 제사를 올려 드린다고 하나님이 더 나아지는 건 아니지 않는가. 게다가 그리스도는 우리에게 유일하고 완전한 제사 사건이니 주님의 십자가 사건으로 제사는 끝났다고 본다. 예배 때 우리의 행위는 그저 하나님의 은총의 행위에 기도와 감사와 찬양으로 반응하는 것이다. 우리가 뭘 준비하고 지성으로 기도드리고 찬송 잘 불렀다고 하나님이 "옜다, 잘 받았다. 이제 너희 차례다. 복 받아라!" 하시는 게 아니다. 개신교 예배에서 늘 강조해야 할 건 말씀과 성찬으로 죄인에게 베푸신 하나님의 은총이다. 우선순위는 여기에 있다. 기도, 찬송, 감사라는 우리의 반응은 부차적일 뿐이다. 이것이

루터가 이해한 개신교 예배의 핵심이다.

하나님의 행동이 예배에서 드러날 때 그 도구는 언제나 말씀이다. 그래서 루터교 예배를 보면, '두 종류의 말씀 예배'로 구성되어 있다. 전반부는 말씀의 예배, 후반부는 성찬 예배다. 은총의 도구인 하나님의 말씀이 전반부에서는 보이지 않는 말씀의 형식으로 설교되고, 후반부에서는 누구든지 객관적으로 보고 맛보고 깨달을 수 있는 보이는 말씀의 형식으로 성찬 예배가 있는 것이다. 보이는 말씀과 선포되는 말씀이 모두 공존하는 예배가 루터교회 예배다.

성찬을 나누며 목사가 교인과 눈을 맞추는 이유는 무엇인가?

선포된 말씀인 설교가 '일대다'라면, 성찬에서는 언제나 '일대일'의 형식이라는 점이 중요하다. 루터 신학에서 설교는 '우리를 위한' 하나님의 말씀이고, 성찬은 '나를 위한' 하나님의 말씀이다. 대부분 다른 교회에서는 회중석으로 떡과 잔을 돌리지만, 루터교회에서는 절대 그렇게 하지 않는다. 항상 성찬대 앞에서 집례자가 일일이 떡과 잔을 준다. 일대일로. 루터교회는 원칙적으로 매주 성찬을 한다. 가능하면 더 많이 하라고 권한다. 환우 심방이나 지방으로 심방 갈 때는 성찬을 준비해서 가기도 한다.

루터교회에서는 성찬을 대충대충 할 수 없다. 그 때문에 예배 시간이 길어지기도 한다. 교인 숫자가 많아지면 한도 끝도 없이 길어질 수도 있다. 순기능인지 역기능인지 모르겠지만, 이런 식으로 성찬 집례를 고집하면 교회 교인 숫자는 200명을 넘어설 수가 없다. 자동으로 필터링이 되어서 교인 수가 조절된다. 대형 교회가 될 수 없는 구조적인 조건이라고 할까? 우리 교회도 주일 예배 참석 인원이 150-160명 정도다. 보통 예배의 모든 순서가 1시간 20분이면 마무리된다. 성찬과 광고까지 모두 포함해서다.

교인 수가 2백 명이 채 안 되기 때문에 주일 성찬 때 눈빛만 봐도 무언가를 감지할 수 있다. 일주일 동안 무언가 일이 있던 교우는 분명히 성찬 받는 태도와 눈빛이 다르다. 그럴 때는 상담을 하든가 심방을 한다. 대형 교회에서는 상상도 못 할 일이다. 그리고 반대로 성찬을 하다가 목사인 내가 위로받는 경우도 많다. 고난 중에 있는 분이 신실한 눈빛과 자세로 성찬을 받는 모습, 또는 아이들이 앞에 나와 고사리 같은 손을 모으고 기도하며 순서를 기다리는 모습을 통해 내가 받는 힘과 위로가 더 크다. 성찬의 시간은 교인과 목회자 모두에게 축복의 시간이다.

성찬의 신비와 의미는 무엇인가?

고대로부터 변하지 않는 성찬 신앙은 '주님의 몸은 영생의 힘이고, 세상에서 꺾이지 않는 불멸의 힘'이라는 점이다. 주님의 몸을 함께 나누었다면 그분이 내 안에서 일하게 된다는 것을 보다 명확하게 확신할 수 있다. 그리고 그분이 내 안에 계시기에 매 순간 그리스도와 동행하는 일상을 살 수 있다. 즉, 매일 반복되는 삶을 용감하게 일구고 그 안에서 예수의 손을 잡고 사는 것이다. 나 혼자 비밀스레 먹은 게 아니라 공동체가 함께 한 식탁을 나누었다는 점을 명심해야 한다. 함께 성찬을 나누고 손을 잡기 때문에 우리는 혼자가 아니라 한 공동체라는 사실도 공유하게 된다.

떡과 잔을 받는 일은 분명 사람이 하는 일이다. 그러나 그렇게 일대일로 마주 선 두 사람 사이에 떡과 잔이 있다. 그때 나와 당신은 완전히 다른 사람이지만, 그리스도 안에서 하나가 될 수 있다는 믿음이 생긴다. 그리고 서로가 그리스도 안에서 하나라는 의미를 되새기게 된다. 성찬은 모든 이를 차별 없이 용서하고 받아 주시는 하나님의 은혜다. 그러니 성찬을 마치고 세상에 나가서 우리는 그 은혜의 힘으로 혐오와 배제, 차별과 구분이 있는 곳을 그리스도의 평화로 하나 되게 만들어야 할 책임도 지게 된다. 이렇듯 성찬이란 개인 신앙에서 시작하지만, 자연스레 사회 차원의 나눔으로 이어진다.

성찬은 신비다. 이 작은 떡 하나에 주님이 임할 수 있다면, 보잘것없는 우리에게도 희망이 있다. 이 믿음을 가지고 세상에서 살아갈 때 불의한 것, 불가능한 것과 맞설 힘이 생기고, "과연 세상이 변할까?" 하는 절망 속에서도 희망을 품을 수 있다. 주님도 이 작은 것에 들어와서 나와 함께하셨다! 그렇다면 이 절망적인 세상도 주님이 변화시킬 수 있다! 이것이 성찬의 신비다.

세례 교인만 성찬에 참여하고 어린아이는 참여하지 못하는 이유는 무엇인가?

"먹고(성찬) 세례받느냐, 아니면 세례받고 먹느냐?"의 문제는 오래된 신학 문제다. 최후의 만찬은 제자들을 위한 것이었고, 초대 교회에서 떡과 잔은 식탁 나눔이었기에 세례 교인으로만 특정하기 어렵다. 물론, 현대 교회에서는 통념상 '세례받은 사람'으로 규정한다. 하지만 루터는 오히려 먹고 세례받는 순서에 무게를 둔다. "그리스도인이 되고자 하는 자는 반드시 성만찬을 마음껏 향유해야" 하고, 은총을 갈망하는 자는 누구든지 성찬을 받아야 한다고 명시한다. 성찬은 죄인을 위해 베푸신 은혜의 식탁이기 때문에 거기에 차별이 있을 수 없다는 것이다. 하지만 교회 내 무분별한 성찬 참여와 오용 때문에 2세대 개혁가로 넘어오면서 세례 받은 자로 제한을 두기 시작했다.

그러고 보면 어린아이라고 성찬에서 배제할 이유는 그다지 보이지 않는 것 같다. 실제로 세계적인 흐름에서 보자면, 어린이뿐 아니라 누구든지 성찬에 초대한다는 '열린 성찬'이 힘을 얻고 있다. 우리 교회에서는 '일반적으로' 아이들에게 주지 않는다. 이유는 성찬을 받을 수 있는 나이가 될 때까지 기다리는 것도 교육이라고 보기 때문이다. 그 대신 어른들과 마찬가지로 성찬 때 제단 앞으로 나오게 한 뒤, 목사가 아이들에게 한 사람씩 머리에 손을 올려 축복 기도를 해 준다. 이때 목사는 아이들 눈높이에 맞추어 무릎을 꿇는다. 이런 것을 통해 아이들 역시 교회의 성찬에서 소외되지 않았다는 것을 알려 준다. 아이를 가진 부모 입장에서 이런 식의 축복은 더할 나위 없는 기쁨과 위로가 된다. 아이들이 떡을 받는 일은 일 년에 한두 번 정도 시행한다. 그때에는 교인들에게 아이들에게 떡을 주는 이유를 공적으로 설명하고 성찬을 진행한다. 무슨 일을 하든지 교회 공동체가 함께 알고 움직이는 게 중요하다.

한국 교회 성찬례에 바라는 것은 무엇인가?

성찬을 어떤 식으로 집례할 것인지, 또는 교리적으로 어떤 것이 맞는지 논쟁하기보다 그 원형의 의미가 되살아나길 기대한다.

반복해서 말하지만, 주님이 베푸신 성찬의 정신은 모든 이를 용서한다는 의미가 있다. 그렇다면, 한국 교회에 만연한 구별과 차별, 혐오와 배제를 넘어 그리스도의 사랑과 평화의 가치가 더욱 크게 부각되어야 한다. 그리스도가 자신의 몸을 받을 자격이 없는 이들에게 나눠 주신 것을 매번 기억해야 한다. 그렇게 우리에게 주셨다면, 우리 역시 섬김과 나눔의 삶을 일상에서 실천해야 지 않겠는가. 그리고 교단과 신학이 달라도 결국 그리스도의 한 식탁에서 우리가 시작되었다는 것을 잊지 않으면 좋겠다. 각 교회 현장에서 성찬을 함께 나눌 때, 서로의 다름이 구분하고 차별하는 출발선이 아닌 무지개처럼 빛나는 하나님나라의 조화와 질서라는 것을 모두가 공유하길 기대해 본다. 우리는 결국 그리스도 안에서 하나다. 물론 이런 깨달음과 감동을 맛보기 위해서는 목회자나 성도 모두가 성찬이 무엇인지 질문하고 찾아가는 공부의 자세가 반드시 필요하다. 아는 만큼 보이고, 아는 만큼 즐길 수 있는 여행의 이치와 같다. 신앙생활이란 하나님나라를 향한 여행이니, 성찬의 역사와 의미를 교회 공동체가 함께 알아 가는 것도 그 여정의 귀중한 부분이 될 것이다.

부록 4

성찬의 기쁨[1]

나는 대형교회 목사다. 일반적인 개신교 기준이 아니라 루터교회 기준이다. 총 재적 인원 220명, 주일 낮 공동 예배 평균 출석 교인 150-160명. 루터교회에서 이 정도면 대형 교회다. 가끔 신문이나 글을 보고 교회에 오는 사람들은 깜짝 놀란다. 어느 정도 규모는 되겠지, 생각하고 왔는데 생각보다 아담하기 때문이다. 게다가 이 교회에 전임 사역자라고는 너무 단출해서 '담임' 목사라는 호칭이 과연 필요하기는 한 것인지 웃음부터 나온다. 게다가 목사라는 사람을 만나서 이야기해 보면, 키만 멀대같이 길쭉한 완전 허당이다. 근엄하지도 않고 '카리스마' 넘치지도 않는다. 목사 인증 클러지 셔츠나 집례용 알브 가운을 안 입은 평일에는 사무실에 앉아 있어도 '윌리 찾기'처럼 목사 찾기 힘들다.

여하튼 루터교회가 2백 명 넘기 힘든 이유를 설명해야겠다. 사실 아주 간단하다. 루터교회 주일 낮 예배는 모든 세대가 함께 참여하는 공동 예배 형식이다. 전체 예배는 두 부분으로 나뉘는데, 앞부분은 말씀의 예배, 뒷부분은 성만찬이다. 예배 의식문에 따라

---

1. 2015년 12월 2일에 페이스북에 남긴 글이다. https://www.facebook.com/permalink.php?story_fbid=992602317453222&id=100001103890659

진행되기 때문에 둘이 분리되어 있다는 걸 사람들은 눈치채지 못한다. 이렇게 둘로 나눈 이유는 루터교회 신학과 관련이 있다. 루터교회 신학을 한마디로 정의하면, '칭의론의 집중성'이다. 루터파 교회의 모든 신학은 칭의론에 집중되어 있다. 신론, 기독론, 성령론, 예배론, 실천신학 등등. 이렇게 '죄인을 불러 의롭다고 칭의'하시는 하나님은 보이는 말씀(성례전: 세례, 성만찬)과 선포되는 말씀(보이지 않는 말씀: 설교)이라는 두 가지 도구를 사용하신다. 루터교회는 이것을 예배 안에 재현한다.

문제는 아무리 신학이 좋아도 "예배가 길어지면 영혼이 힘들어진다"라고 했던 루터의 말대로 누구든 긴 예배를 참아 내기는 힘들다. 그래서 말씀의 전례에서 설교는 보통 20분, 길면 25분 분량의 원고 설교를 준비하고, 성만찬에서는 아이들까지 모두 성찬대 앞으로 나오는 성찬을 진행한다. 광고 포함, 파송 찬송까지 완전히 예배가 끝나는 데 걸리는 시간은 1시간 15-20분 정도다. 여기에 군더더기가 붙으면 예배는 수면제로 변한다.

앞서 루터교회는 2백 명이 넘기 힘들다는 말을 했다. 바로 성만찬 때문이다. 모든 교인이 함께 참여하기 때문이다. 한 사람 한 사람 성찬대 앞으로 나와 기도할 때, 목사가 그 사람 앞으로 직접 다가가 떡을 나누어 주고, 돕는 성도가 잔을 분찬한다. 아이들에게는 모두 축복 기도를 해 준다. 이러다 보니 2백 명이 넘으면 지루해지고 한도 끝도 없이 길어질 위험이 있다. 내 경험상 2백 명이 예배에 모이면 1시간 30-40분 정도 걸린다.

물론, 분찬을 빠르게 하는 방법도 있다. 잔을 회중석으로 돌리거나 회중이 움직이고 목사는 한자리에 선 채로 주는 방법이다. 이렇게 하면 확실히 빨라진다. 그런데 최소한 우리 교회는 그런 식의 성찬을 원하지 않는다. 성찬을 기계에서 면 뽑듯 하고 싶지 않다. 한 사람 한 사람 눈을 맞추며 기도하는 마음으로 분찬하고, 분찬받는 성도 역시 진심으로 기도하며 예수의 살과 피를 받는 것이 성찬이기 때문이다. 진심 어린 성찬을 나누다 보면 목사인 내가 위로받고 힘을 얻는다. 이건 해 본 사람만 아는 비밀이다. 주일마다 달라지는 성도들의 눈빛과 미세한 떨림을 떡을 사이에 둔 그 짧은 찰나에 감지하고, 그것으로 누구를 만나 상담하고 기도할지 결정한다. 또 아이들이 티 없이 해맑은 얼굴과 깻잎 포개듯 모은 기도 손으로 성찬대 앞에 서 있는 모습을 보면 평안의 미소가 들지 않을 사람이 없을 것이다.

언젠가 나에게 이런 질문이 날아왔다. "목사님, 이러다가 2백 명 넘으면 어떻게 할 겁니까?" 답은 간단하다. 분립하면 된다. 지역별 교인과 재산을 나누어 좋은 목회자를 청빙하면 된다. 교회 크기와 성찬의 감동을 맞바꾸고 싶지 않다. 대형 교회 목사들은 이 기쁨을 모른다.

부록 5

목사 '안수'에 관하여

> 루터가 만든 목사 임직 예식은 완전히 새로운 것입니다. 로마 교회에서 이것은 성례전이지만, 루터교회에서는 그저 이름만 같고 단순한 예식일 뿐입니다. 로마 교회에서 사제 서품은 한 남자를 기독교 세계 내 어떤 특정한 신분 혹은 계급 안으로 편입시키지만, 루터교회에서 목사 서임식은 교회 공동체가 특수한 기능을 위임하는 예식입니다. 로마 교회에서 사제 서품은 후보자에게 미사의 희생 제물을 변화시킬 능력을 주입하는 시간이지만, 루터교회에서는 임직 예식을 통해 설교와 성례 집례의 과제를 위임합니다. 루터에 따르면, 모든 그리스도인은 사제입니다. 즉, 성직을 위한 유일하고 참된 성례전은 오직 세례뿐입니다.[1]

루터는 종교 개혁 중반기인 1530년 후반이 될 때까지도 목사로 부름받는 공적 예식에 그리 큰 관심이 없었다. 그러나 가톨릭의 사제 서품식이 아닌 개신교 목회자를 세우는 특별한 예식이 필요하다는 동료들의 요구가 빗발치자 비교적 늦은 시기인 1535

---

1. Martin Luther, "The Ordination of Ministers of the Word", *Luther's Works* 53 (1539), 122.

년이 되어서야 예식서 초안을 만들었고, 이를 루터파 전체 교회가 사용했다. 이 초안을 다시 다듬은 것이 지금 루터교회에서 목사 서임식에 사용하는 1539년 판 〈목사 서임 예식서The Ordination of Ministers of the Word〉다.

루터에게 이 예식의 원칙은 "복음적이어야 한다"는 데 있다. 여기에서 '복음적'이라는 뜻은 "세례받은 신자는 모두 사제다"라는 만인사제직을 의미한다. 로마 가톨릭에서 사제 서품은 주교의 안수를 통해 은총이 주입되는 것, 즉 베드로로부터 이어오는 사도권이 안수를 통해 계승되는 것으로 가르치지만, 루터교회에서는 안수를 통한 사도권 계승을 거부하고, 교회 공동체의 부름(위임)에 의한 임직, 즉 설교와 성례전 집례의 위임을 강조한다. 즉, 주교의 안수권이냐 아니면 교회 전체의 소명이냐가 구분점이 된다. 따라서 가톨릭의 사제 서품과 루터교회의 목사 서임은 그 의미와 방법에서 큰 차이가 있다.

앞서 언급한 대로, 사제 서품식의 최고 절정은 '주교의 안수'다. 주교가 손을 머리에 올려 안수할 때 하늘의 은총이 서품자에게 임하는데, 그 은총은 떡과 잔을 변화(화체)시킬 수 있는 능력이라고 설명한다. 이 능력은 하늘로부터 내려오는 성례전의 은총이기에 오직 주교와 교황 외에는 그 능력을 박탈할 수 없다.

이에 비해 종교 개혁의 전통에서는 주교의 안수뿐 아니라 어떤 안수 행위도 은총을 주입하는 과정으로 이해하지 않는다. 목사 서임식에서 안수 순서는 교회가 직무를 위임하며 그 일을 성실히 이루어 가길 비는 간구의 행위인 동시에 하나님을 향한 감사의 표현이다. 가톨릭과 달리 루터교회를 비롯한 개신교회에서 목사 서임식의 절정은 복음의 말씀과 교회의 중보 기도다.

이와 같은 종교 개혁 신학의 임직 이해는 16세기 교회 안에 큰 파장을 몰고 왔다. 일부가 아니라 교회 공동체 전체가 목사 임직의 주도권을 갖는다는 것은 교회가 목회자를 세울 수도 있고 해임할 수도 있다는 뜻이기 때문이다. 가톨릭에서는 상상도 못 할 일이지만, 종교 개혁의 전통 아래 있는 개신교회는 이 사실을 오히려 자랑으로 삼는다. 그만큼 교회를 위한 목사의 책임이 막중하며, 목사는 그리스도의 본을 따라 진실과 성실, 섬김의 도를 다해야 한다. 이 일을 위해 소명하는 것이 목사 임직인 동시에, 이를 위반할 경우 언제든 교회에서 쫓겨날 각오까지 하는 것이 목사 임직이다.

가톨릭교회에서는 어떤 경우든 안수 행위에는 한 가지 원칙이 고수된다. '동일한 영의 안수'가 그것인데, 예를 들어 사제 서품 때는 사제 이상의 영을 소유한 이들, 즉 사제, 주교, 추기경, 교황이 안수할 수 있고, 사제로 서품받지 않은 사람은 서품 때 안수위원에 들어갈 수 없다. 이 같은 방식으로 부제의 임직 안수 때는 부제 이상이 참여할 수 있고, 부제로 임직받지 않은 사람은 안수자에 들어갈 수 없다. 우리 식으로 하면, 목사 안수 때는 목사 이상급만, 장로 안수 때는 장로 이상급만 안수할 수 있다는 말로 풀 수 있지만, 종교 개혁은 이런 교회 내 구분을 거부한다. 그것이야말로 루터가 〈독일 그리스도인 귀족에게 고함〉(1520)에서 그리도 비판했던 '교회가 스스로 쌓아 올린 담'이다. 루터교회를 비롯한 모든 개신교회에서 임직 때 하는 안수는 교회 안의 구분과 상관없다. 종교 개혁의 정신에 따라 계급적 영의 구분은 거부되고,

세례받은 모든 신자는 동일한 영의 소유자로 이해되기 때문이다. 그래서 목사 임직 때 평신도가 교회의 대표자로서 안수 위원이 되는 건 신학적으로 매우 자연스럽다.

실제로, 종교 개혁의 전통을 공유하는 장로교회와 루터교회에서 목사 임직 시 목사와 장로가 함께 안수하는 건 그리 낯선 일이 아니다. 1539년 루터가 만든 〈목사 서임 예식서〉에 이런 이해가 정확하게 담겨 있다. 루터는 예식서 앞머리를 이렇게 시작한다.

> 둘째, 집례자와 목사 또는 장로들은 임직되는 목사 후보자 앞에 서십시오. 그리고 모두 제단 앞에 무릎을 꿇어야 합니다. … 다섯째, 장로들이 목사 후보자 머리 위에 손을 모두 올리면(안수), 이제 집례자는 또렷한 목소리로 이렇게 말하십시오. "함께 기도합시다. 하늘에 계신 우리 아버지…."[2]

여기 언급된 '장로'는 교회의 대표를 뜻한다. 루터교회에는 장로 제도 자체가 없으니 오늘 우리식 '장로'로 생각하면 안 된다. 여기 장로를 오늘 우리 식으로 풀면, 교단의 대표도 되고 동시에 목사를 세운 지교회 공동체의 대표도 된다. 그러니 여기 '장로'는 목사일 수도 있고 장로일 수도 있고 권사나 집사일 수도 있다.

여기에서 말하는 장로가 누구인지 루터교회 역사에서 구체적으로 확인해 보자. 1523년 루터교회 최초의 목사로 세워진 요하

---

2. Martin Luther, 앞의 책, 124.

네스 부겐하겐(Johannes Bugenhagen)이 첫 번째 사례다. 비텐베르크 시 시(市)교회는 성직자 대표, 대학교 교수 대표, 시의회 의원 대표로 구성된 청빙 위원회를 만들어 부겐하겐을 목사로 청빙했다. 그리고 그들이 임직 예식 중 부겐하겐에게 안수했다. 주교나 사제 같은 교회 내 영적 권위자만 안수하지 않았다는 점이 중요하다. 이 세 부류 교인들의 청빙과 안수는 신앙, 지성, 사회적 인격이라는 세 가지 요건을 갖춘 사람을 교회가 소명하여 세운다는 상징적 의미가 담겨 있다.

두 번째 목사는 1525년에 서임받은 게오르크 뢰러(Georg Rörer)인데, 서임식에서 그의 머리에 손을 얹어 안수한 이들의 부류가 특별하다. 루터를 비롯하여 담임 목사 부겐하겐과 평생 안수받지 않은 신학 교수 멜란히톤, 비텐베르크 시장, 그리고 시 담당 판사까지 안수 위원으로 참여했다. 이 장면은 개신교회에서 만인사제직이 얼마나 중요한 것이고, 부겐하겐의 사례처럼 교회의 소명을 받은 임직자가 어떤 자세로 살아야 하는지 잘 보여 준다.

'목사 안수'라는 명칭에 대해 한 번 더 생각해 보아야 할 것 같다. 목사를 세우는 예식을 보통 '목사 안수식'이라고 부르지만, 이 명칭은 여러모로 문제가 있다. 오랫동안 문제의식 없이 관습처럼 그렇게 불러 왔지만, '안수'와 '임직'은 엄연히 다르다. 세계 기독교 어디에서도 목사를 세우는 예식을 '안수식'이라고 부르지 않는다. 우리가 '목사 안수식'이라고 번역하는 'Ordination'은 '머리에 손을 얹어' 기도하는 '안수'가 아니라 교회가 특정한 임무로 배치하는 '임직(任職)', 또는 그리스도의 몸인 교회가 직무를 내려 주는 '서임(敍任)'이라고 부르는 게 좋다.

언어는 사유의 열매고, 존재의 집이다. 명칭이 우리의 생각과 행동 양식을 규정한다. '안수식'이라는 명칭은 우리 모두에게 안수의 순간을 부각시켜 가톨릭의 사제 서품을 떠올리게 한다. 그렇게 세워진 목사는 안수를 받아 신분의 변화가 일어났다고 착각하고 일종의 서열 의식을 갖는다. 그러면서 서임식 때 주어진 '말씀'과 (임직자를 위한) 교회의 '중보 기도'는 잊고, 안수의 순간만 더 크고 신비하고 위대한 것으로 오해한다. '성직을 위한 유일한 성례전은 오직 세례뿐'이라는 개혁자의 가르침은 공허한 외침이 아니다. 그리고 만인사제직에 대한 외침과 행동은 사용하는 말 하나에서부터 시작한다. 말이 바뀌면 생각도 행동도 변한다.

부록 6

코로나 시대 목사

루터는 '개인 미사'를 교회에서 사라져야 할 악습이라고 신랄하게 비판했다. 실제로 개신교회에서는 루터의 지론을 따라 개인 미사를 거부한다. 교회는 신자 공동체이므로, "공동체 없이 사제 혼자 드리는 미사는 교회 예배가 아니다"라는 개신교 교회론에 근거한다. 이걸 다른 말로 바꾸면, "교인 없는 교회는 교회가 아니다" 또는 "목사의 교회는 교회가 아니다"라는 말로도 확장할 수 있다. 지극히 맞는 말이다. 그런데 16세기 루터가 개인 미사를 신랄하게 비판했던 맥락을 살펴볼 필요가 있다. 중세 유럽 사회는 1347년 흑사병이 발발한 이래, 교회 상황이 급격하게 변화했다. 예를 들어, 매일 평일 예배로 모이던 사람들이 전염병으로 죽어 갔고, 두려움은 날로 커졌다. 이전처럼 모이다가는 하나님을 너무 일찍 만날 수 있으니, 교회당에 사람들 발길이 끊기는 건 매우 자연스러운 현상이었다.

그러면 비어 가는 교회당에서 예배(미사)는 어떻게 변했을까? 중세 후기 교회 당국의 고민은 오늘 우리의 상황과 매우 흡사했다. 그리고 그 결론은 어떤 상황이 오더라도 초대교회부터 이어진 전통에 따라 교회의 사제로 안수받은 사람들이 교인들을 대신하여 예배를 지키는 것이었다. 실제로 초대교회 2세기 교부였던 안디옥의 이그나티우스의 서신에 따르면, 감독/주교의 자리는 교회 공동체를 대신해 가장 먼저 순교할 사람의 몫이었다. 교회에 일이 생겼을 때, 교회를 위해 순교하겠다는 사람이 이 자리에 선출되다 보니, 교회 지도자들이 신자들의 존경을 받는 건 당연한 일이었다. 물론 지금은 주교와 감독의 자리를 권력을 쟁취하는 자리로 여기는 게 좀 씁쓸하긴 하지만, 초기 교회의 지도자는 그런 사람이었다.

그 흔적이 전례 교회에서는 파시아(전례복 허리에 두르는 넓은 천)와 감독이나 주교들의 셔츠에 남아 있다. 검정(일반 사제), 보라(주교, 몬시뇰), 진홍(추기경), 백색(교황)으로 계급이 나뉘는데, 검정은 자기 부정, 보라는 공동체를 위한 첫 번째 고난받음, 진홍은 공동체를 위한 첫 번째 순교, 백색은 거룩과 정결을 뜻한다. 나는 보라색이나 진홍색 클러지 셔츠를 멋지게 입고 등장하는 이들을 볼 때마다 사실 좀 안쓰러운 생각이 든다. 저들은 먼저 죽겠다고 저렇게 공개적으로 표시하고 다닐 정도로 용감하고 대단한 이들이니, 교회에 어려움이 닥칠 때 먼저 순교하실 것이다. 그렇지 않으면 사기꾼이다.

본론으로 돌아가, 사제직은 공동체를 대표하고 섬기는 직분이다. 페스트와 전염병이 창궐하던 중세 후기, 공포 속에서 비어 가던 교회를 위한 교회 당국의 결정은 교인들을 대신한 사제들의 개인 미사였다. 죽음의 공포가 세상을 뒤덮더라도, 교회당에 들어가 정해진 예배 의식문에 따라 신자들을 대신하여 그 자리를 지키고, 기도와 찬송을 하는 것을 사제들의 당연한 직무로 받아들였다. 이것은 루터가 말하는 교회론 및 목회론과 그리 차이 나지 않는 대목이다. 루터가 비판했던 대목은 다른 곳에 있다. 교회의 훌륭한 고민과 선택으로 시작된 개인 미사가 변질하기 시작했다. 특히, 전염병으로 가족을 잃은 사람들이 사제에게 부탁하는 미사와 기도가 급증했는데, 정작 유가족들은 전염병에 대한 두려움으로 교회당에 오지 못할 상황이었다. 그러면 어떻게 하면 좋을까? 여기에서부터 문제가 생겼다. 유가족들은 사제에게 돈을 주고 자기들 대신 미사를 해 달라고 요청했고, 교회는 이런 사람들의 미사 기부금으로 교회 운영 자금을 충당하기 시작했다. 실제로 중세 후기 교회 재정의 가장 큰 몫을 감당하던 재원은 개인 미사 헌금이었다. 이 개인 미사를 루터는 '구석 미사'라고도 불렀는데, 신자들의 유해가 안치된 교회 구석에서 하루에 일곱 번씩 혼자 중얼거리며 기도하던 사제들의 모습 때문이었다.

그런데 다시 생각해 보라. 어떤 사람들이 이런 돈을 냈고, 그 유해는 교회당 어디에 어떤 식으로 모셔졌을까? 가난한 사람들은 개인 미사를 위한 돈을 낼 수 없으니, 당연히 부자들의 몫이었다. 중세인들은 교회를 은총의 보화가 담긴 은혜의 창고로 이해했으니, 성찬이 집례되는 교회당 제대에서 가장 가까운 자리는 늘 권력가와 부자들의 묏자리였고, 화려하고 거대한 부조로 꾸며지기 일쑤였다. 이에 비해 가난한 사람들은 교회당 안에 유해를 안치하지도 못하고, 돈도 낼 수 없으니 교회당 가까운 땅에 구덩이를 파서 넣고 도망가곤 했다. 돈은 없지만, 교회에서 가까운 곳이면 그것으로 충분하다는 순수한 마음에서 그런 일이 벌어졌다. 유럽에서 흔히 볼 수 있는 교회 옆 공동묘지는 이렇게 시작되었다.

간혹 종교 개혁이 '면죄부' 때문에 일어났으니, 당시 교회 운영의 가장 큰 몫이 면죄부 판매금이었을 거로 오해하는 사람들이 있는데, 그렇지 않다. 면죄부 판매금은 개인 미사를 위해 바쳐진 헌금에 비하면 새 발의 피였다. 루터는 교회의 모든 예배와 영성이 돈으로 환산되는 이 지점을 비판했다. 돈을 많이 낸 부자들의 영혼은 사제가 매일 일곱 번씩 기도하며 관리해 주고, 가난한 사람들의 영혼은 안중에도 없었다. 루터가 개인 미사를 비판한 요점이 바로 여기에 있다.

오늘 우리에게도 한번 물어보자. 교인 없는 교회당에서 목회자가 혼자 예배드리는 건 필요 없는 것일까? 맥락 없이 교회론으로만 말하자면, 그런 예배는 예배도 아니다. 하지만 우리가 조심해야 할 것은 교회 현장이 교리를 만들어 내는 것이지, 교리가 교회 현장을 만들어 내는 게 아니라는 점이다. 모든 교리의 중심은 "하나님을 두려워하고 사람의 생명을 귀하게 여기는 데 있어야 한다." 그리고 소위 성직자라는 사람들은 그 일을 위해 하늘과 땅 사이에 부름받은 사람이다. 코로나와 자연재해로 교회의 현장이 더욱 위축되어 간다. 그러자 한쪽에서 "대면 예배냐 비대면 예배냐, 그게 예배냐 아니냐" 말이 많다. 그런 쓸데없는 논쟁을 벌일 시간에 사람의 생명을 살리기 위해 교회가 무엇부터 해야 할지 생각해야 한다. 그리고 목회자라면, 이런 때일수록 묵묵히 교회를 지키고, 신자들을 대표하는 성실함과 우직함을 보여 주어야 한다.

설마 그런 일은 없겠지만, 코로나를 핑계 삼아 기회는 이때다 싶어 교회 문 닫고 멍하게 있거나 놀 궁리만 하지 말아야 한다. 교회론의 관점에서 개인 미사가 어느 정도 문제가 있다는 걸 알면서도, 가톨릭교회가 사제들의 개인 미사를 완전히 폐지하지 못하는 건 이런 이유 때문이다. 교회 상황이 어려울 때 성직자는 최후의 보루가 되어야 한다는 의식이 여기 뿌리내려 있다.

가톨릭만의 이야기가 아니다. 종교 개혁의 도시 비텐베르크에 전염병이 돌 때, 루터가 시민들과 교회 성도들에게 급히 도시를 떠나라고 간곡히 설교한 일이 있다. 그런데 그 설교를 잘 들어 보면, 다 떠나라고 하면서 자기는 비텐베르크 교회에 남겠다고 한다. 이것도 같은 맥락이다. 혼란스러운 시기일수록 목회자는 맡겨진 고유의 일을 해야 하고, 교인들을 대신해 기도의 자리를 지켜야 한다. 목회자는 그런 일 하라고 세움받은 직분이다.

예배란 무엇인가

최주훈 지음

2021년 9월 17일 초판 1쇄 발행
2022년 11월 17일 초판 3쇄 발행

펴낸이 김도완
펴낸곳 비아토르
등록번호 제2021-000048호
(2017년 2월 1일)
주소 서울시 종로구 삼일대로 428, 500-26호
(우편번호 03140)
전화 02-929-1732
팩스 02-928-4229
전자우편 viator@homoviator.co.kr

편집 이은진
디자인 임현주
제작 제이오
인쇄 민언프린텍
제본 다온바인텍

ISBN 979-11-91851-04-5 03230